Die Welt der Düfte

Erich Keller

Die Welt der Düfte

Handbuch der Aromatherapie

Seehamer Verlag

Das Werk einschließlich aller seiner Teile ist urheberrechtlich geschützt. Jede Verwertung außerhalb der engen Grenzen des Urheberrechtsgesetzes ist ohne Zustimmung des Verlages unzulässig und strafbar. Das gilt insbesondere für Vervielfältigungen, Übersetzungen, Mikroverfilmungen und die Einspeisung sowie die Verarbeitung in elektronischen Systemen.

© by Ariston Verlag, Kreuzlingen (Schweiz), 1990
Genehmigte Lizenzausgabe 1999 für
Seehamer Verlag GmbH, Weyarn
Titelgestaltung: Bine Cordes, Weyarn
Titelabbildung: Bildarchiv Sammer, Neuenkirchen
Printed in Austria
ISBN 3-934058-05-1

INHALT

VORWORT 9

ERSTER TEIL
GRUNDLAGEN

Aus der Welt der Düfte 13
Was Düfte bedeuten 15
Wie das Riechen funktioniert 16
Grenzen der Duftwahrnehmung 24
Unterschiede und Veränderungen des
Riechvermögens 26
Krank durch Düfte 28
Wirkungen der Duftstoffe 29
Wirkungen ätherischer Öle 39

ZWEITER Teil
ANWENDUNGSBEREICHE

Aromatherapie 45
Ganzheitliche Betrachtungen 69
Aromapflege 91
Duft im Raum 94
Ätherische Öle im Haushalt 101
Ätherische Öle für Haustiere 104

DRITTER TEIL
ANWENDUNGEN IN DER PRAXIS

Allgemeine Hinweise 107
Die Duftlampe 109
Die Inhalation 110
Mund- und Rachenspülung 112
Nasenspray und Nasenöl 112
Kompressen und Wickel 112
Das Aromabad 114
Die Aromamassage 117
Frau spezial 119
Einnahme ätherischer Öle 120
Kombination mit anderen Therapien 120
Aromapflege für Haut und Haar 122
Naturparfüms 123
Einschränkungen beim Gebrauch ätherischer Öle . . 125
Nebenwirkungen ätherischer Öle oder ihrer Düfte . 129
Erste Hilfe bei Unfällen 131

VIERTER TEIL
DIE ÄTHERISCHEN ÖLE UND AQUAROME

Allgemeines über die ätherischen Öle 133
Aus der Pflanze in die Flasche 135
Ätherische Öle von A bis Z 145
Wichtigste Inhaltsstoffe ätherischer Öle 264
Wirkungen von Substanzen in ätherischen Ölen . . . 270
Aquarome – die sanften Schwestern der ätherischen Öle 273

FÜNFTER TEIL
AUSWÄHLEN UND MISCHEN

Die Wahl des richtigen Dufts 275
Welches Öl für welches Symptom? 280
Auf die Mischung kommt es an 286

Inhalt 7

SECHSTER TEIL
SYMPTOMREGISTER: ÄTHERISCHE ÖLE HELFEN HEILEN

Körper 293
Haut 317
Geist 320
Psyche 321
Raumklima und Raumluft 325
Notrufnummern 326

ANHANG

Duftebenen 327
Duftarten 328
Duftintensität und Duftdauer 331
Zuordnung der Düfte zu den
Hemisphären des Gehirns 332
Zuordnung der Öle zu den Elementen 333
Zuordnung der Öle zu Yin und Yang 335
Zuordnung der Öle zu den Chakras 336
Farbzuordnung ätherischer Öle 337
Einschränkungen und mögliche Nebenwirkungen . . 338

ERGÄNZENDE LITERATUR 339

VORWORT

Es gibt nichts Neues, alles war bereits da. Auch der Umgang mit Duftstoffen ist so alt wie die Menschheit. Doch plötzlich nehmen ätherische Öle und Aromatherapie an Popularität zu. Offenbar suchen wir nach sanften, natürlichen Methoden, um uns zu heilen und zu schützen. Anscheinend haben wir den Punkt erreicht, an dem synthetische Duftstoffe »uns stinken«, wir der seelenlosen Stoffe aus den Labors müde und überdrüssig sind und uns Düften aus der Natur zuwenden. Ist dies ein letzter Versuch, noch einmal einen Hauch Natürlichkeit zu erhaschen? Ätherische Öle, die wir für unser Wohlbefinden selbst anwenden können und die uns individuelle Duftmischungen ermöglichen, vermitteln uns das Gefühl, unser Wohlergehen in die eigenen Hände zu nehmen und es nicht anderen zu überlassen. Wir entdecken wieder das Feine, Lebendige, Sinnliche und Individuelle und entwickeln eine gesunde Selbstverantwortung.

Eines ist allen Düften der Natur gemein: Sie lösen nicht nur hormonelle und funktionelle Veränderungen in unserem Körper aus, sondern sprechen unser Innerstes auch auf einer anderen Ebene an. Der feine Hauch des ätherischen Öls, das den Duft der Pflanze in sich trägt, berührt unsere Seele wie der Flügelschlag eines Schmetterlings. Alle, die einmal an einer Flasche wohlriechenden ätherischen Öls gerochen haben, kennen die Reaktion der Freude und Entspannung. Diese Reaktion ist die fundamentale Wirkung der ätherischen Öle, etwas, das wir dringend brauchen und immer seltener finden.

Offenbar sehen viele Menschen wieder mehr nach innen, dorthin, wo eine große Sehnsucht sich ausbreitet, die sich wie ein großes, schwarzes Loch anfühlt – die Sehnsucht nach Stille, Freude, Liebe und Einfachheit. Eben dort berühren uns die Düfte mit ihrer Natürlichkeit. Ihre Schwingung überträgt sich auf unser Wesen, und wie der Bogen die Saiten streicht, beginnen unser Körper, unser Geist und unsere Psyche sich auf eine andere Ebene einzuschwingen. Diese feine Berührung im Innersten, die stille Freude, das Innehalten der Gedanken, das Loslassen der Ängste und Sorgen, wenn wir den Duft von Rose, Jasmin, Lavendel oder Bergamotte wahrnehmen – darin liegt der Zauber der natürlichen Aromen.

Mit diesem Buch möchte ich allen, die unser Leben nicht nur als von Technik, Ökonomie und synthetischen Herstellungsmöglichkeiten bestimmt sehen wollen und sich für Aromen und ätherische Öle interessieren, einen Leitfaden für die sinnvolle Anwendung dieser Kostbarkeit der Natur und ein Nachschlagewerk über die Wirkungen geben. Das Wort »Aromalehre« habe ich als Überbegriff gewählt, damit die mit vielen Vorurteilen und Erwartungen belegte Bezeichnung »Aromatherapie« relativiert wird. Düfte für Ihr körperliches, mentales oder emotionales Wohlbefinden zu nutzen, um Freude am Sein zu haben, sich eine wohlriechende Bademischung zu bereiten, den Arbeitsplatz zu »beduften« oder einige Tropfen Sandelholz in Ihr Gesichtsöl zu geben hat nichts mit Therapie gemeinsam. Neben der umfangreichen Betrachtung der Heilung mit Düften aus ganzheitlicher Sicht, die nicht nur die Behandlung von Symptomen, sondern auch deren Ursachen beschreibt, bilden Aromapflege, Raumbeduftung, Raumklima und ätherische Öle im Haushalt weitere Themen.

Allein Ihre Sichtweise ist entscheidend dafür, unter welchem Aspekt Sie dieses Buch lesen und Ihren persönlichen oder beruflichen Nutzen daraus ziehen. Ich habe hier meine

Vorwort   11

Erfahrungen aus zahlreichen Seminaren und Sitzungen, ergänzt durch wissenschaftliche Veröffentlichungen, zusammengefaßt und mich einer allgemeinverständlichen Sprache bedient, damit das Thema nicht einigen wenigen vorbehalten bleibt. Um den Lesefluß nicht ständig zu unterbrechen, habe ich bewußt nicht auf Veröffentlichungen hingewiesen.

Ich wünsche Ihnen viel Freude beim Lesen und ebenso, daß Sie viele angenehme Dufterlebnisse haben. Vielleicht geben Sie jetzt einige Tropfen eines ätherischen Öls in Ihre Duftlampe und fangen gleich an ...

Erster Teil
Grundlagen

Beginnen wir mit dem Riechen, ohne das unser Leben eintöniger wäre (und ich kein Buch zu schreiben hätte). Dem Thema der Duftwahrnehmung und Duftwirkung ist hier breiter Raum gegeben, da dies die Grundlage der Aromatologie und Aromatherapie ist. Selbst wenn Sie ätherische Öle nur kosmetisch oder medizinisch anwenden, ist es wertvoll zu wissen, warum Sie oder Ihre Klienten auf Düfte so oder anders reagieren. Wer sich für den Bereich der Raumbeduftung interessiert, muß um die Riechfunktionen und Wirkungen wissen, um sinn- und verantwortungsvoll mit Duftstoffen und Duftgeräten umzugehen.

Aus der Welt der Düfte

Etwa 300 000 Düfte sollen uns ständig umgeben, von denen wir wesentlich weniger wahrnehmen und nur etwa 200 benennen können. Sie ziehen wie Rauchfäden lange Zeit durch die Luft, bis sie sich auflösen. Durchkreuzen Sie einen dieser Duftfäden und atmen ein, nehmen Sie wahr: Hier hat jemand Kuchen gebacken, dort ist eine Tankstelle, eben bin ich an einer Parfümerie vorbeigegangen, diese Frau trägt Chanel No. 5, er hat sich heute noch nicht geduscht, unser Hund ist naß geworden, jetzt liegt die Großstadt hinter uns, heute gibt es Sauerkraut in der Kantine, hier hat jemand geraucht, die Pizza muß viel Knoblauch enthalten ...

Sie riechen an dem Gemüse, das Sie kaufen, dem Wein, den Sie eingeschenkt bekommen, beurteilen die Qualität des

Kaffees nach seinem Duft. Wenn Sie vorher nur wenig Hunger verspürten, werden Sie nach einer Weile des Wartens im Restaurant durch die appetitstimulierenden Aromen aus der Küche starken Hunger spüren. Und dann kommt endlich die Pasta Genovese, welch sinnlicher Genuß für Gaumen, Nase und Auge! Für das Genießen eines Essens sorgt hauptsächlich die Nase. Schmecken können Sie nämlich nur vier verschiedene Geschmacksrichtungen: sauer, süß, salzig, bitter. Ein Schnupfen führt Ihnen die Eintönigkeit einer Welt ohne Düfte gut vor.

Täglich ereignet sich dies morgens im Bad: Duschen mit Duschgel, Haare waschen, Haarspülung, Zähne putzen, Gesicht eincremen, Rasierwasser einreiben, Parfüm auftragen (welches nehme ich denn heute?) – und immer sind Düfte dabei. Nach dem Verlassen des Bades haben Sie bereits eine Vielzahl von Duftsensationen erlebt.

Düfte können die übrigen Sinne verwirren. Ein eindeutiger herber, moosiger, lederartiger Duft läßt Sie das Material der Synthetiktasche als wertvolles Leder beurteilen. Der mit Moschus beduftete Gebrauchtwagen, eigentlich ein altes Stück, wird plötzlich zum begehrenswerten, ja lebensnotwendigen Fahrzeug. Die dezente Zeder-Moschus-Note in der Herrenboutique läßt Sie die teurere Jacke kaufen, während Ihre Freundin im Damengeschäft daneben dem Jasminduft erliegt und sich noch den wunderschönen Sweater einpacken läßt.

Ihre Wohnung hat einen ganz speziellen Duft. Diesen Duft müssen Sie mögen, sonst werden Sie sich dort nie wohl fühlen. Sie erkennen sofort, wenn ein Fremder seine Duftspuren hinterlassen hat. Stellen Sie sich vor, ein Fremder hätte in Ihrem Bett übernachtet. Ihr Auto riecht nach Ihrem Auto. Alle Duftstoffe, die Sie abgeben, hinterlassen eine Duftspur, die sich nur sehr langsam auflöst.

Verliebte strömen den köstlichsten Duft aus, den wir kennen: Liebe. Für sie ist der Körperduft des Partners pure

Wonne, der sie immer wieder in Verzückung und Lust versetzt. Und nach einiger Zeit des Zusammenseins, wenn wir uns an unsere Körperdüfte gewöhnt haben, läßt die Lust langsam nach und bietet uns ein Bild des Partners, das vielleicht ganz anders ist.

Den Bleistift, mit dem ich meine Notizen niederschreibe, habe ich aus purer Nostalgie. Aber er duftet so gut nach Holz und nach damals in der Schule und nach der Einfachheit der Kindheit. Und wie damals beiße ich in sein ungespitztes Ende, wenn ich nachdenke.

Ein Hauch von Minze weckt die Lebensgeister, Rosmarin stärkt die Konzentration, Basilikum fördert die Verdauung. Der Duft von Rose läßt Sie sich entspannen, *Moschuskörneröl* regt Ihre Libido an, Zitronenduft bewirkt genau das Gegenteil – im Spülmittel erweckt es das Gefühl von Frische und Reinheit.

Naseweis nennt man einen jungen Menschen, der schon weiß, was er – im Hinblick auf sein Alter – noch nicht wissen dürfte. Eigentlich wird damit das Wissen (der Nase) um Düfte beschrieben, die wir noch gar nicht kennen können.

Was Düfte bedeuten

Düfte sind eine Information. Sie vermitteln Ihnen ein Bild von der Welt, die Sie umgibt. Düfte ermöglichen es uns, etwas wahrzunehmen, bevor wir es sehen, fühlen, schmekken müssen. Mit geschlossenen Augen können wir durch Riechen verschiedene Speisen, Getränke, Pflanzen, Möbel, Räume, Landschaften, die Jahreszeiten und selbst die Verfassung eines Menschen beurteilen. Mit Duftstoffen assoziieren wir Farben (gelbe *Zitrone*, lila *Lavendel*), Temperaturen (wärmendes *Zimt*, kühlende *Minze*) und Räumlichkeit (*Lavendel* = Weite, *Patchouli* = Enge).

16   *Grundlagen*

Wie das Riechen funktioniert

Der Riechprozeß beginnt damit, daß ein Duftstoff durch die Atemluft in die Nase gelangt. Im oberen Teil der Nase befindet sich auf beiden Seiten der Nasenscheidewand eine etwa 2,5 Quadratzentimeter große Riechzone (Regio olfactoria). Sie ist von einer gelblichbraunen Schleimhaut (Locus luteus) bedeckt. Diese Schleimhaut muß feucht sein, sonst ist keine Riechwahrnehmung möglich. Die ankommenden Riechstoffe müssen diese Schleimhaut durchdringen, um an die Riechhärchen (Cilien) zu gelangen. Diese feinen Fortsätze ragen wie Antennen als eigentliche Riechrezeptoren der Riechzellen in die Schleimhaut. Die Riechzellen (Riechneuronen) werden ständig erneuert und haben eine Lebensdauer von etwa fünf bis sechs Wochen. Damit unterscheiden sie sich deutlich von den meisten anderen Nervenzellen.

Trifft ein Duftstoff auf ein Riechhärchen, so muß die Form des Duftmoleküls nach einem Schlüssel-Schloß-Prinzip in die angebotene Einbuchtung passen, um eine chemische Reaktion auszulösen, die zur zellulären Duftwahrnehmung führt.

Gegenwärtig teilt die Forschung die Düfte in die in Abbildung 1 genannten Gruppen ein.

Die Riechrezeptoren sind tolerant und gestatten auch geringfügig abweichenden Molekülen »anzudocken«. Kommt also ein drachenförmiges Molekül, wird es als blumig identifiziert (siehe Abbildung 1c = »blumig«). Eine hohe Übereinstimmung in der Form (Symmetrie) reicht aus, um das Gefälle der elektrischen Ladung an der Sinneszellmembran zu verändern und die Duftwahrnehmung zu ermöglichen. Daher erkennen wir eigentlich verschiedene Düfte auch als ähnlich und reagieren ent-

Wie das Riechen funktioniert 17

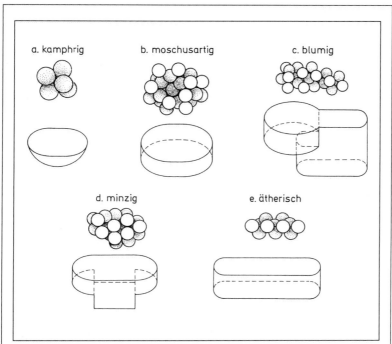

Abb. 1: Die 5 Rezeptorformen des Riechnervs mit entsprechenden Molekülmodellen der Primärgerüche
(Quelle: G. Ohloff, Riechstoffe und Geruchssinn, Springer)

sprechend. Erstaunlich ist, daß die Riechzellen Substanzen, die uns völlig fremd sind, erkennen und sehr genau unterscheiden können. Ändert sich die molekulare Struktur des Duftstoffes auch nur geringfügig und paßt das Molekül in keines der »Schlösser«, riechen wir nichts. Das geschieht häufiger, als wir annehmen, gibt es doch Tausende von Duftstoffen, die wir nicht wahrnehmen!

Mischgerüche entstehen, wenn sich die Moleküle desselben Duftstoffes an mehrere Rezeptoren anlegen können. Das kennen wir: Es riecht einerseits nach einer zarten Blüte, aber auch nach Minze, also was ist es nun? Diese Reize werden auch als besonders *intensiv* empfunden.

Verantwortlich für die Erkennung und Unterscheidung scheinen die bis zu tausend Rezeptorproteine zu sein, die sich je nach Duftstoffmolekül in charakteristischer Weise miteinander verbinden und das Duftsignal »umsetzen«. Jedenfalls löst der Duftstoff bei der empfangenden Riechzelle eine Veränderung des Ionenflusses und dadurch eine Veränderung des Ladungsgefälles aus, welches das elektrochemische Signal darstellt. Nach etwa zweihundert Millisekunden wird das Duftstoffmolekül zerstört, damit wieder Platz für neue Duftstoffmoleküle entsteht.

Nun reicht ein einzelner Impuls nicht für eine Reaktion aus. Bis hierhin bleibt es bei einer zellulären Erregung. Der Schmetterling braucht etwa fünfhundert Duftstoffmoleküle pro Sekunde, um zu reagieren. Es bedarf also schon einer Reihe von Duftstoffmolekülen, die *kontinuierlich* in die Nase eintreten, um den Duft »wahrzunehmen«.

Stufen des Riechens:

Erregung der Riechzelle
⇓
Wahrnehmung
⇓
Erkennung
⇓
Reaktion

Abb. 2

Die Impulse werden über die Riechfasern (Fila olfactoria) durch die Siebbeinplatte an die Riechknoten (als erstes Bündeln von Informationen), dann an den Riechkolben (Bulbus olfactorius) im Gehirn geleitet. Dieser sammelt alle eingehenden kodierten Informationen und schickt sie, ganz traditionell, per »Draht« über etwa zwanzig Millionen Riechnervenbahnen zur Empfangsstation Riechhirn (Rhinenzephalon) im limbischen System im Mittelhirn (zur Formatio reticularis). Unterwegs gehen einige Nebenleitungen von der Hauptleitung in weitere Teile des Gehirns und verlaufen sich dort. Dort »verstreuen« sie natürlich ihre Informationen.

Im Riechhirn angelangt, werden die kodierten Informationen entschlüsselt. Ein Beispiel: Aus dem fiktiven Wert 2310 wird aufgrund seiner Zusammensetzung (2 = sauer, 3 = süß, 1 = würzig, 0 = stechend) ein bestimmter Duft erkannt, nämlich der des Essigs.

Die Information »stechend« stammt nicht von den Riechnerven, sondern vom Trigeminus (Nervus trigeminus), dem fünften Hirnnerv, der in die Nase und in die Zunge zieht und vielen Neuralgikern schmerzlich bekannt sein dürfte. Der Trigeminus ist ein Warnnerv, der uns vor schädigenden Stoffen schützen soll. Er meldet Informationen über sein eigenes Netz an das Mittelhirn, die als »kalt«, »heiß«, »stechend«, »brennend« empfunden werden.

Etwa siebzig Prozent aller Duftstoffe »reizen« den Trigeminus, daher ist selbst bei Menschen, die Düfte nicht wahrnehmen, eine Riech*wirkung* feststellbar. Das dürfte all jene interessieren, die sich mit dem Gebiet der Raumbeduftung beschäftigen, oder jene, die nichts riechen und sich wundern, doch etwas wahrzunehmen. Im Vergleich mit den Riechzellen braucht der Trigeminus aber schon eine kräftige Dosis stechender, kalter, heißer oder brennender Substanzen, um im Gehirn eine entsprechende Empfindung auszulösen.

Da das Mittelhirn die Erinnerungen speichert und steuert, kann die Duftinformation aufgrund von Erfahrungen erkannt und benannt werden, wenn sie eine gedächtnisanstoßende Komponente hat. Dies geschieht in Zusammenarbeit mit höheren Gehirnbereichen und bringt den Duft in unser Bewußtsein. Am stärksten wirken demnach Düfte mit einer gedächtnisanstoßenden Komponente, also Düfte, die wir kennen (etwa Wald- und Wiesendüfte, der Geruch von Heu, Kaffee, frischen Backwaren) beziehungsweise an die wir uns erinnern.

Düfte rufen auch Wirkungen hervor, ohne daß sie die Wahrnehmungsschwelle überschreiten müssen, wie EEG-Messungen zeigen. Dann lösen sie aber keine vielseitigen Prozesse aus, wie dies beim Bewußtwerden oder Erkennen auftritt, das eine zellulär wahrnehmende Wirkung erheblich intensivieren kann.

Eine ständige Reizung mit einem gleichbleibenden Duftstoff führt zur Ermüdung der Riechzellen. Sie schalten gleichsam ihre elektrochemische Empfangsanlage ab.

Erkennung

Alle Duftinformationen werden von den Erinnerungszentren des Gehirns überprüft. Haben Sie einen Duft schon einmal erfahren, so können Sie ihm bei einem neuerlichen Kontakt eine Bezeichnung oder einen Namen geben.

Erinnerung

Alle Situationen Ihres Lebens sind untrennbar mit einem Duft verknüpft, so daß sie durch Wahrnehmung auch eines nur

Wie das Riechen funktioniert 21

ähnlichen Duftstoffes wieder wachgerufen werden. Dabei muß es sich nicht um genau denselben Duft handeln, sondern es genügt ein Bestandteil, wie zum Beispiel die *Rosenöl*-Komponente in einem Parfüm eines Menschen, den Sie liebten oder nicht mochten. Längst vergangene Erinnerungen tauchen wieder auf: meistens an die Kindheit, deren Dufterlebnisse am prägendsten sind und nie vergessen werden – der Duft der Mutter, der Tankstelle um die Ecke, der Kreide für die Schultafel, des Putzwassers im Treppenhaus, des frisch gemähten Heus auf dem Feld, der Kartoffelernte, der ersten Tanzstunde. Später kommen der Lavendelduft des Urlaubs in der Provence, der Geruch der salzig-teerigen Luft des Hafens, der des Fischmarktes in Paris, der Körperduft der ersten Liebe hinzu.

Dabei werden die mit dieser Situation verbundenen Gefühle wieder belebt. Während eines Seminars wurde eine Teilnehmerin beim Riechen eines *Rosenöls* plötzlich sehr traurig, alle anderen zeigten hingegen die übliche entspannt-freudige Reaktion. Die Ursache lag weit zurück: Der Rosenduft erinnerte die Teilnehmerin an das Parfüm ihrer schon lange verstorbenen Mutter.

Sie reagieren aber auch auf Düfte, die Sie nicht kennen können. Anscheinend bringen Menschen als Neugeborene bereits zahlreiche Dufterfahrungen mit. So reagieren alle Menschen auf einige Düfte, die sie noch nie gerochen haben konnten, mit einer ähnlichen Sympathie oder Antipathie, also mit Freude oder Ablehnung. Man führt dies auf pränatale Erfahrungen und die durch den Trigeminus ausgelösten Reflexe zurück.

Bewertung

Aufgrund der mit dem Duft verbundenen Erlebnisse wird jeder Duftstoff von jedem Menschen individuell anders – positiv, neutral oder negativ – bewertet. Eine emotionale Reaktion läßt sich nie völlig sicher vorherbestimmen. Unser Verstand nimmt die Bewertung der erhaltenen Duftinformation vor. Sie muß aber nicht unabänderlich so bestehen bleiben. Weitere Erfahrungen mit einem Duft können die einmal so empfundene negative Erfahrung schrittweise ins Positive umkehren. Wer Duftstoffe therapeutisch anwendet, muß die vorgesehenen Aromen daher vorher durch Riechproben mit dem Klienten »abstimmen«.

Die verschiedenen Völker und Rassen tendieren zu speziellen Düften. Das ist durch die heimischen Pflanzen, Speisen und das Klima bedingt. Südeuropäer neigen zu blütigsüßen Düften, Nordeuropäer zu harzig-frischen Düften, Japaner sind mit *Bergamotte* zu begeistern, einem Engländer behagt *Sandelholz* (in Erinnerung an die gute alte Kolonialzeit) besonders. Franzosen und Spanier mögen das Öl von *Rosmarin*, *Lavendel* oder *Jasmin*. Brasilianer bevorzugen *Lavendelöl*, Asiaten dagegen eher *Patchouliöl*. Holländer freuen sich über die Düfte von Gewürzen, obwohl die Gewürzpflanzen in ihrem Land nicht angebaut werden. Es liegt wohl an ihren Erfahrungen mit den in ihren ehemaligen Kolonien vorkommenden Gewürzen, die Reichtum und Wohlstand bedeuteten.

Die Beurteilung eines Riechstoffes kann sich ändern: Was Ihnen gestern behagte, kann heute unangenehm riechen. Ein Beispiel, das die Veränderung der Beurteilung von dem, was gut oder nicht gut duftet, deutlich zeigt, ist die Geschichte der Parfüms. Denken Sie nur an die Speisen, die Sie bevorzugen. Sie mögen auch nicht jeden Morgen Spiegeleier mit Speck, nach einigen Tagen wird es Ihnen wahrscheinlich schon vom Geruch allein übel. Der einstmals so verführerische Duft Ihres Partners stößt Sie jetzt ab. Der nette Kollege Ihnen gegenüber »stinkt Ihnen« heute, weil er so aggressiv ist. Bisher fühlten Sie sich in Ihrer Wohnung wohl, aber nachdem sich Ihre Frau von Ihnen im Streit getrennt hat, riecht es dort gar nicht mehr gut.

Wie Studien belegen, erzeugen als angenehm oder gut beurteilte Düfte eine positive Sichtweise und Wahrnehmung sowie positive Gedanken; sie heben das allgemeine Wohlbefinden, erhöhen die Kreativität und lösen angenehme Erinnerungen aus. Der Mensch fühlt sich glücklich, entspannt, sinnlich und angeregt. Jeder angenehme Duft fördert Ihre Gesundheit. Unangenehme Düfte verursachen das Gegenteil – Streß, Irritation, Depression und Apathie. »Riechen« Sie sich einmal an Ihrem Arbeitsplatz oder in dem Supermarkt, in dem Sie am häufigsten einkaufen, »um« ...

Konditionierung

Unsere Duftkonditionierung beginnt bereits im Mutterleib. Versuche zeigten, daß Mäuse, deren Mütter während der Schwangerschaft mit bestimmten aromatischen Beeren gefüttert wurden, genau die Futtermischungen bevorzugten, die diese Beeren enthielten. Menschen ergeht es nicht anders. Schließlich nimmt der Fötus alles wahr, was die Mutter an Aromen einatmet, auf die Haut aufträgt und mit den Speisen und Getränken aufnimmt.

Nach der Geburt leben wir in einem Raum, einem Haus, einer Stadt, einer Landschaft, die ganz spezifische Düfte haben und uns als der »Duft der Heimat« oder des »Zuhauses« unvergeßlich bleiben. Dieser Geruch zählt zu den prägendsten Düften, ist er doch mit unserem fundamentalen Gefühl der Zugehörigkeit zu einer Gruppe oder einer schützenden, liebenden Bezugsperson verbunden.

Die in unserem Land üblichen Speisen, Getränke, die natürlichen heimischen Pflanzen, das Rasierwasser unseres Vaters und das Eau de Toilette unserer Mutter üben soziokulturelle, uns konditionierende Einflüsse aus. Sie zeigen uns, was gut riecht und wie man zu duften hat.

Auch das Klima prägt. In warmen Ländern bevorzugt man aufgrund der Temperaturen schwere, lang anhaltende Düfte, sonst wäre die Freude zu schnell verflogen.

Grenzen der Duftwahrnehmung

Adaption

Sie kennen es von tickenden Uhren und dem Verkehrslärm, der duftenden Rose und dem Druck der engen Kleidung – irgendwann spüren Sie nichts mehr. Wenn das Nervensystem einem andauernden Reiz ausgesetzt ist, schalten die Gehirnabteilungen für Beurteilung und Unterscheidung von »bedeutsam« auf »unwichtig«, und schon sind Sie sich der Geräusche, Empfindungen, Bilder und Düfte nicht mehr bewußt. Das bedeutet aber nicht, daß Lärm oder Farben oder Düfte nichts mehr in Ihnen bewirkten. Sie beeinflussen Sie weiterhin. Wie erwähnt, ermüden die Riechzellen ebenso im Laufe der Zeit. Doch mit jeglicher feinsten Veränderung des Duftes werden die Riechzellen wieder belebt. Daher sollten Räume in Intervallen mit Düften versehen und ausreichende Pausen eingehalten werden. Auch in der Natur werden Düfte in Schüben verbreitet, und zwar durch Pulsieren. Pflanzen »pulsen« ihre Düfte, um ihre Botschaften immer neu und frisch zu senden. Insekten wie auch Menschen reagieren auf den Duftstreifen in der Luft und geraten aus ihm hinaus und wieder hinein. Durch das Bewegen in einen anders duftenden Bereich wird die Wahrnehmung für den gesuchten Duft geschärft. Das läßt sich beim Arbeiten in einem geschlossenen Raum kaum ermöglichen, wir müßten schon regelmäßig aus dem Raum gehen.

Die Ermüdung der Rezeptoren ist stark vom Duftstoff und seiner Konzentration abhängig. So werden die Düfte von *Absolues* (siehe Ätherische Öle, Bezeichnungen), *kampfer-*, *moschus-* und *ambra*artigen Riechstoffen als trigeminuswirksame Düfte (wie Ammoniak, Essig, frischer *Knoblauch*, *Minze*, *Zimt*) besonders lange wahrgenommen. Intensitätsschätzungen sagen aus, daß wir uns an Riechstoffe, die den Trigeminus nicht reizen, schneller gewöhnen.

Die Adaption verhindert, daß wir angenehme, aber auch ebenso unangenehme Düfte nicht ständig wahrnehmen, sie läßt Sie als Verkäuferin in der Fleischabteilung oder Parfümerie oder als Bewohner im frisch gestrichenen Appartement oder beim Einkaufsbummel in der Innenstadt »überleben«. So kommt es auch, daß Ihnen Ihr Parfüm schon als schal erscheint und Sie ständig mehr davon benutzen, während andere in Ihrer Nähe kaum mehr zu atmen wagen. Den Geruch Ihrer Wohnung, Ihren Körpergeruch, den Körpergeruch Ihrer Partnerin, den Gestank der Abgase, den Mief im Kaufhaus, die herrlichen Düfte der Pizzeria nebenan nehmen Sie aufgrund der Adaption nach einer Weile also nicht mehr bewußt wahr – glücklicherweise oder leider, je nachdem.

Kompensation oder Verdeckung

Werden mehrere Duftstoffe gemischt, wie das bei einem Parfüm mit bis zu dreihundert verschiedenen Duftstoffen geschieht, kann ein Duftstoff das Wahrnehmen eines anderen Duftstoffes verhindern. Verflüchtigt sich nun der überdeckende Duftstoff früher als der blockierte, wird letzterer plötzlich wahrgenommen. Da die ätherischen Öle aber miteinander chemisch reagieren, läßt sich das einzelne Öl nicht mehr identifizieren. Lediglich die für das Öl typische Duftkomponente wird »ermittelt«. Die klassische Einteilung einer Duftmischung in Kopf-, Herz- und Fußnote entspricht diesem Effekt bis zu einem gewissen Maß.

Moleküle bestimmter Duftstoffe können das »Andokken« anderer Duftstoffe an den Riechrezeptoren verhindern. Auf diese Weise werden vorhandene Düfte nicht wahrgenommen. Ein Beispiel ist die teilweise penetrante Beduftung von Toiletten mit synthetischen Zitrusdüften. Bei sinnvollem Einsatz von *natürlichen* Duftstoffen läßt sich eine Beeinträchtigung des Wohlbefindens und der Gesundheit nahezu oder ganz vermeiden.

Unterschiede und Veränderungen des Riechvermögens

Neugeborene, Kleinkinder

Wir können, im Gegensatz zum Sehen, bereits von Anbeginn unseres Lebens an riechen und diese Düfte identifizieren. Daher steht dem Geruchssinn und den gesammelten Riecherfahrungen eine besondere Bedeutung zu, die bislang häufig unterschätzt wurde.

Neugeborene können Düfte sehr gut wahrnehmen und unterscheiden. Das ergaben Versuche, in denen man die Brüste der Mütter mit dem Parfüm Chanel No. 5 bestrich. Die Neugeborenen bevorzugten nach einigen Tagen des Säugens jegliche Brust mit diesem Parfüm, gleichgültig ob von der Mutter oder einer Fremden, wollten aber die Brust der Mutter nicht, wenn sie das Parfüm nicht trug.

Neugeborenen wurden, während sie schliefen, stark riechende Duftstoffe angeboten, und die Düfte weckten sie. Oder die Babys zeigten eindeutige Abwehrreaktionen, wenn die Brustwarzen der stillenden Mütter mit übelriechenden Duftstoffen bestrichen waren.

Bei anderen Versuchen wurden Kleinkindern Kleidungsstücke zum Spielen angeboten, die entweder ohne Duft oder mit dem Parfüm der Mutter versehen waren. Eine signifikante Zahl von Kleinkindern suchte sich die Kleidungsstücke mit dem Parfüm der Mutter aus.

Mütter

Mütter lernen sehr schnell, den Duft ihres Kindes von dem anderer Kinder zu unterscheiden. Frauen sind auch grundsätzlich begabter, Düfte von Menschen zu erinnern und sie zu unterscheiden. Versuche mit Frauen, die gerade Mutter wurden, und solchen, die es noch nie waren, ergaben, daß Mütter sowohl das Baby als auch Kleidungsstücke aufgrund des Duftes sehr viel treffsicherer identifizieren konnten.

Kindheit und Alter

Der Geruchssinn des Neugeborenen ist nach Messungen ab dem vierten Tag bereits zu neunzig Prozent funktionsfähig und entwickelt. Ab dem sechsten Lebensjahr steigt die Geruchsempfindlichkeit stark an, um dann langsam abzuklingen. Mit zunehmendem Alter erhöht sich das Erkennungs- und Unterscheidungsvermögen deutlich. Die Riechschwellen liegen bei den über Vierzigjährigen mit zunehmendem Alter immer höher, doch kann auch bei senilen Personen eine völlig normale Riechfunktion vorliegen. Der Trigeminus verhält sich analog dem übrigen Nervensystem und kann mit hohem Alter seine Funktion stark reduzieren.

Männer und Frauen

Einige Veröffentlichungen und auch meine Tests ergaben, daß Frauen grundsätzlich eine niedrigere *Riechschwelle* und – wie schon gesagt – bessere Unterscheidungsfähigkeit haben. Dies hängt aber oft damit zusammen, daß Männer mehr rauchen.

Blinde

Nicht sehen zu können heißt nicht, über einen besseren Geruchssinn zu verfügen, im Gegenteil. Doch haben Blinde diesbezüglich eine geschärfte und daher bessere Unterscheidungs- oder Beurteilungsfähigkeit.

Menstruation, Schwangerschaft und Menopause

Während der Menstruation, der Schwangerschaft und der Menopause ist eine *Verfeinerung* der Riechleistung zu beobachten, auch schwankt die Riechschwelle während des menstruellen Zyklus. Während der Menstruation ist sie am niedrigsten, das heißt, eine Frau riecht mehr. Untersuchungen beweisen, daß während des ersten Drittels der Schwangerschaft eine deutliche Steigerung der Riechfähigkeit eintritt, während sich ab dem zweiten Drittel Unterscheidungsfähigkeit und Riechvermögen stark reduzieren.

Tageszeiten
Sie riechen vormittags weniger als nachmittags und abends.

Körpergewicht
Korpulente (stark »fetthaltige«) Personen haben ein besseres Riechvermögen als Normalgewichtige.

Klima, Temperatur
Bei niedrigen Temperaturen werden Düfte weniger intensiv wahrgenommen als bei hohen Temperaturen. Kurz vor einem Gewitter steigt die Geruchsempfindlichkeit stark an. Bei hoher Luftfeuchte nimmt das Riechvermögen zu. Letztere Fakten dürften vor allem jene interessieren, die sich mit dem Thema »Raumbeduftung« befassen.

Krank durch Düfte

Hohe Duftkonzentrationen oder ständiger Kontakt mit intensiven Düften (etwa von *Ylang-Ylang-Öl, Hyazinthenöl, Jasminöl, Moschuskörneröl*) oder reizstarken Düften (die den Trigeminus ansprechen, da kalt, stechend, brennend) ätherischer Öle können zu einer Reizung des Nervensystems führen. Symptome wie Konzentrationsmangel, Desorientierung, Gleichgewichtsstörungen, Übelkeit und Kopfschmerzen wurden in diesem Zusammenhang beobachtet. Wenn es sich um als unangenehm bewertete Düfte (von verrottenden Lebensmitteln, faulendem Fleisch, Fäkalien und zahlreichen Chemikalien) handelt, entsteht Streß.

Der unvermeidbare Hormonschub führt primär zu Agitation und Aggression, die sich nach langer Unterdrückung sekundär als Pseudoemotion in Form von Depressionen äußern kann.

Bekannt ist Ihnen sicherlich aus eigener Erfahrung, daß angenehme Düfte Ihr körperliches Leistungsvermögen steigern und unangenehme es verringern. Wer ist fit und will schon in einer stinkenden Umgebung bleiben?

Wird der Umgang mit Aromen übertrieben, zum Beispiel wenn in jedem Wohnraum eine Duftlampe mit verschiedenen Düften steht, sind die eben genannten Symptome ebenfalls zu beobachten. Hier setzt die Adaption aus, die uns vor der Unerträglichkeit schützt, alles immer zu riechen. Auch Körperdüfte können psychische oder psychosomatische Wirkungen hervorrufen.

Das sogenannte »Sick-Building-Syndrom« beruht auf einer Zusammenwirkung reizstarker, schädlicher Duftstoffe und Emissionen, welche die erwähnten Reaktionen zur Folge haben. Hervorzuheben ist, daß solche Symptome selten durch natürliche, sondern meistens durch synthetische Substanzen in Baustoffen, Bodenbelägen, Klebern, Konservierungsmitteln, Farben und Lacken und sonstigen technischen Gebrauchsgegenständen oder Einrichtungen verursacht werden. Aufgrund der »Nebenwirkungen« von Duftstoffen und Emissionen mußten in den USA mehrere Gebäude geschlossen oder abgerissen werden.

Wirkungen der Duftstoffe

Körper, Geist und Psyche
Die Duftinformationen, welche die zelluläre Barriere überwinden, gelangen gleichzeitig in das limbische System und andere Bereiche des Gehirns. Welche Information in wel-

chem Bereich zuerst und warum eingeht, ist für das Resultat insofern ziemlich belanglos, da die Weiterleitung in Sekundenbruchteilen geschieht. In ebenso kurzer Zeit erfahren Sie die Wirkungen: Sie atmen schneller, Ihr Blutdruck steigt, Sie fühlen sich erfrischt, Sie fühlen sich leicht, Sie entspannen sich, Sie lächeln. Was ist geschehen?

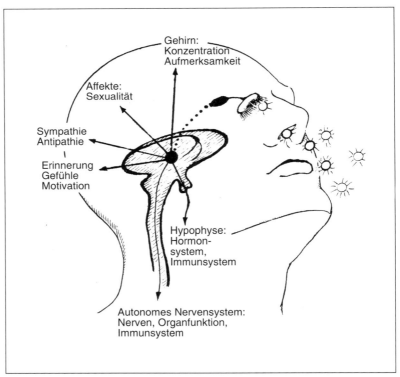

Abb. 3: Duftwirkungen

Das limbische System übersetzt und verarbeitet alle chemischen Reize. Üblich ist, die zum »limbischen System« zusammengefaßten anatomischen Strukturen und den Thalamus als entwicklungsgeschichtlich älteste Teile des Gehirns zu bezeichnen, die unsere Instinkte (Furcht, Angriff,

Abwehr, Sexualität), Emotionen (Angst, Freude, Mitgefühl, Empathie), Harmoniegefühl, Sympathie oder Antipathie, allgemeines Wohlbefinden und die autonomen Lebensprozesse steuern: Fortpflanzung, Verdauung, Ausscheidung, Herzfunktion, Blutdruck, Atmung, Stoffwechsel, Immunabwehr, Müdigkeit und Wachen, Appetit und anderes mehr. Über die Steuerung der Hypophyse durch den Thalamus wird auch die Hormonproduktion beeinflußt.

Die Ausschüttung von Neurotransmittern, wie der euphorisierenden Enkephaline, des beruhigenden Serotonins oder der anregenden Noradrenaline sowie vieler anderer körperlich wirksamer Hormone, wird durch die Duftwahrnehmung ausgelöst. (Näheres dazu erfahren Sie im Abschnitt über die Anwendungsbereiche.)

Wenn wir etwas fühlen, beruht dies physiologisch gesehen auf einer minimalen Veränderung des Hormonspiegels. Dieser wird durch das Denken (etwa die bildhafte Vorstellung von Gewalt, Sex, einem freudigen Ereignis), durch ein »reales« Erleben oder einen Sinnesreiz (wie Berührung, Bild, Ton, Duft) verändert und löst *Gefühle* aus. Der Duft von *Kamille* wirkt beispielsweise nervenberuhigend und verändert die Stimmungslage vom Negativen zum Positiven. Gleichzeitig beschleunigt er die Zeit, in der wir negative oder positive Vorstellungen beziehungsweise Bilder erzeugen.

Das führt uns zu den Wirkungen der Düfte auf unseren Verstand. In Verbindung mit einer realen Begebenheit oder einem Sinnesreiz (Berührung bei Massage, Sehen einer Farbe) können Düfte für eine erhebliche Verstärkung der jeweiligen Empfindung sorgen. Die ausgelösten „Gefühlshormone" verändern körperliche und mentale Zustände, zum Beispiel wirken Endorphine euphorisierend und schmerzhemmend, Noradrenalin wirkt anregend und konzentrationsfördernd.

Von vielen Aromen wissen wir, daß sie unsere Selbst- und Fremdwahrnehmung stark manipulieren können: Der Duft *Zitrone* vermittelt uns das Gefühl, unsere Umgebung und wir selbst seien rein, sauber und gesund, und führt so zu einer heiteren, positiven Grundeinstellung. In dieser Umgebung und mit solchem Körpergefühl haben Infektionen, Negativität oder Depressionen wenig Gelegenheit, uns heimzusuchen.

Aus meiner therapeutischen Arbeit und vielen Seminaren kenne ich die Wirkungen auf das Unterbewußtsein. Einige Duftstoffe, wie die der *Immortelle*, des *Muskatellersalbeis* oder der *Muskatnuß*, sprechen das Unterbewußte an und können uns mit tiefsitzenden Bildern und Gefühlen konfrontieren. Dies scheint ein »Nebeneffekt« vieler Düfte zu sein, der bei schwacher Dosierung und kurzer Aufnahme jedoch nicht sehr intensiv ist. Aus therapeutischer Sicht stellen solche Duftstoffe ein wertvolles Mittel dar, die verborgenen, unser Leben bestimmenden Glaubenssätze zu entdecken – und nötigenfalls aufzulösen.

In diesem Zusammenhang sind die harmonisierenden Wirkungen von Düften auf den seelischen Bereich zu nennen. Dem Flügelschlag eines Schmetterlings gleich, berührt uns die Schwingung eines Duftes in unserem tiefsten Inneren, in unserer Essenz. Um das Wortspiel zu vollenden: Essenz reagiert auf Essenz (gemeint ist ein ätherisches Öl). Das durch einen Duft ausgelöste Stimmungsbild überträgt sich auf Sie, ohne daß Sie es kontrollieren können. Dies ist nur durch die Rhythmisierung zweier feinstofflicher Körper erklärbar: Wenn wir davon ausgehen, daß die »Seele« ein uns umgebendes oder innewohnendes feinstoffliches Gebilde ist und eine entsprechend hohe Schwingung von Duftstoffen dieses Gebilde in eine gleiche Schwingung versetzen kann, vermag uns ein Duft dort zu treffen.

Da die Formatio reticularis auch eine Steuerung des gesamten restlichen Gehirns übernimmt, können wir sie als

Krank durch Düfte   33

höchst einflußreiche Schaltzentrale betrachten. Nachgewiesen sind Veränderungen der Aktivitäten des Gehirns, wobei bestimmte Düfte die rechte (für Emotionen und Intuition zuständige) und/oder linke Seite (der das logische, pragmatische Denken zugeordnet wird) aktivieren. Eine Veränderung der Gehirnwellen bis hin zum Theta-Bereich konnte beobachtet werden, so zum Beispiel durch den Duft von *Lavendel.* Dies mag das durch Duftstoffe hervorgerufene Empfinden tiefer Entspannung, innerer Ruhe oder von Anspannung, Aufregung und hoher Aufmerksamkeit erklären. Eine Harmonisierung der Aktivität beider Gehirnhälften, wie es bei der tiefen Meditation, diesem überaus heilsamen, entspannenden und bewußtseinserweiternden Zustand, geschieht, konnte mit Hilfe von Düften erreicht werden. Die verschiedenartigsten Wirkungen der Aromen auf das limbische System berühren unser Gemüt, unsere Psyche und unser affektives Verhalten und können zu starken, individuellen Veränderungen führen.

Versuche haben gezeigt, daß ähnliche Zustände auch bei Personen zu beobachten waren, die keine Düfte wahrnehmen konnten. Bisher hatte man angenommen, daß Düfte nur durch die bewußt getroffene Beurteilung »angenehmer Duft« oder »erinnert mich an eine schöne Begebenheit« eine emotionale Reaktion verursachen. Wenn eine solche Beurteilung hinzukommt, *verstärkt* sich meiner Ansicht nach lediglich die Duftwirkung.

Für viele Aromatherapeuten oder Freunde der Düfte ist eine weitere Reaktion von hoher Bedeutung. Beim Betreten eines Raumes, den eine harmonische Duftmischung aromatisiert, erleben die meisten Menschen, daß sie tief durchatmen und sich freuen. Diese Freude bei der Wahrnehmung natürlicher Düfte ist eine wichtige »Nebenwirkung«. Freude ist das Gegenteil von Depression, Traurigkeit, Negativität, Gewalt. Diese Freude wird einerseits durch die hormonellen Wirkungen, andererseits durch Assoziationen des

Verstandes, etwa Vergleiche mit früheren, angenehmen Erlebnissen, ausgelöst. Der Grad der Freude ist daher individuell und läßt sich nur bei einigen Aromen (wie dem Duft von *Rose*, *Bergamotte* oder *Orange*) verallgemeinern. »Un-Freude« oder Unfreundlichkeit ist in unserer Welt heute dominant und verhindert jeglichen Genuß, Entspannung, Zufriedenheit und innere Ruhe. Wir wissen mittlerweile, daß sich Immunzellen entsprechend unserem Gemütszustand auch »freuen« oder »leiden«. Eine »freudige« Immunzelle leistet, so lautet das Resultat von psychoneuroimmunologischen Forschungen, bessere Abwehrarbeit als eine »traurige, depressive« Zelle.

Bekannt ist Ihnen sicherlich die sekretionsfördernde Wirkung von Düften auf die Speicheldrüsen (wem läuft nicht schon beim Kochen das Wasser im Mund zusammen?). Allein beim Riechen einer Speise werden sowohl der Speichelfluß als auch die Verdauungssäfte in Menge und Enzymgehalt entsprechend dem sich durch den Duft ankündigenden Gänsebraten oder Käsefondue verändert. Erwartungsvoll harren Gaumen und Magen der Köstlichkeiten, bereit, sie aufzunehmen und in ihre kleinsten Bestandteile zu zerlegen. Hier besteht ein Rückkopplungssystem, das die neuralen und endokrinen Drüsen einschließt. Darüber hinaus wirken die Düfte reflektorisch auf Speichel- und Verdauungsdrüsen.

Abschließend sei noch die wechselseitige Wirkung von Duft und Gemüt erwähnt. Die Gemütsverfassung vermag die Beurteilung und Wahrnehmung eines Duftes zu beeinflussen (»Ich habe Kopfschmerzen, ich mag kein *Jasmin* riechen«), umgekehrt läßt sie sich durch einen Duft verändern oder steigern (»Mir geht es gut, der Duft von *Jasmin* macht mich ganz lebendig«). So können Düfte bei allgemeinem Wohlbefinden oder freudiger Stimmung eine verstärkende Wirkung haben. Damit werden auch die körperliche Befindlichkeit und hormonelle Situation positiv beeinflußt.

> Düfte übertragen gleichsam ihre Stimmungsbilder auf unser Wesen, ohne vom Verstand kontrolliert zu werden. Düfte aus der Natur lösen dabei eine Steigerung des allgemeinen Wohlbefindens aus, da sie uns in Kontakt mit der Natur bringen.

Körperduft

Früher war es die Grotte der Lust, der Platz der Erquickung, wo sich die Sexualität entzündete, voller anregender Düfte: die Achselhöhle und der Schambereich des Partners. So bat Napoleon seine Geliebte, nicht mehr zu baden, da er in zwei Wochen aus Rußland zurückkehre.

Heute ist Körperduft für die meisten Menschen mit einem negativen Prädikat versehen. Man(n oder Frau) riecht nicht mehr nach Körper. Unser Schweiß enthält zahlreiche Duftstoffe, die Signale für unsere Mitmenschen sind. Die Zusammensetzung des Körperduftes ändert sich mit jedem körperlichen (hormonell verursachten) und emotionalen Befinden. Was Nasen im allgemeinen registrieren, sind nicht nur die sagenhaften Sexualpheromone (Sexualbotstoffe), sondern auch Knoblauch, Alkohol, Curry und anderes. Feine Nasen können bestimmte Krankheiten aufgrund der Körperausdünstung diagnostizieren, so jedenfalls wird es früheren chinesischen und hinduistischen Ärzten nachgesagt, die ohne Labor und Computeranalyse sehr treffsicher beurteilten. Viele Ärzte wissen auch heute, daß Krebs, Hepatitis, eine Magenverstimmung, mangelhafte Verdauung, schlechter Stoffwechsel, Skorbut, Lungenentzündung, ja sogar Schizophrenie einen ganz spezifischen Körperduft zur Folge haben. Er wird von Mitmenschen wahrgenommen und führt oft zu einer unbewußten Ablehnung.

Nicht zu unterschätzen sind die Duftbotschaften unseres Körpers im zwischenmenschlichen Bereich, denn sie entkleiden uns der Masken, die wir schützend tragen. Ein depressiver Mensch duftet anders als ein verliebter. Ein schwacher Mann strahlt über seinen Duft seine Schwäche aus. Das Verdecken mit Deos oder Parfüms hilft da nur bedingt, denn irgendwann läßt deren Wirkung nach, und unsere wahre Natur tritt zutage.

Parfüms sind eigentlich dazu gedacht, unsere Natur oder Persönlichkeit zu unterstreichen. Daher sollten sie, was bei einigen Parfüms auch der Fall ist, den natürlichen Duft des Körpers unterstützen. Ein befremdender Gedanke? Reine natürliche Substanzen lassen dies ohne weiteres zu. Die Natur gibt uns Duftstoffe, die von *Karottensamen* oder *Zypresse*, die dem Körperduft Rothaariger entsprechen, oder den Duft von *Sandelholz*, das eine starke Ähnlichkeit mit Androsteron, einem männlichen Pheromon, hat und daher auch in vielen Herrenparfüms zu finden ist.

Ein angenehmer Körperduft läßt uns attraktiv erscheinen. Und hinter dem Wunsch, attraktiv zu sein, steht der Urwunsch, geliebt und akzeptiert zu werden. Und wir nehmen an, daß attraktive Personen mehr geliebt werden.

Studien haben unterstrichen, daß man attraktiven, angenehm duftenden Menschen ein höheres Maß an Fertigkeiten, Intelligenz, Erfolgschancen und sozialen Erfahrungen unterstellt. So werden Einstellungsentscheidungen von Personalmanagern häufig nicht nur von den Zeugnissen, der Kleidung, dem Auftreten, sondern auch von der Dufterscheinung beeinflußt.

Das gilt auch bei Gesellschaften, Konferenzen, Partys – riechen Sie einmal bewußt, was der Duft, den Sie tragen, aussagt. Ungünstig wäre es, als Frau bei einem Vorstellungsgespräch mit einem weiblichen Personalchef eine orientalisch-blumige, erotische Duftnote zu tragen oder als Mann, der sich bei einem Mann vorstellt, eine sehr maskulin-herbe Note. Beide würden den Konkurrenzkampf zwischen den gleichgeschlechtlichen Gesprächspartnern einleiten. Besser wäre die umgekehrte Wahl.

Wirkungen der Duftstoffe 37

In der Partnerschaft übernehmen Düfte eine wichtige Rolle, wie eingangs schon beschrieben. Grundsätzlich müssen wir den Körperduft eines Menschen akzeptieren, wenn nicht gar lieben, um eine intime Beziehung eingehen zu können. Nicht selten ist zu beobachten, daß der Körperduft eines Partners negativ beurteilt wird, wenn mangelnde Liebe, Zuneigung, Zärtlichkeit und Partnerschaft von ihm oder ihr empfunden werden. Paare, die sich trennen wollen oder müssen, können Anzeichen dafür sehr früh daran erkennen, wie sie den Körperduft des Partners empfinden. Es hilft nicht, mit Deos und Parfüms die wahren Gefühle zu überdecken, die sich durch die Ausstrahlung des Körpers in einer intimen Beziehung offenbaren. Solange Liebe vorhanden ist, wird selbst der Geruch des kranken Körpers des Partners nicht als unerträglich empfunden.

Um einige Grade geringer sind die Voraussetzungen für Freundschaften und das ständige Zusammensein am Arbeitsplatz. Nicht selten ist unangenehmer Körpergeruch (stets subjektiv als solcher wahrgenommen beziehungsweise bewertet) Grund für dauernde Streitigkeiten und massive Ablehnung. Ebenso verursacht sehr starker Körpergeruch, der lange auf andere Menschen wirkt, Streß.

Die Körperdüfte negativer, angstvoller, bösartiger und abgelehnter Menschen können über das Maß der Streßauslösung hinausgehen und schwere psychische Störungen verursachen. Bei Versuchen mit Affen, die in einem Raum leben mußten, in dem sie ständig dem Pheromonduft des herrschenden Affen ausgesetzt waren, starben fast alle nach einer langen Streßphase. Wenn Sie den Körperdüften oder diesen *ähnlichen* Düften eines Sie dominierenden, beherrschenden oder Sie körperlich oder psychisch quälenden Menschen unausweichlich ausgesetzt sind (etwa des Beziehungspartners, des Vaters, der Mutter, des Vorgesetzten), kann dies Sie zusätzlich schwer peinigen. Bei Beziehungskonflikten

ist es also sinnvoll, auch nach der Beurteilung der Körperdüfte zu fragen.

Sexualität

Von den zwölf Signalstoffen, die wir Menschen aussenden,
hat das Sexualpheromon die wohl faszinierendste Wirkung.
Übertriebene Reinlichkeit und Verdeckung von Körperdüften beruhen stark auf dem unbewußten Wunsch, die Signale
unserer Sexualpheromone zu tarnen und unsere wahre Sexualität zu verstecken.

Interessant wird es mit den typisch weiblichen und männlichen Körperdüften, wenn die Sexualpheromone während
der Pubertät produziert werden. Dann treten wir aus der
Kindheit in die Teenagerphase. Ab jetzt senden wir fleißig
wirkungsvolle Duftbotschaften. Frauen strömen östrogen-
artige, Männer testosteron- und androsteronartige Düfte
aus, wenn sie sexuell erregt sind oder nur eine leichte Bereitschaft zu sexueller Aktivität vorhanden ist. Frauen nehmen
Pheromone von Männern allerdings stärker wahr als Männer
selbst. Bei Frauen ist die Pheromon-Ausschüttung an den
fruchtbaren Tagen sehr hoch, und dies duftet für Männer
besonders angenehm. Bei Einnahme der Pille treten diese
Schwankungen nicht auf. Vor und während der Menstruation verändert sich der Körperduft gegenteilig. Durch die
Benutzung aphrodisischer Düfte in Parfüms (die meisten
Parfüms enthalten solche Düfte) kann das natürliche Desin-
teresse des anderen Geschlechts an solchen Tagen »überwun-
den« werden. Es mag sogar geschehen, daß mehrere Frauen,
die ständig im selben Raum zusammenarbeiten, durch diese
Duftsignale gleichzeitig ihre Periode bekommen. Das führt
uns auf die Spur, daß Pheromone nicht nur Sexuallockstoffe
sind, sondern viel mehr über uns aussagen und dies auf einer
unbewußten Ebene verstanden wird.

Bei sozialen Ereignissen wie Partys, Betriebsfeiern und
ähnlichem werden durch heftiges Bewegen (Tanzen) die Phe-

romondüfte gut gestreut und gemischt. So ist es nicht verwunderlich, daß unser »vomeronasales Organ« in der vorderen Nasenscheidewand und der Geruchssinn durch die Stimulation der sexuellen Lockstoffe und aphrodisierenden Duftstoffe in den Parfüms in einer gemeinsamen Aktion den Hypothalamus zu eiliger Tätigkeit anregen. Der schüttet daraufhin massenweise Hormone aus, was wir als äußerst angenehmen Zustand und sexuelle Erregung erleben. Die Folge kann eine heftige Liebesnacht oder ein heißer Flirt sein – aber nicht zwingend, denn der Verstand läßt sich dadurch nicht ganz überlisten.

> Pheromone sind Träger von Duftbotschaften des Körpers, die unser wahres Befinden offenbaren und mit denen wir auf unbewußten Ebenen kommunizieren.

Wirkungen ätherischer Öle

Die Vertreter der systemischen Aromatherapie glauben, daß die Duftstoffe der ätherischen Öle durch eine direkte molekulare Interaktion mit den entsprechenden Rezeptoren des Zentralnervensystems wirken. Nach anderer Auffassung begründet erst die schon vorhandene Empfindung des Wohlbefindens, der Entspannung, der angenehmen Gefühlslage oder der angeregten Sexualität die Wirkungen der ätherischen Öle. Plausibler ist die Kombination beider Wirkungsrichtungen.

Die folgenden Betrachtungen gelten für die Aufnahme ätherischer Öle in Lunge, Haut und Magen. Substanzen des ätherischen Öls erreichen die Blutbahnen und werden mit dem Blut durch den gesamten Körper transportiert. In diesem Fall können seine Wirkungen wesentlich stärker und langanhaltender sein, verbleibt doch das ätherische Öl unter

Umständen stundenlang in unserem Körper, bis es verarbeitet und ausgeschieden wird.

Der Einfluß von Düften bei aromatherapeutischen oder kosmetischen Anwendungen läßt sich von den allgemeinen Duftwirkungen nicht trennen. Denn wir riechen, was wir uns in das Badewasser oder in das Gesichtsöl tropfen. Betrachten wir die Aufgaben ätherischer Öle in der Natur und unterstellen wir, daß der menschliche Organismus die hormon- und vitaminartigen Substanzen der Pflanzen als körpereigene einstuft, werden sie auch gleichartige Funktionen ausüben. Hat ein ätherisches Öl bei einer Pflanze etwa den Zweck der Ausscheidung von Giftstoffen, so erklärt sich dadurch die entgiftende Wirkung einzelner Öle (zum Beispiel *Lavendel*) beim Menschen. Einige Öle enthalten Substanzen, die dem Östrogen ähnlich sind (zum Beispiel *Fenchel*) und demzufolge östrogenähnliche Einflüsse zeigen. Über den Geruchssinn üben viele Öle die gleiche Wirkung aus, indem sie den Hypothalamus und die Hypophyse zur Ausschüttung von Hormonen anregen.

Fast alle ätherischen Öle sind antiseptisch, bakteriostatisch oder antiviral und helfen dem Körper, seine Selbstheilungskräfte zu stärken oder zu aktivieren. Man sagt einigen Ölen (etwa dem *Weihrauchöl*) eine stark antibiotische Wirkung nach und hat sie bereits als Antibiotika eingesetzt.

Dabei muß in Betracht gezogen werden, daß nicht das Öl selbst heilt. Es erfüllt vielmehr eine Informationsfunktion, indem es den Organismus stimuliert und seine Aufmerksamkeit auf den disharmonischen Zustand lenkt. Wenn wir wissen, daß Zitronenöl die Produktion weißer Blutkörperchen anregt, so verhält es sich in diesem Fall ebenso: Das Öl beziehungsweise seine Inhaltsstoffe geben lediglich eine Information an ein System, ein Organ beziehungsweise letztlich an eine Zelle weiter. Diese Information sorgt für eine Veränderung, sie regt den Informationsfluß der Zellen an oder unterbricht ihn. Tatsache ist, daß ein ätherisches Öl

Wirkungen ätherischer Öle

selbst zum Beispiel keine schmerzstillende Wirkung hat, sondern die körpereigenen Morphine aktiviert.

Die ätherischen Öle sind fettlöslich und haben dadurch eine hohe Affinität zu Zellen, insbesondere den fettreichen Zellen des Zentralnervensystems. Dort können sie die Ionenkonzentration in den Zellen, die Produktion von Enzymen, Proteinen und elektrische Ladungszustände beeinflussen: anregen, verlangsamen, blockieren. Ergebnis dieses Zusammenspiels sind Schmerzfreiheit, Entzündungshemmung, Krampflösung und dergleichen. Das ätherische Öl heilt also nur scheinbar. Es ist der Körper selbst, der Funktionen ändert.

Auf mentaler Ebene können ätherische Öle Gehirnfunktionen anregen oder dämpfen, dies geschieht lediglich durch das Wahrnehmen von Aromen. Bestimmte Inhaltsstoffe »docken« mit Vorliebe an Gehirnzellen der rechten oder linken Hirnhälfte an und versetzen sie so in Erregung. Damit werden Bewußtheit, Logik, Aufmerksamkeit, Konzentration oder Intuition beeinflußt. Können wir die Bewußtheit erhöhen oder einen desorientierten Verstand zum Fokussieren und Ruhen bringen, schaffen wir die Voraussetzung zum Erleben von Glück und Zufriedenheit. Letztere sind wesentliche Komponenten für ganzheitliches Wohlbefinden und Heilung.

Was über die Wirkungen von Düften auf das limbische System und seine Steuerung unserer autonomen Lebensprozesse, Emotionen und des affektiven Verhaltens gesagt wurde, trifft auch für die Inhaltsstoffe der ätherischen Öle zu, wenn sie über die Blutbahn in das Gehirn gelangen. Ebenso wirken hochverdünnte ätherische Öle sehr lange und intensiv auf emotional-geistige Zustände – ein weites Feld liegt hier offen und harrt der Wiederbelebung. Aber es bietet sich kaum Neues, denn alle alten Kulturen hatten ihre Aromen, die durch Inhalation oder Einnahme »böse Geister« austrieben, »das Höchste« erleben und »Gott« sehen ließen.

Ihre dominante Wirkung haben ätherische Öle auf das Nervensystem des zivilisierten, ständig angespannten Menschen, vor allem auf das vegetative Nervensystem. Spezielle Substanzen in bestimmten Ölen stimulieren den Sympathikus oder den Parasympathikus oder harmonisieren beide. Das versetzt Körper, Geist und Psyche in die Lage, Energien für die Selbstheilung zu aktivieren. Wie erwähnt, gehen einige Studien über ätherische Öle davon aus, daß deren Inhaltsstoffe über die direkte molekulare Interaktion mit Rezeptoren des Nervensystems wirken. So seien sie in der Lage, der Zelle verschiedenste Informationen zukommen zu lassen. Wichtig ist die Anregung von Hormonbildung und Neurotransmittern, wie des Serotonins, die unsere Körperfunktionen, unsere Gefühle und allgemeines Wohlbefinden steuern. Auch hier dient das ätherische Öl als Informationsträger (Transmitter).

Die Lockfunktion der pflanzlichen Duftstoffe haben wir schon genannt. Jeder von uns hat bereits ein solches Lockmittel benutzt: ein betörendes Parfüm, ein Rasierwasser, eine duftende Bodylotion. Ätherische Öle bieten uns eine Vielfalt von Düften, die unsere Libido anregen oder beruhigen und die Organe stimulieren können. Das kann uns zum Beispiel bei Impotenz oder Frigidität bedingt helfen. Wesentlich wichtiger ist die Tatsache, daß nur ein entspanntes, liebevolles Wesen Sexualität erleben und genießen kann. Hier helfen ätherische Öle durch ihre ganzheitlichen Wirkungen auf alle Bereiche, insbesondere das Nervensystem und die Psyche.

Ätherische Öle versorgen uns mit feinstofflichen »Energien«, die auf entsprechend feinstoffliche Energiezentren und Körper wirken. Erklärbar ist bis heute lediglich, daß die Schwingungen der Öle beziehungsweise ihrer Düfte unterschiedlich sind und die uns umgebenden Schwingungskörper oder -zentren beeinflussen. Der Körper ist ein Resonanzkörper, der auf die von ätherischen Ölen ausgehenden

Wirkungen ätherischer Öle 43

Schwingungen reagiert. Auch die Qualitäten von Yin und Yang sowie der Elemente Feuer, Wasser, Luft und Erde in den Pflanzen übertragen sich auf uns, wenn wir ihre ätherischen Öle benutzen. Damit werden unser ganzheitliches Wohlbefinden und unsere Entwicklung gefördert. Wenn wir davon ausgehen, daß körperliche und mentale Krankheiten ihren Ursprung im feinstofflichen Bereich unseres Wesens haben, erscheint es angebracht, diesen zu behandeln. Spätestens hier wenden sich die Wissenschaftler – in einem Jahrhundert technischer Errungenschaften, dem Zerlegen von Natur und auch Mensch in ihre Einzelteile, aber auch völliger Entmystifizierung, Entseelung und Verlust des Blickes auf das Ganze – kopfschüttelnd ab. Mir scheint es aber nicht so, daß etwa die alten Ägypter und Babylonier einem Aberglauben erlagen, wenn sie Räucherungsriten mit Aromen zur Heilung des kranken Geistes vollzogen oder Pflanzensäfte zur Genesung des Körpers nutzten oder den Rauch von *Weihrauch* und *Elemi* zur Meditation (Bewußtseinserweiterung) einatmeten.

Bei einigen der ältesten Anwendungen ätherischer Öle, nämlich der Massage und der Körperpflege mit Cremes, Salben oder Aromabädern, gelangen die Düfte auf die Haut. Da die Haut von einem fetthaltigen Film überzogen ist und ätherische Öle fettlöslich sind, können sie die Hautbarriere überwinden und in den Körper eindringen. Dabei entfalten sie vielfältige Wirkungen: Hautfunktionen werden reguliert oder angeregt, beispielsweise die Zellerneuerung oder die Abstoßung abgestorbener Zellen oder die Talgdrüsenproduktion. Bei solchen Gebrauchsformen beeinflussen ätherische Öle die Haut, den gesamten Organismus, den Geruchssinn und die Energiebahnen oder Meridiane.

ZWEITER TEIL
ANWENDUNGSBEREICHE

Hinsichtlich der Anwendung von Düften beziehungsweise aromatischen Stoffen unterscheide ich therapeutische, kosmetische und nichttherapeutische Möglichkeiten. Die Aromatherapie oder Psychoaromatherapie als therapeutische Behandlung einzusetzen erfordert umfassende Kenntnisse, möglichst eine medizinische, psychotherapeutische oder sonstige Ausbildung und Erfahrung in einem Heilberuf. Doch für viele kleine Beschwerden und emotionale Disharmonien benötigen Sie das nicht – durch sorgfältige Wahl der ätherischen Öle und richtige Dosierung können Sie sich selbst helfen. Das gilt auch für die Pflege mit Aromastoffen – Cremes, Salben und Hautöle können Sie selbst herstellen und individuell auf Ihren Haut- oder Haartyp abstimmen. Angenehme Düfte für den Raum oder ein Aromabad bedürfen ebenfalls keiner qualifizierten Ausbildung. Wenn Sie mit Therapien für den feinstofflichen Bereich arbeiten, wissen Sie ohnedies, daß es dafür mehr der Intuition als des Wissens bedarf.

Aromatherapie

Beginnen wir mit der Aromatherapie, dem Einsatz von Düften oder ätherischen Ölen zur Harmonisierung des Menschen. Die klassische Aromatherapie betrachtet und nutzt ätherische Öle oder ihre Düfte vornehmlich zur Harmonisierung der Psyche und Linderung von Leiden. Wegen der vielschichtigen Wirkungen der ätherischen Öle auf den Chemismus im menschlichen Körper ist sie qualifizierten Heilkundigen (dem Arzt, Heilpraktiker, Aromatherapeuten) vorbehalten. Trotzdem steht einer verantwortungsvollen und reduzierten Anwendung durch Laien nichts im Wege, solange die Dosierungen eingehalten werden und man keine Einnahme oder langfristige, hochdosierte Behandlung einer schweren Erkrankung versucht. Aromatherapie versteht sich als Begleittherapie und ersetzt die Schulmedizin nicht.

Die ganzheitliche Aromatherapie zielt auf die Behandlung von Körper, Geist und Psyche ab, da nicht jeder dieser Bereiche, vom anderen getrennt, ein Eigenleben führt, sondern sie einander beeinflussen. Daß Emotionen – also die Psyche – einen starken Einfluß auf das körperliche Befinden haben, ist inzwischen weitgehend bekannt und wieder akzeptiert. Durch Erziehung, Gesellschaft und wirtschaftliche Zwänge unterdrückte Gefühle und Wünsche können im allgemeinen nach einer individuell langen Zeit zu einer körperlichen Erkrankung führen, sie werden »somatisiert«. Der Anteil der psychosomatischen Erkrankungen ist sehr hoch, vor allem sind es Ängste, die zu Anspannung oder Verspannung führen. Danach folgen die unterdrückten Gefühle (Wut, Ärger, Enttäuschung, emotionale Verletzungen, Trauer – aber auch Freude) und Wünsche. An dritter Stelle steht das Unvermögen, loszulassen und sich veränderten Lebensumständen anzupassen.

Die Ursache für fast alle Beschwerden oder Disharmonien liegt in einem Bedarf, ansonsten würde ein natürliches System wie unser Körper sich nicht selbst schwächen oder gar zerstören. Wut oder Zorn manifestieren sich häufig in Form von Tumoren oder Krebs, langanhaltende Selbstkritik wird oft als Ursache von Arthritis gesehen, mangelnde Selbstliebe und Selbstakzeptanz oder unbefriedigte Sexualität führen zu Herzerkrankungen, Ärger fördert Entzündungen. Mangelndes Selbstwertgefühl (»Ich bin zu klein, zu dumm, zu schwach, nicht schön genug«) hat eine Schwä-

Aromatherapie 47

chung des Körpers mit vielfältigen Krankheiten zur Folge. Schuldgefühle (»Ich habe etwas falsch gemacht, ich bin schlecht, undankbar«) fordern eine Selbstbestrafung durch körperliche, emotionale oder mentale Symptome. Beziehungs- oder Eheprobleme, vor allem mit sexuellem Hintergrund, schwächen die Blase. Streß ist häufig eine Folge der Angst zu versagen, nicht erfolgreich zu sein, zu verlieren, was wiederum auf irrigen Glaubenssätzen beruht. Angst blockiert den Atem und schnürt das Herz ein, indem sie die Herz- und Brustmuskulatur zusammenzieht. Wenn sich die Gefühle oder geistigen Einstellungen nicht geändert haben, werden die Symptome bleiben oder sich ein neues Ventil suchen. Wenn Sie nicht Ihrer Natur folgen, Ihre Gefühle ausdrücken und sich Ihre Wünsche erfüllen, schneiden Sie sich Ihre Wurzeln ab – eine Pflanze würde das nicht überleben.

Wenn Sie also ein körperliches Symptom behandeln wollen, sollten Sie auch seine geistig-seelische Ursache betrachten. Oftmals ist es sinnvoll, eine verletzte Psyche oder den verwirrten Geist mit Düften zu harmonisieren. Optimal ist es, alle Bereiche gleichzeitig zu behandeln. Zahlreiche ätherische Öle werden diesem Anspruch gerecht.

Gehen wir davon aus, daß ätherische Öle, äußerlich angewandt (in der Duftlampe, durch Inhalation, als Badezusatz, bei der Massage, in Körperölen), zu einer emotionalen Harmonisierung beitragen können, da viele von ihnen angstlösend, stimmungsaufhellend, beruhigend und entspannend wirken, können wir durch Aromatherapie – bei der Behandlung der Psyche – einer Vielfalt von körperlichen Symptomen ihre wahren Ursachen nehmen. Werden diese ätherischen Öle noch durch jene ergänzt, die zur Linderung des körperlichen Symptoms beitragen, sprechen wir von ganzheitlicher Aromatherapie.

Fallbeispiel:
Eine Frau – verheiratet, kinderlos, 38 Jahre, blaß, mittelgroß, Angestellte – leidet unter einer chronischen Blaseninfektion und fühlt sich körperlich geschwächt. Sie berichtet, ihr Geschlechtsleben deswegen fast völlig aufgegeben zu haben. Auf den ersten Blick erscheint eine Behandlung der Blaseninfektion mit *Wacholderöl, Tea-Tree-Öl* und *Zedernholzöl* in Form von Sitzbädern, zusätzlichen Aromabinden oder -tampons angebracht. Nach näherem Befragen ihrer emotionalen Situation berichtet sie, depressive Phasen zu haben, die von mangelndem Appetit und Schlaflosigkeit begleitet sind. (Appetitmangel und Schlaflosigkeit sind übliche Begleiterscheinungen einer Depression.)

Sinnvoll ist hier die Auflösung der Depression, um Schlaf und Appetit wiederherzustellen, und die gleichzeitige Behandlung der Infektion. Sie erhält über mehrere Wochen regelmäßig Massagen mit *Bergamottöl* (appetitfördernd, antidepressiv, infektionshemmend), *Rosenöl* (antidepressiv, infektionshemmend, entspannend) und *Zedernholzöl* (entspannend, blasenwirksam, emotional stabilisierend). Diese Öle wird sie außerdem zweimal wöchentlich in ihrem abendlichen Bad nehmen (8 Tropfen einer Mischung aus einem Teil *Rosenöl*, sechs Teilen *Bergamottöl* und sechs Teilen *Zedernholzöl*). Somit ermöglichen drei Öle eine ganzheitliche Behandlung von Blase, Nerven und Psyche.

Nach einigen Wochen ist die Blaseninfektion abgeklungen, die Frau schläft wieder ruhiger, der Appetit hat sich leicht gebessert. Doch sie erscheint immer noch depressiv. Auf Nachfragen hinsichtlich ihres Ehelebens berichtet sie, daß ihr Ehemann nicht mehr liebevoll und rücksichtsvoll sei. Seit vielen Monaten würden sie oft streiten. Sie fühlt sich nicht geliebt und möchte mit ihrem Mann daher keinen sexuellen Kontakt haben. Also dient ihr die Blaseninfektion als Entschuldigung. Die Blase ist das Organ, welches bei Beziehungsproblemen – Zurückweisung, Liebesentzug,

Unterdrückung und dergleichen – am ehesten reagiert. Somit haben wir die tiefere Ursache gefunden. Die Behandlung des körperlichen Zustands allein hätte nur eine vorübergehende Erleichterung bedeutet. Die Psyche ist stärker – sie hätte die Blase nicht gesunden lassen, der Appetit hätte sich nicht gebessert, der Schlaf wäre unruhig und die Beziehung weiter unbefriedigend geblieben. An diesem Punkt muß diese Frau ihre Beziehung selbst klären oder mit Hilfe eines Therapeuten eine Partnertherapie durchführen.

Ich werde Ihnen anschließend für viele Organe oder Systeme die Emotionen oder Einstellungen nennen, die häufig für körperliche Fehlfunktionen oder Beeinträchtigungen verantwortlich sind. (Die entsprechenden ätherischen Öle zur Harmonisierung der Emotionen finden Sie im »Symptomregister«.)

Was uns der Körper sagt

Atemwege: Luftröhre, Bronchien, Lungen

Unsicherheit und Angst, vor allem Angst vor dem Leben und die Angst davor, sich zu nehmen, was einem zusteht, verursacht flaches, kurzes Atmen. Emotionale Enge (übermäßiges Bemuttern, Einschränkung der persönlichen Freiheiten) verursacht Krämpfe oder Lähmungen (Asthma). Bei unvollständigem Ausatmen liegt die Vermutung nahe, daß das Loslassen Probleme bereitet. Mit dem Ausatmen lassen wir auch negative Gedanken, Gefühle und Vergangenes los. Hinter Kehlkopferkrankungen verbirgt sich häufig die Angst, etwas auszusprechen, oder ein des vielen Redens Überdrüssigsein.

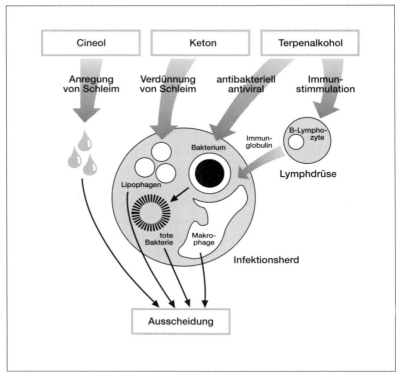

Abb. 4: Beispiel der synergetischen Wirkung von Inhaltsstoffen ätherischer Öle bei einer Bronchialerkrankung

Verdauung: Mund, Magen, Milz, Dünn-, Dickdarm

Ärger, Sorgen, Probleme, Depressionen beeinträchtigen die Verdauung und den Appetit. Übermäßiges Essen soll Frustration, Enttäuschung und das Gefühl, zu kurz zu kommen, kompensieren. Vielfach soll ein Mangel an Liebe und Zuwendung damit ausgeglichen werden. Mundgeruch und übelriechendes Aufstoßen sind nicht nur die Folge schlechter Verdauung und von Magenproblemen, sondern können auch

Aromatherapie 51

das »Aufstoßen« von unangenehmen Erlebnissen oder Gedanken der Wut sein. Unausgetragene Konflikte bleiben im Magen liegen. Ängste lassen die Nahrung unverwertet den Darm passieren, rasch wird sie ausgeschieden (als »Durchfall«). Die Unfähigkeit loszulassen und das Festhalten an Altem, sogar Schmerzhaftem oder an Geld manifestiert sich in Ausscheidungsproblemen. Verschleimter Stuhl deutet auf nicht losgelassene, nicht verdaute Überbleibsel verworrener Gedanken hin, auf ein Schwelgen in der Vergangenheit. Ängste und Ich-Schwäche führen schließlich zu Krampfadern in Darm oder After (Hämorrhoiden).

Harnwege: Nieren, Blase

Ist Ihnen schon einmal »etwas an die Nieren gegangen«? Dieses Organ fängt Kritik, Versagen, Enttäuschung und Schamgefühle auf und speichert alle kleinen Ärgernisse Ihres Lebens, wenn Sie diese nicht loslassen. Die Nieren sind ein Teil des Ausscheidungssystems und stehen auch in starkem Bezug zu Ihren intimen oder sozialen Beziehungen. Sind diese problembeladen und nicht harmonisch, reagieren die Nieren nach einer Weile. Sexuelle und Beziehungsprobleme beeinflussen die Funktionen der Blase. Auch Trauer über längst vergangene Ereignisse wirkt störend. Geringer Harnfluß deutet auf das Festhalten von vielleicht längst überholten Vorstellungen und Ängsten hin.

Leber, Gallenblase

Die Leber leidet, wenn Bosheit, Wut, Ärger und Aggression (sogenannte »rohe Emotionen«) nicht ausgedrückt, unterdrückt oder nicht losgelassen werden.

Herz, Kreislauf, Blut

Viele Menschen haben ihren Körper durch »Verengungen« in drei Bereiche getrennt: Denken, Fühlen und Sexualität. Hals und Taille bilden Verengungen, die ein Zusammenflie-

ßen verhindern sollen. Dabei kommt es zu dem häufig anzu-
treffenden Symptom, daß das Herz und die mit ihm verbundenen Gefühle isoliert werden. Das hat einen zweifelhaften
Vorteil: Das Herz kann nun nicht verletzt werden. Die tiefe
Angst vor den eigenen Gefühlen, vor dem Verlust der Kontrolle über sie und den Auswirkungen auf partnerschaftliche
und soziale Beziehungen ist eine weitere Ursache.

Angst ist das Gegenteil von Liebe, sie schadet dem Herzen
und dem Kreislauf. Aufzulösen ist bei Herzproblemen in
erster Linie die Angst. Mit Herzrhythmusstörungen erinnert Sie das Herz an sein Vorhandensein und daran, daß es
gehört werden möchte – Kopf und Herz befinden sich nicht
in einem harmonischen Rhythmus.

Ein träger Kreislauf und wenig Blut sind oft Folgen der
Einstellung, das Leben sei schwer und man müßte »sein Brot
im Schweiße des Angesichts« verdienen. Einem Bluthochdruck liegen häufig starke Nervosität und Anspannung (im
parasympathischen Bereich), aber auch unterdrückte starke
Gefühle zugrunde. Nur durch Anspannung kann ihr Aus-
brechen verhindert werden. Zu niedriger Blutdruck entspricht einer Zurücknahme oder einem Aufgeben: Ich
schaffe es sowieso nicht. Je weniger ich investiere, desto
weniger verliere ich. Krampfadern und Ablagerungen in den
Adern können ein Zeichen des Festhaltens und Anklam-
merns an Materielles sein.

Immunsystem (Lymphe, Milz, Thymusdrüse)

Der Begriff »Immunsystem« umfaßt alle Aktivitäten des
Körpers, sich vor infektiösen Einflüssen aus der Umwelt
(Pilzen, Bakterien, Viren) zu schützen, indem es diese elimi-
niert und ausscheidet. In ganzheitlicher Betrachtung bieten
sich hier die Erkenntnisse der Psychoimmunologie und der
Hirnforschung an, die beinhalten, daß Stimmungen und
Gefühle einen sehr deutlichen Einfluß auf die Immunab-
wehr haben. Negative Stimmungen oder Gedanken, die

Aromatherapie 53

lange anhalten, beeinflussen das Immunsystem in der Weise, daß die Immunzellen die Stimmung gleichsam übernehmen und weniger leistungsfähig sind. Freude, Liebe und innere Ausgeglichenheit übertragen sich, so betrachtet, ebenfalls auf die Immunzellen beziehungsweise beeinflussen ihre Effizienz.

Fortpflanzungsorgane, Libido

Besonders die weiblichen Fortpflanzungsorgane werden häufig von Störungen betroffen, denn ihr Aufbau und ihre Funktionen sind weitaus komplizierter, vielfältiger und von Emotionen abhängiger als die des Mannes. Traumatische Kindheitserlebnisse, gesellschaftliche und religiöse Gebote und Verbote bilden oft den wahren Hintergrund lebenslanger Störungen bei Frauen, die in das Bewußtsein geholt und aufgelöst werden können. Ohne diesen Schritt erzielt auch das beste ätherische Öl keine *dauerhafte* Linderung oder Besserung. Aktuelle Beziehungsprobleme und ein unerfülltes oder unterdrücktes Sexualleben wirken verstärkend auf latente Probleme des Unterleibs.

Einige geistig-seelische Ursachen: Allgemeine Schwächen oder Störungen der Geschlechtsorgane können daraus resultieren, daß Sie sich nicht zu Ihrem Geschlecht und Ihrer Sexualität bekennen wollen. Ein Scheidenkatarrh entspricht häufig sexuellen Schuldgefühlen und Selbstbestrafung. Myome und Zysten folgen emotionalen Verletzungen. Hefepilzinfektionen deuten auf Leugnen der wahren Bedürfnisse. Impotenz oder Frigidität resultieren aus der Angst vor Verletzbarkeit, aus dem Glauben, Sex sei schlecht, dem Leugnen der Lust, aus der Angst vor Vater oder Mutter, gefühllosen Partnern, aus Trotz (oft bei Männern), aus Anspannung.

Nervensystem und Streß

Aus ganzheitlicher Sicht ist der Wechsel von Anspannung und Entspannung, entsprechend dem Wechsel von Tag und Nacht, Yin und Yang oder Handeln und Ruhen, sehr bedeutsam, da bei vielen Menschen nach der Anspannungsphase keine oder eine zu kurze Entspannungsphase folgt. Dadurch befindet sich der Mensch in einer ständigen Alarmsituation, ständig werden Alarmhormone ausgeschüttet. Das Resultat ist der schädliche Streß. Negative Leitgedanken, die eine Entspannung verhindern, sind zum Beispiel: »Ich werde nicht überleben, wenn ich mich gehenlasse und entspanne«, »Ich muß mich gegen eine feindliche Umwelt verteidigen«, »Alle Menschen sind böse«, »Ich darf nicht so sein wie ich bin«. Wer solche Einstellungen als sein »Lebensprogramm« unbewußt jeden Tag wie einen Radiosender einschaltet, wird sich nicht mit dem zufriedengeben, was er ist, wie er ist, wo er ist, was er hat. Ehrgeiz und Machtstreben sind die Feinde der Entspannung, die Antriebsenergie für Dauerleistung.

Streß ist nicht schädlich, solange ihm in harmonischem Wechsel Entspannung folgt. (Eu-)Streß ist positiv, solange Sie ihn steuern, und nicht er Sie. Wer jedoch im Zustand der tiefen Lethargie ist, braucht vielleicht einen hormonellen »Anstoß«. Gegen diesen und die durch das negative »Lebensprogramm« verursachten Zustände finden sich zahlreiche ätherische Öle beziehungsweise Düfte, die besonders stark und schnell auf den Hypothalamus und die Hypophyse, also auf das Nervensystem wirken. Eine Harmonisierung dürfte im Zweifelsfall der erste Schritt sein.

Das Hormonsystem

Die endokrinen Drüsen arbeiten sehr eng mit dem Nervensystem zusammen. Ihre Sekrete, die Hormone, kontrollieren Körperfunktionen und sind auch für Stimmungen, Gefühle und Empfindungen verantwortlich. Auch Reize wie die von Duftstoffen oder Gefühlen können die entspre-

Aromatherapie

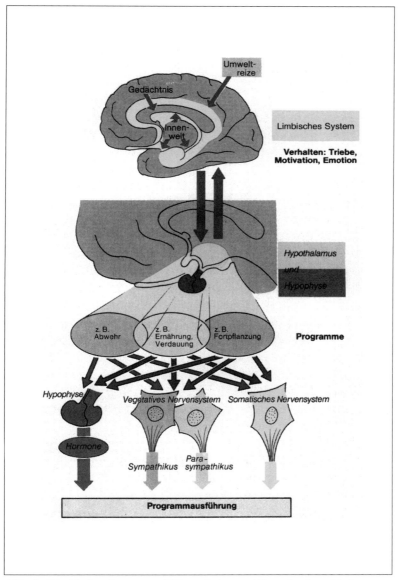

Abb. 5: Limbisches System und Hypothalamus. Umweltreiz = Duft
(Quelle: A. Faller, Der Körper des Menschen, dtv-Thieme)

56   *Anwendungsbereiche*

chenden Drüsen zur Hormonausschüttung anregen.
Einige Hormone verursachen sehr schnelle Veränderungen, so ruft Adrenalin bei Gefahr spontane Leistungsbereitschaft und Herzbeschleunigung hervor, während andere Hormone Tage, Monate oder Jahre dauernde Prozesse steuern, so wie die Östrogene den monatlichen Zyklus der Frau kontrollieren.

Fast alle ätherischen Öle haben eine Auswirkung auf das Hormonsystem und beeinflussen dadurch Ihr körperliches, mentales und seelisches Befinden. Die endokrinen Drüsen geben ihr Produkt an das Blut ab. Als übergeordnete Drüse ist die Hypophyse zu betrachten, da sie unsere gesamte Entwicklung bestimmt. Sie ist der kontrollierende Aufsichtsrat des Unternehmens »Hormonfabrik«. Die Hypophyse erhält wiederum Neurosekrete vom Hypothalamus – einer Gehirnregion, die alle Sinneseindrücke empfängt. Man vermutet, daß Störungen der Hypophysenfunktion – und damit der Tätigkeit aller anderen Drüsen – durch die mangelhafte Koordination der beiden Gehirnhälften und durch Fehlfunktionen des Hirnstammes ausgelöst werden. Verstand und Gefühl sind nicht im Gleichgewicht. Die instinktiven Gefühle werden unterdrückt, und dies verursacht ein Ungleichgewicht. (Mit ätherischen Ölen können die linke oder rechte Gehirnhälfte aktiviert oder ein Ausgleich beider Seiten erzielt werden.)

Neurotransmitter: Himmel oder Hölle

Der Gedanke, den der »Verstand« mit Hilfe des Gehirns produziert, kann Sie in den Himmel emporheben oder in die finstersten Tiefen schleudern. Das geschieht unter anderem über die Neurotransmitter. Die Neurotransmitter werden auch als »Gefühlshormone« bezeichnet. Ähnlich den Hormonen wirken Neurotransmitter als Überträgerstoffe. Das limbische System, das für die Entstehung von Gefühlen verantwortlich ist, reagiert auf bestimmte Aktivierungsmuster

Aromatherapie 57

(Nervenreize) so, daß wir etwas empfinden. Ob die Reize nun von einem Gedanken des Verstandes, von außen (von einem Duft) oder einem Botenstoff stammen, ist unerheblich. Neurotransmitter verbinden synaptische Nervenendigungen wie eine Brücke und leiten elektrische Botschaften von Nervenzelle zu Nervenzelle weiter. So kann ein Neurotransmitter auch die Information an einen Muskel weitergeben, sich anzuspannen oder zu entspannen, oder er kann mentale Prozesse dämpfen oder anregen.

Die Neurotransmitter sind allerdings recht kurzlebig, die Halbwertszeit beträgt im Falle der Endorphine nur fünf Minuten. Somit benötigt das Gehirn relativ rasch eine neuerliche Stimulation, um den Zustand aufrechtzuerhalten. Das läßt sich durch ständiges Denken an Gefahr oder Glück, Assoziieren schrecklicher oder beglückender Bilder (sexuelle Phantasien, schöne Urlaubserinnerungen, Erinnerungen an einen Film) oder in unserem Falle durch wiederholte Riechreize mit Hilfe von Duftstoffen in der Luft als auch duftenden Körperölen, Parfüms, Massagen oder Bädern erreichen. Immer mehr Ergebnisse der Erforschung von Neurotransmittern liegen vor. Ständig ändern sich die Erkenntnisse, und neue Transmitter werden entdeckt. Von einigen Substanzen, die Transmitterfunktion haben, ist bekannt, daß ihre Bildung durch Düfte ätherischer Öle ausgelöst wird, sie seien im folgenden erläutert.

Endorphine (Endomorphine)

Sie werden von der Hirnsubstanz und der Hypophyse produziert und vermitteln allgemeine Entspannung, lösen Ängste, lindern Schmerzen, indem sie in dem Bereich des Gehirns, durch das sich die Schmerzbahnen ziehen, andokken. Sie regulieren Streß, stimmen sanft und introvertiert, regen die Phantasie und die Libido an. Sie haben einen tiefgreifenden Einfluß auf das Immunsystem nach dem Motto »Glück hält gesund«.

Therapeutisch können die ätherischen Öle von *Muskatellersalbei*, *Jasmin*, *Ylang-Ylang* und *Patchouli* als Endorphin-Auslöser bei emotionaler Kälte, leichter Depression, bei Angstzuständen, Suchtentzug, Menschen- und Kontaktscheue, mangelndem Sexualtrieb und chronischen Schmerzen eingesetzt werden.

Enkephaline
Enkephaline sind den Endorphinen chemisch verwandt und werden manchmal zu diesen gezählt. Die vom Thalamus produzierten Hirnpeptide unterbinden die Weiterleitung von Schmerz und sorgen für stark euphorische Zustände, für Freude, Wohlbehagen und sexuelle Stimulation. Sie werden in besonders spannungsreichen Momenten freigesetzt, etwa bei einem Sieg, einem Gewinn oder beim Orgasmus. Die entsprechenden Öle, die ebenfalls aphrodisierend wirken, sind daher bei chronischen, schweren oder manischen Depressionen, Schmerzen, Ängsten, Phobien, bei negativer Lebenseinstellung, Suizidgefahr, Suchtentzug und starken Gefühlsschwankungen einsetzbar. Die Einflüsse zum Beispiel einer Massage mit den entsprechenden Ölen können Tage anhalten. Solche ätherischen Öle sind das Öl von *Muskatellersalbei*, *Pampelmuse*, *Jasmin*, *Rose*.

Serotonin
Vom Raphe nucleus, einem Teil des Gehirns, wird das auf die Nerven entspannend wirkende Serotonin ausgeschüttet. Man bezeichnet es gerne als den Stoff, der das »allgemeine Wohlbefinden« erzeugt, das sich nicht wie der Puls messen läßt. Wenn nicht genügend Serotonin vorhanden ist, versinkt der Mensch in dumpfes Grübeln, wird tief unglücklich und hegt Selbstmordgedanken. Ein gleichzeitiger Mangel an Serotonin und Endorphinen führt verständlicherweise zu völliger Lebensunlust. Serotonin wirkt leicht schmerzlindernd, angstdämpfend, schlaffördernd, mental anregend

Aromatherapie 59

und kreativitätsfördernd. Es stimmt ruhig, entspannt, introvertiert, dämpft die Libido und verhindert bei starker Ausschüttung den Orgasmus. Eine Überproduktion dieses mit der Funktion eines Neurotransmitters ausgestatteten Stoffes führt zu innerer Unruhe, Einsamkeitsgefühl, Ängsten, Schwermut, Lebensmüdigkeit, Traurigkeit und Impotenz beziehungsweise Frigidität.

Als Symptome, bei denen Düfte einzusetzen sind, deren Einfluß dem des Serotonins gleicht, gelten Ängste, Furcht, Ärger, Wut, Zorn, Aggressivität, emotionale Erregung, Schlaflosigkeit, Streß, übersteigertes sexuelles Verlangen, starke Yang-Zustände. Nehmen Sie das Öl von *Kamille*, *Lavendel*, *Majoran*, *Vanille* oder *Neroliöl*, *Benzoe-Öl*.

Azetylcholin

Über Auslöser im Hypothalamus können Azetylcholin und andere, zum Teil noch unbekannte Neurotransmitter ausgeschüttet werden, die eine Konzentrationssteigerung, Verbesserung des Lernvermögens, des Kurzzeitgedächtnisses und Anregung der Kreativität erzielen. (Azetylcholin wirkt in höheren Dosen ähnlich wie Nikotin.) Ein hoher Azetylcholinspiegel kommt dem Intellekt zugute, der sehr geschärft wird, dämpft aber die körperliche Aktivität – ein Symptom, das viele »Kopfarbeiter« kennen und durch sportliche Betätigung ausgleichen müssen. Die entsprechenden Öle stammen von *Zitrone*, *Basilikum*, *Minze*, *Rosmarin*, *Eisenkraut*, *Ysop*, *Speiklavendel*, *Bergamotte*, *Litsea* und *Eukalyptus*.

Melatonin

Das Gewebshormon Melatonin wird von der Zirbeldrüse freigesetzt und hat eine ausgleichende und beruhigende Wirkung auf das schwankende Gemüt. Melatonin wird bei Dunkelheit unter Beteiligung von Enzymen aus Serotonin gebildet, es soll für den Tag-Nacht-Rhythmus verantwortlich sein. Bei langen Dunkelphasen (Winterzeit) oder einer Drüsenstörung kann eine hohe Melatoninkonzentration zu Lethargie und Depressionen führen.

Bei starken Gefühlsschwankungen, Furcht, Melancholie, Angst verbunden mit Depression, mangelnder Lebenslust, im Klimakterium und bei prämenstruellem Syndrom können die folgenden regulierenden Düfte eingesetzt werden: *Bergamotte*, *Lavendel*, *Geranie* (besonders von *Pelargonium odoratissimum*), *Weihrauch*, *Linaloeholz*.

Oxytocin

Dieses Neurohormon entsteht im Hypothalamus und ist als wehenförderndes Hormon bekannt. Doch es hat noch andere Wirkungen: Es belebt allgemein, stimmt lebhaft, positiv, antidepressiv, wirkt mental dämpfend und regt die Libido stark an. Die entsprechenden Öle sind also unter keinen Umständen während der Schwangerschaft in hohen Dosierungen äußerlich einzusetzen, innerlich überhaupt nicht. Also sind die Öle von *Eisenkraut*, *Jasmin*, *Muskatellersalbei* hilfreich bei Lethargie, Negativität, Stimmungstiefs und schwacher Libido.

Gehirn, Geist, Verstand

Der Geist erzeugt die Realität, oder: Was Sie denken, ist Ihre Wirklichkeit. Er kann Ihr Leben schön oder schrecklich, Ihre Stimmung harmonisch oder depressiv, Ihre Arbeit spannend oder langweilig erscheinen lassen. »Psychische Entropie«, daß heißt Unfähigkeit, sich auf etwas zu konzentrieren, Chaos der Gedanken durch Widerstreit von Gefühlen, Wünschen und Taten, ist die Ursache vieler psychischer und physischer Störungen. Wie Musik (Barockmusik wirkt entspannend) und Farben (Rot stimuliert) beeinflussen auch Pflanzendüfte in einer bestimmten Weise die Hemisphären des Gehirns. Die Hemisphären, das sind die rechte und linke

Aromatherapie   61

Gehirnseite sowie das Mittelhirn mit dem limbischen System.

Alle Düfte erreichen zwar zuerst das Mittelhirn, das die Entschlüsselung des Impulses vornimmt und die Meldung weiterleitet, doch gelangen einige Impulse direkt in das Vorderhirn. Einige Duftimpulse »verbleiben« im Mittelhirn und berühren dort tiefe Bewußtseinsschichten – dies wird als die »seelische Wirkung« eines Duftstoffes bezeichnet, die sich aber jeglicher Messung entzieht.

Der rechten Gehirnhälfte werden ganzheitliches, schöpferisches Denken, die Kunst, die Kreativität und die Emotion sowie Steuerung der linken Körperhälfte (mit dem Herzen) zugeordnet. Der linken Gehirnhälfte wird logisches, rationales und analytisches Denken sowie Steuerung der rechten Körperhälfte (vergleiche Rechtshänder, manuelle Arbeiten) zugewiesen.

Durch das Mischen ätherischer Öle können Sie Düfte miteinander verbinden, die die Tätigkeit Ihrer Gehirnhälften aktivieren oder zur Ruhe kommen lassen sowie das Mittelhirn, den vermuteten Sitz des Unbewußten, anregen. Durch eine einfache Übung läßt sich die Wirkungsweise der Düfte auf die Hemisphären nachvollziehen: Sie inhalieren durch das linke Nasenloch einige Minuten lang einen Duft, welcher der linken Hemisphäre zugeordnet wird. Das linke Nasenloch wird der rechten Hemisphäre zugeordnet. Dann wiederholen Sie den Vorgang mit dem rechten Nasenloch und werden die Wirkung des Duftes auf das Gehirn wesentlich stärker verspüren.

Einige Beispiele für solche Düfte oder mögliche Duftmischungen gibt die nachfolgende kurze Aufstellung.

Beispiele harmonischer Duftmischungen
zur Aktivierung beider Hemisphären

Linke Hemisphäre	Mittelhirn	Rechte Hemisphäre
Eisenkraut	Basilikum	Minze
Wacholder	Basilikum	Salbei
Sandelholz	Immortelle	Kamille, Römische
Zypresse	Ladanum	Patchouli
Bergamotte	Muskatellersalbei	Kamille, Blaue
Bergamotte	Mandarine	Lavendel
Kiefer	Lärche	Eukalyptus
Nelke	Zimt	Ylang-Ylang
Eichenmoos	Tolubalsam	Ylang-Ylang

Erläuterung: Sie wählen horizontal die entsprechenden Öle aus, etwa das von *Eisenkraut* (links), *Basilikum* (Mitte) und *Minze* (rechts) oder das von *Eichenmoos, Tolubalsam* und *Ylang-Ylang*.

Ätherische Öle können sehr hilfreich eingesetzt werden bei:

o **Neurosen:** Darunter verstehe ich das ständige Wandern von einem Problem zum nächsten, dauerndes Sichsorgen, die permanente Kontrolle aller Äußerungen und Handlungen, immerwährendes »Erdenken« von Ängsten und Nöten.

o **Konzentrationsmangel:** Konzentration oder Fokussierung ist ein Zustand, in dem Sie Ihre Gedanken ausschließlich auf die Lösung eines Problems oder die Betrachtung einer Situation richten. Ohne Konzentration ist man nicht in der Lage, Probleme zu erkennen und aufzulösen oder zielgerichtet zu arbeiten.

o **Mangelnder Intuition** (zu geringen Entscheidungshinweisen aus dem Unbewußten): Intuition ist fundamental für Ihr Leben und Wohlbefinden, denn sie liefert Ihnen zum Beispiel Informationen, die Sie zum richtigen Zeitpunkt am richtigen Ort den richtigen Menschen treffen lassen. Oder es drücken sich Informationen eines Organs aus, das demnächst erkranken könnte, wenn Sie

Aromatherapie 63

Ihre Lebens- oder Ernährungsweise nicht ändern. Solche Informationen kommen zweifellos aus der rechten Gehirnhälfte als dem »inneren Sprachzentrum«. Wenn Intuition eine gewisse Gedankenruhe, ein gewisses »Schweigen« des Verstandes benötigt, helfen Düfte oder Duftöle, welche die rechte Gehirnhälfte aktivieren, die Gehirnhälften zu harmonisieren und den Gedankenfluß zu beruhigen.

o **Negativen Gedanken:** denn sie lassen nicht zu, daß Sie sich wohl fühlen. Die Gedankenqualität hat einen starken Einfluß auf alle Bereiche unseres Organismus, vor allem auf das Nervensystem und das Hormonsystem. Damit steuern sie unser emotionales und körperliches Befinden. Negative Gedanken produzieren »negative« Zustände, indem Botenstoffe gebildet werden, die Angst, Furcht, Depression oder Streß hervorrufen (Cortisol, Adrenalin). Bedeutsam ist, daß Gedanken immer durch einen Reiz ausgelöst werden. Der äußere Reiz kann ein Bild, ein Ton, eine Berührung, aber auch der Sie umgebende astrale, kausale oder mentale Körper sein. Doch die Beurteilung des Reizes und die Bereitschaft, den Gedanken zu formen, ist *Ihre* Entscheidung. Umgekehrt lösen »schöne« Reize angenehme, positive Gedanken aus. Solche Gedanken steigern das allgemeine Wohlbefinden bis hin zur Euphorie. Eine dominierende Rolle nehmen hier die »glücksbringenden« Neurotransmitter (Serotonin, Endorphine) ein, deren Bildung sich allein durch einen Gedanken auslösen läßt. Sie prägen das emotionale und das körperliche Befinden. Zahlreiche Studien zeigten, daß die Wahrnehmung eines angenehmen bis wunderschönen Duftes (diese Beurteilung trifft der Verstand) eine sekundenschnelle Veränderung des gesamten Befindens und positive Gedanken verursachen konnten. Darin liegt wohl auch das Geheimnis der »himmlischen« Düfte.

64   *Anwendungsbereiche*

o **Meditation:** Sie zielt darauf ab, den Verstand »ruhigzu-
stellen«. Gedanken stören das feine Gleichgewicht im
Gehirn, wie alle erfahren, die längere Zeit meditiert
haben. Sobald Sie sich von der Ebene des Beobachtens des
Lebens auf die Ebene der Teilnahme begeben, wird es laut,
grob und unruhig. Früher dachte man, die Möglichkeit
der Meditation läge in der rechten Hemisphäre. Doch
zahlreiche Studien belegen, daß dieser Zustand dem eines
»synchronisierten« Gehirns entspricht. Beide Hälften des
Gehirns sind gleichermaßen aktiv oder passiv und weisen
die gleichen Wellen auf. Dabei kann der Gedankenfluß
immer geringer werden, bis er den Zustand des reinen
Bewußtseins erreicht – das Beobachten. Damit sind tiefe
Entspannung und Harmonisierung verbunden.

o **Nächtlichen Träumen:** Untersuchungen haben gezeigt, daß uns Düfte auch während des Schlafes – im
Traum – beschäftigen: Unangenehme Düfte erzeugten
schlechte Träume, Orangenduft ließ den Träumenden
Angenehmes erleben. Wer häufig zu Alpträumen neigt,
wie wir es von vielen Kindern kennen, kann zwar die
Ursache der unangenehmen Traumerfahrung nicht
löschen, wohl aber die Häufigkeit ihres Entstehens verringern. Alpträumen liegen immer traumatische Erlebnisse
zugrunde, die nicht verarbeitet wurden oder nicht heilten.

Gegenüber:
Abb. 6: Oben: Normale Hirntätigkeit. Im Beta-Bereich (25–30) aufgeregte
Gedankenbewegungen, schwache Empfindungen im Tal des Alpha-Bereichs
(10–15). Unausgeglichene Hirntätigkeit.
Mitte: Hirnwellentätigkeit eines Meditierenden. Symmetrie der Wellen,
beide Hirnhälften synchronisiert.
Unten: Hirnwellen im Streßzustand. Große Unausgeglichenheit. Links sehr
unausgeglichene Hirntätigkeit.
(Quelle: Institut f. Kybernetik, Universität Mailand – EEG-Messung)

Aromatherapie 65

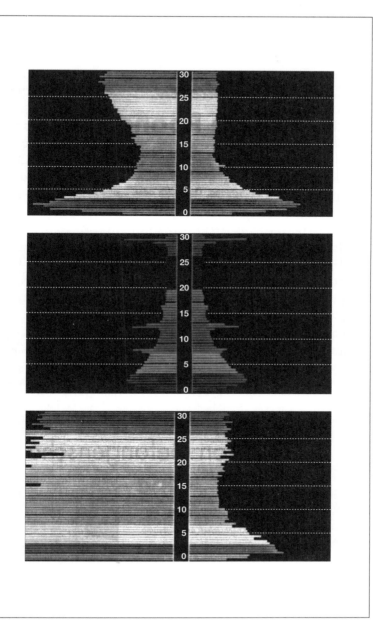

Psyche, Gemüt, Emotionen

Wenn Sie dem Buch bis hierher gefolgt sind, wissen Sie um die Bedeutsamkeit der Psyche für Ihr Wohlbefinden. Gefühle, Emotionen oder Stimmungen entstehen aufgrund von Gedanken, äußeren Reizen oder hormonellen Veränderungen. Die Feinabstimmung vieler hormoneller und nervlicher Prozesse wird vermutlich stark durch Neurotransmitter beeinflußt. Beispielsweise weisen viele Menschen, die unter starken Depressionen leiden, aber nicht über schwere Schicksalsschläge oder Leidenswege zu berichten wissen, eine hohe Cortisolsekretion auf. Cortisol ruft in hohen Dosierungen Depressivität hervor.

Abgesehen von genetischen und funktionalen Mängeln des Systems müssen wir annehmen, daß außerkörperliche oder unterbewußte Einflüsse Schwankungen der Triebe, Emotionen oder Stimmungen erzeugen. Die »Anweisungen fürs Leben« kommen aus dem Sie umgebenden feinstofflichen Mental- und Emotionalkörper. Über Ihre »innere Stimme« werden sie Ihnen mitgeteilt und, unter der Voraussetzung körperlicher Entspannung und geistiger Ruhe, wahrgenommen. Diese Informationen können sehr subtile Gefühle hervorrufen. Bleibt dieser Ruf der Seele ungehört, wird man durch eine Erkrankung oder Behinderung zur Ruhe gebracht oder auf eine falsche Lebensweise hingewiesen. Gleichzeitig speichert der Emotionalkörper alle traumatischen Erlebnisse, emotionalen Verletzungen und Schicksalsschläge. Finden diese nicht durch Bewußtwerdung, Akzeptieren, Verzeihen oder einen entsprechenden Ausdrucksweg (Weinen, Schreien, Sprechen) Heilung, bilden sich emotionale Wunden.

Gerade in der heutigen Zeit, in der sich wirtschaftliche und soziale Strukturen rasch auflösen, nimmt die Angst breiten Raum ein. Diese Feststellung bietet uns Gelegenheit, unsere fundamentalen Bedürfnisse zu betrachten. Es handelt sich um:

Aromatherapie 67

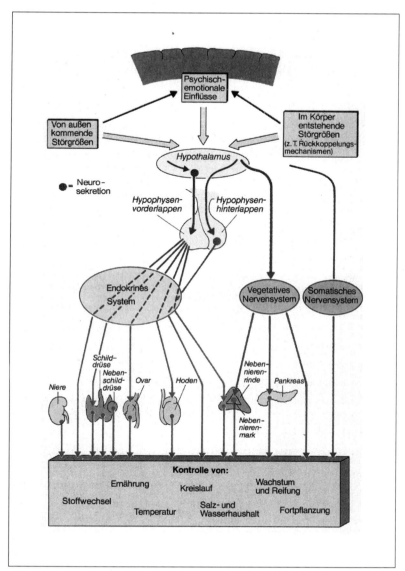

Abb. 7: Steuerung vegetativer Funktionen durch Emotionen und äußerliche Störgrößen = Duftreiz bzw. ätherisches Öl
(Quelle: A. Faller, Der Körper des Menschen, dtv-Thieme)

o vitale Bedürfnisse (Nahrung, Schlaf, Sexualität, Kleidung, Wohnung, Unterschlupf),
o das Bedürfnis nach sozialer Geborgenheit (Liebe, Hilfe, Versorgung),
o Sicherheit (Vorsorge bei Krankheit und Not, Schutz),
o Wertschätzung (Achtung, Anerkennung, Erfolg, Kompetenz),
o Selbstverwirklichung (Selbstachtung, Selbstliebe, Selbstbewußtsein, Freiheit, schöpferisches Tun, geistige Unabhängigkeit).

Sobald *eines* dieser Bedürfnisse nicht gedeckt ist, empfinden wir einen Mangel oder Gefahr für unser Leben. Das führt zu Angst, Anspannung, ständigem Streß, die sich in Depression oder Aggression ausdrücken.

Auslöser vieler Depressionen ist die in unserer Gesellschaft zu beobachtende Unfähigkeit zu trauern. Alle depressiven Reaktionen haben ihre Ursache in einem Verlust an Liebe (Tod eines Partners, Trennung, Zurückweisung durch Eltern, Partner, Freunde), der nicht betrauert wurde. Es ist verführerisch, Trauer mit euphorisierenden oder stimmungserhellenden Düften (*Bergamotte*, *Jasmin*, *Pampelmuse* oder *Rose*) zu erleichtern. Doch damit ist die Wunde nicht geheilt. Ein Hinführen zu den Ursachen ist mit *Cistrose*, *Immortelle* und *Vetiver* möglich, da sie Sie mit Ihren verdrängten Gefühlen in Kontakt bringen. Weinen als Reaktion bei Aromamassagen und sonstigen therapeutischen Anwendungen ist zu unterstützen, da es Ausdruck der Trauer ist. Weinen reinigt die Seele.

Ebenso ist es nicht immer sinnvoll, die rohen Emotionen Aggression und Wut mit besänftigenden, sedierenden Düften zu beruhigen. Das mag für den Beginn eines therapeutischen Prozesses oder der Selbstreflexion angebracht sein, danach aber sollten Sie bei sich selbst oder als Therapeut beim Klienten tiefer hineinsehen, statt bei den Pseudogefühlen zu verharren. Hinter den Pseudogefühlen verbergen sich die wahren Ursachen. Bei diesen findet die Heilung und Harmonisierung statt. Die Heilung verletzter Gefühle unterliegt einer Gesetzmäßigkeit: Sie lassen sich nur heilen, wenn uns die Ursachen *bewußt* werden. Ohne Bewußtwerden dessen, was mich zur Krankheit führte, kann ich nicht gesunden. Das gilt für Körper und Psyche.

Die Auswahl an ätherischen Ölen für diesen Bereich ist sehr groß, so daß keine Öle als besonders wirkungsvoll hervorzuheben sind. Als grobe Einteilung gilt: Blütenöle, vor allem *Absolues*, sprechen die Psyche stark an. Holz-, Harz- und Wurzelöle erden und geben Halt. Öle wie das von *Immortelle, Cistrose, Muskatnuß, Muskatellersalbei* und *Vetiver* erleichtern den Zugang zum Unbewußten.

Ganzheitliche Betrachtungen

Die Elemente

Lassen Sie uns nun »Elementares« betrachten: Ohne Luft können wir nicht leben, unser Körper besteht aus viel Wasser und etwas Erde (Materie), das Feuer in uns läßt Materie verbrennen, verdunsten und Wärme erzeugen. So spiegeln sich die vier Elemente der Natur in uns wider. Die ätherischen Öle, die aus der Natur kommen, können diesen Elementen zugeordnet werden und haben elementetypische Eigenschaften. Ich bediene mich bei der ganzheitlichen Aromatherapie vor allem der Betrachtung der vier Elemente, um die Psyche, die Grundstimmung und die Geisteshaltung (die Leiden verhindern oder fördern kann) kennenzulernen sowie die körperlichen Schwachstellen zu lokalisieren. Wo Sie Ihre Betrachtungen beginnen, ist gleichgültig. Aber es bietet sich dort an, wo es gerade nicht harmoniert, sondern schmerzt.

Wie finden Sie die Elemente, die Sie selbst oder andere Menschen dominieren? Das Horoskop verrät, wie stark der

Einfluß der Elemente bei einem Menschen ausgeprägt ist. Stehen viele Planeten beim Geburtsdatum eines Menschen zum Beispiel im Zeichen des Wassers, so hat er dort ein »Übergewicht«, dieses Element dominiert ihn. Das kann sich so äußern, daß er auf emotionaler Ebene sehr intuitiv, feinfühlig, empfindsam, launisch, liebesbedürftig und auf spiritueller Ebene sehr offen für kosmische Einflüsse ist. Sein Körper kann zu Fettleibigkeit, Lymphstau, Ödemen, Cellulite und allen jenen Symptomen tendieren, die Sie bei den Sternzeichen Krebs, Skorpion und Fische finden.

Im Rahmen meines Berufes begegnete ich einer Fische-Frau, die sich in einer komplizierten Situation befand. Sie zeigte die für das Element Wasser typischen Eigenschaften: Sie war sehr feinfühlig, nahm die feinsten Veränderungen bei ihren Mitmenschen und in ihrer Umgebung wahr, was für sie jedoch oft zuviel der Eindrücke bedeutete, so daß sie sich einen schützenden Raum durch Rückzug, Alleinsein und Alkohol zulegte. Das erzeugte in ihr die Angst, sich zu verlieren und keinen Kontakt zur Außenwelt aufnehmen zu können, was durch den Alkohol immer schwieriger wurde, da sie ihr Trinken zu verheimlichen versuchte. Ihre Geisteshaltung tendierte zu häufiger Verwirrung in bezug auf das Ziel und den Sinn des Lebens. Das und ihre Wut darüber, niemals Klarheit zu gewinnen und ängstlich zu sein, ließen sie depressiv werden. Gleichzeitig übte sie den mental durchaus anspruchsvollen Beruf der Buchhalterin aus. Ihre emotionale und mentale Situation führte bei starker Zunahme der Verwirrung, der Angst und durch Alkoholgenuß zu einer automatischen Gewichtszunahme. Aus diesem Grund fand sie sich nicht mehr attraktiv, und dies trieb sie immer mehr in die Isolation und zum Alkohol, obwohl sie unter beidem litt. Ein unglücklicher Einzelfall? Nein, derart verwobene Ursachen und Wirkungen, die wiederum Ursachen für weitere Wirkungen werden, ergeben sich stets bei der ganzheitlichen Betrachtung.

In diesem Fall halfen dem Element Feuer zugeordnete Düfte, um sich von ihrem angestauten Wasser im Körper und dem Ärger über sich selbst (und die Tatsache, so geworden zu sein) zu befreien. Als Zugabe brauchte sie euphorisierende, dem Element Luft zugehörige Düfte, um sich aus ihren Ängsten und Depressionen zu lösen. Die Kombination von »körperlich feurig« und »mental luftig« erschien sehr angebracht. *Thymianöl*, *Rosmarinöl* und *Wacholderöl* regten in Bädern und Massagen den Stoffwechsel und Kreislauf an, ließen ihr Wasser fließen und es den Körper über Blase und Schweiß verlassen. (Regelmäßiger Saunabesuch wurde empfohlen.) Die Düfte beider Komponenten – Wasser und Luft – klärten ihren verwirrten Geist und stärkten den durch heftigen Alkoholgenuß geschwächten Körper. Das Öl von *Muskatellersalbei*, *Bergamotte* und *Pampelmuse*, in die Duftlampe gefüllt, sorgte für einen emotionalen Aufschwung: Sie fühlte sich leicht, freudig erregt und lebensbejahend. Diese Duftmischung trug sie in einer Flasche immer mit sich, um daran zu riechen, wenn die Depressionen oder Selbstvorwürfe wieder begannen.

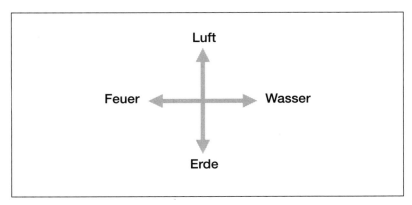

Abb. 8: Oppositionelle Elemente

Die Natur strebt immer nach dem Ausgleich der Kräfte. Mit den ätherischen Ölen liefert sie uns Mittel, diesen Ausgleich in unserem Wesen zu fördern. Dieser Aspekt ist sehr bedeutsam für die ganzheitliche Aromatherapie. Ein Mensch mag zu viele Anteile des Elements Feuer haben und ist ungeduldig, ein anderer ist zu männlich und vernachlässigt seine empfindsame Seite, wieder ein anderer ist labil und steht nicht mit beiden Beinen auf der Erde. Die Grundhaltung mag nach Stabilität (Erde), Empfindsamkeit (Wasser), Stärke (Feuer), Offenheit (Luft) verlangen. Um eine Harmonie zu erreichen, können Sie Extreme mit Hilfe der dem gegensätzlichen Element zugeschriebenen Öle langfristig abbauen oder Mängel durch die fördernden Öle zu beheben versuchen. Das bedeutet in der Praxis, daß ein zu stark »erdhafter« Mensch Eigenschaften des Elements Luft und ein zu »feuriger« Mensch Anteile des Elements Wasser braucht, um Harmonie zu erreichen.

Die folgende Übersicht soll Ihnen helfen, einen Zugang zu den Elementen und Düften zu finden. (Die Zuordnung ätherischer Öle zu den Elementen finden Sie im Anhang.)

Elemente und Grundstimmungen

Feuer
fördert Aktivität, Selbstvertrauen, Spontaneität, Durchsetzungswillen, Enthusiasmus, Lebensbejahung, Eigeninitiative, Mut zu Herausforderungen, verringert Emotionalität und Eigenschaften des Elements Wasser (auch Wasser im Körper).

Wasser
unterstützt das Zulassen und Erleben von Gefühlen, Mitgefühl, Vertrauen in die eigene Intuition, Liebesbedürfnis, Hilfsbereitschaft, Öffnung für Spiritualität, dämpft dem Element Feuer zugeschriebene Eigenschaften sowie Aktivität und Aggression.

Erde

sorgt für Realitätsbezug, Stabilität, Erdverbundenheit, Arbeitsbereitschaft, Durchhaltevermögen, Ordnungssinn, Verantwortungsbewußtsein, Genußfreude, hemmt Einflüsse des Elements Luft, Phantastereien, erdet, gibt Wurzeln.

Luft

fördert Inspiration, Kreativität, Visionen, Spontaneität, Offenheit für verschiedenste Menschen, Situationen und Beschäftigungen, das spirituelle Potential, vermittelt Leichtigkeit und Beweglichkeit, gleicht viel »Erde« aus.

Yin ☯ Yang

Eine ganzheitliche Betrachtung des Zustands eines Menschen und der Qualitäten eines ätherischen Öls bezieht auch das Prinzip von Yin und Yang ein. Diese Zuordnung der Öle zu je einem der beiden Komponenten erleichtert es, ein ätherisches Öl aus einer übergeordneteren Sicht und nicht nur nach seinen Wirkungen auszuwählen.

Die jahrtausendealte chinesische Lehre von Yin und Yang bezieht sich keineswegs nur auf das Wechselspiel der Kräfte im Menschen, sondern auch im ganzen Universum. Vor über viertausend Jahren wurde das Prinzip von Yin und Yang für die Medizin erstmalig besprochen. Die Lehre besagt, daß sich alles nach diesem Prinzip teilen läßt. Yin und Yang beeinflussen uns durch die Planeten, die uns umgeben und periodisch stark auf uns einwirken (der Mars wird Yang zugeordnet), durch die Nahrung, die wir zu uns nehmen (Wurzeln entsprechen dem Yang), die Menschen, die uns umgeben (Frauen zählen zur Yin-Komponente), die Farben, die wir tragen (Rot ist Yang zugehörig), und natürlich auch durch die ätherischen Öle, die wir riechen oder auftragen (Rose trägt einen Yin-Duft). Ich kann mich tagelang stark yangbetont fühlen, das heißt sehr kämpferisch, robust, durchset-

74   Anwendungsbereiche

zungsfähig und selbstbewußt. Das wechselt aber immer wieder mit Tagen ab, an denen ich yinbetont, also verletzbar, feinfühlig, still und nachgiebig bin. Ich mag an vielen Tagen yinbetonte Kleidung – leichte, anschmiegsame Wollpullover mit zarten Farben. An einem anderen Tag wechsle ich plötzlich zu einem kräftigen Rot und zu derben Jeans – zu Yang. Manchmal ist mein Körpermilieu zu basisch oder zu sauer (aufgrund der Nahrung, die ich zu mir genommen habe). Würde ich ständig in einem dieser Zustände verbleiben, einen Teil in mir unterdrücken oder bekämpfen, entstünde Disharmonie, und ich würde bald krank.

Yin und Yang sind eigenständig, und doch können sie nicht ohne einander existieren, zusammen bilden sie ein Ganzes. Helligkeit und Dunkel, Tag und Nacht, Feuchte und Trockenheit sind nur durch den jeweiligen Gegensatz definierbar. Sind Yin und Yang ausgeglichen, spricht man von Harmonie: Das ist der Zustand, in dem sich ein seelisch, geistig und körperlich ausgeglichener Mensch befindet. Überwiegt Yin oder Yang lange Zeit, wird der Mensch krank. Das bezieht sich auf alle Ebenen des Seins.

Ein Übergewicht an Yin äußert sich körperlich meist in Zuständen, die kühl, feucht, wäßrig, nässend oder aufbeziehungsweise erweichend sind. Beispiele sind Kältezustände im Winter oder ein saures Körpermilieu durch Yin-Nahrung oder Genußmittel (Obst, Alkohol). Ein Übergewicht an Yang hat die Merkmale heiß, fiebrig, brennend, rötend oder erhärtend. Beispiele sind Anspannung oder Verspannung (verursacht durch Yang-Verhalten) oder Nierensteine (Verhärtung). Unter Berücksichtigung der körperlichen Symptome können Sie, um der Disharmonie am besten zu begegnen, ein ätherisches Öl wählen, das der gegenteiligen Qualität zugehört. So wählen Sie gegen einen Wasserstau im Gewebe, gegen Fettleibigkeit, Kälte oder eine Erkrankung des Urogenitaltraktes (Yin) ein Yang-Öl, etwa *Wacholderöl*, das entwässernd, diuretisch und harmo-

Ganzheitliche Betrachtungen 75

nisierend auf diesen Trakt wirkt, und zusätzlich das Yang-Öl *Rosmarin*, das die gleichen Eigenschaften aufweist und wärmt.

Für die ganzheitliche Analyse der Verfassung eines Menschen sind Yin und Yang in Verbindung mit den von Elementen herrührenden Eigenschaften des Menschen inzwischen zu einem unersetzbaren Schlüssel geworden. Fast alle psychischen Zustände lassen sich Yin oder Yang zuweisen. Und auch hier wird die gegenteilige Komponente zur Linderung, Harmonisierung oder Heilung gewählt: Offensichtlich fehlt einer harten, eisern arbeitenden, unnachgiebigen Yang-Persönlichkeit der Kontakt mit seiner weichen, nachgiebigen, weiblichen Yin-Seite. Das kann sich in ständiger Anspannung der Muskulatur, Streß, Nervosität, Einschlafproblemen und dergleichen äußern. Das vernachlässigte Herz möchte sich auch äußern und wird sich nach einer gewissen Zeit durch Herzschmerzen, Rhythmusstörungen oder gar einen Infarkt melden.

Eine starke Yin-Persönlichkeit zeichnet sich durch Sensibilität, Emotionalität, Mitgefühl, Weichheit und ähnliches aus – Qualitäten, die vor allem Frauen zugeschrieben werden. Den starken Yin-Zustand können aber auch häufige Stimmungsschwankungen, mangelnde Durchsetzungskraft, fehlende Zentrierung und auf körperlicher Ebene manchmal leichtes Übergewicht (Wasserstau = Yin), wäßrige Haut, zuviel Magensäure, mangelnde Nährstoffverwertung und bei Frauen ein saures Scheidenmilieu begleiten. Oft bestätigt ein Blick auf das Horoskop, daß bei diesem Menschen viele Planeten in den Zeichen des Elements Wasser stehen.

Was dem Yang-Typ fehlt, hat der Yin-Typ zuviel. Die zaghafte Persönlichkeit braucht eindeutig feurige, stärkende Düfte (Yang). Ein verwirrter Geist benötigt etwas Konzentrierendes, Klärendes wie den Duft der Yang-Pflanze *Rosmarin*. Der immer logisch-pragmatische »Kopfarbeiter« (Yang) benötigt zum Ausgleich hingegen die entspannende und gefühlvoll stimmende, dem Yin zugehörige *Rose*.

Ein schwaches Yin (das heißt ein Zuviel an Yang) zeigt sich in geröteten Wangen, roter, trockener Zunge, Hitzewallungen, Schweißausbrüchen, starkem Durst, Trockenheit von Mund und Hals (besonders nachts), Schlaflosigkeit, Furcht, Versagensängsten. Ein mangelhaft vorhandenes, schwaches Yin läßt sich am besten mit Yin-Ölen stabilisieren (von *Geranie*, *Rose*, *Ylang-Ylang*).

Ein schwaches Yang (es bedeutet einen Überschuß an Yin) äußert sich durch Lethargie, Appetitlosigkeit, mangelhafte Verdauung, Kurzatmigkeit, schwache Stimme, Schmerzen im unteren Rückenbereich, Fahlheit im Gesicht, leicht geschwollene Zunge mit hellem Belag und Kältegefühlen. Yang läßt sich mit yangbetonten Ölen, etwa von *Thymian*, *Ingwer* oder *Zimt* stärken.

Jeder Pflanze – und damit jedem ätherischen Öl – kann eine Dominanz von Yin oder Yang zugesprochen werden. Dominanz bedeutet, daß sich in dem Öl beziehungsweise seinem Duft auch Anteile der gegensätzlichen Komponente befinden können. Ein holziger, erdiger Duft enthält ebenso eine leichte, blumige Hintergrundnote. Ein kühler, frischer Duft offenbart nach längerem Riechen ebenfalls eine harzige, erdige Komponente. Viele intensiv duftenden Öle empfinde ich, solange sie ungestreckt sind, als von Yang dominiert, während ich dasselbe Öl, wenn es stark gestreckt ist, zu Yin zähle.

Die Einteilung der Öle unterliegt einer teilweise subjektiven Entscheidung, die durch Erfahrungen mit den Ölen gestützt wird. Ich habe mein Erfahrungswissen mit den Erläuterungen in botanischen Werken verglichen, doch erschienen mir bestimmte Öle anders zu wirken als ihre Ursprungspflanzen.

Bei starken Abweichungen von der harmonischen Mitte des Yin und Yang empfehlen sich die harmonisierenden Öle beziehungsweise Düfte. Jene von *Geranie*, *Lavendel*, *Rose*, *Rosenholz*, *Weihrauch*, *Narde* und *Neroli* sind meine

Ganzheitliche Betrachtungen 77

Favoriten dafür. Mit diesen Düften kann ein erster Ausgleich vorgenommen werden, bevor Sie sich speziell auf Yin oder Yang konzentrieren.

Einige Düfte (etwa von *Rose, Jasmin, Narde*) werden in ihrer konzentrierten, reinen Form deutlich als dem Yang zugehörig empfunden, aber in verdünnter Form dem Yin. Da Sie diese starken Aromen mit narkotischem oder eigenwilligem Duft kaum pur und in hoher Dosierung benutzen werden, können Sie Ihr Augenmerk grundsätzlich auf die Yin-Wirkung in verdünnter Form richten.

Wie schon erwähnt, reagieren auch die Aktivitäten im Gehirn auf die Duftkomponenten ätherischer Öle. In bezug auf die beiden Gehirnhälften gilt allgemein: Yang wirkt auf die linke Hemisphäre, Yin auf die rechte. Die neutralen, ausgleichenden Düfte wirken auf das Mittelhirn.

(Eine Übersicht der Öle nach ihren Yin- und Yang-Qualitäten finden Sie im Anhang.)

Astrologie

Die Astrologie liefert uns nützliche Hinweise auf die geistig-seelische und energetische Grundstimmung und Verfassung eines Menschen. Kennen Sie das Sternzeichen eines Menschen, können Sie im allgemeinen sagen, wie er mit dem Leben umgeht, wie er sich grundsätzlich fühlt und wie er die Welt sieht.

Oft leben Menschen nicht ihre wahre Natur und kämpfen mit ihren »Eigenarten«, erkennen ihren Lebenswunsch oder ihr Lebensziel nicht und wundern sich, warum das Leben so schwer ist, warum sie körperlich, geistig und seelisch leiden. Die Sternzeichen zu deuten ermöglicht, sich oder den anderen zu verstehen.

Die Astrologie kann Ihnen helfen, die typischen Disharmonien in Körper, Geist und Seele der Menschen, die von einem bestimmten Sternzeichen stark beeinflußt werden, herauszufinden. Die Astrologie stellt für mich einen wertvollen Schlüssel dar, in mich selbst und andere besser hineinzusehen und die oftmals gut versteckten Ursachen der Unpäßlichkeiten, Beschwerden und emotionalen Tiefs zu entdecken. Ein weiterer Nebeneffekt kann sein, daß Sie die ätherischen Öle und ihre Wirkungsweisen besser überschauen und in einen ganzheitlichen Zusammenhang stellen können.

Die Astromedizin gibt uns bezüglich des Körpers Hinweise, welche Organe oder Systeme bei den von den einzelnen Sternzeichen beeinflußten Menschen besonders gefährdet sind. Diesem Bereich muß der Mensch mit dem Sternzeichen als Sonnenzeichen besondere Aufmerksamkeit schenken. Oftmals treten bei einem Menschen die Symptome des seinem Sternzeichen im Tierkreis gegenüberliegenden Zeichens auf (zum Beispiel steht der Widder der Waage gegenüber). Das trifft besonders dann zu, wenn die Person ihre Qualitäten des Sonnenzeichens nicht zuläßt und sich gegen ihre Natur verhält. So können Sie beispielsweise bei einem Menschen mit Sonne im Widder, wenn er sehr auf Harmonie bedacht ist, Auseinandersetzungen ausweicht und sich somit wie die im Tierkreiszeichen gegenüberliegende abwägende Waage verhält, die typischen Nierenerkrankungen des Waage-Menschen finden. Dafür, daß er sich nicht zu seinem Sternzeichen, dem Widder, bekennt und seine Eigenschaften nicht auslebt, erntet er die Erkrankungen der Waage. Wiederkehrende Störungen, Schmerzen, Zerrungen, Brüche oder ähnliches können Ihnen umgekehrt Hinweise auf das Sternzeichen eines Menschen geben und einen Einblick in seine mentale und seelisch-emotionale Konstitution ermöglichen. Astrologie und Astromedizin versetzen Sie also in die Lage, sich eine ganzheitlichere Vorstellung von sich oder von Ihrem Klienten zu verschaffen. Die Zuordnung ist bei vielen Diagnosen hilfreich.

Ganzheitliche Betrachtungen 79

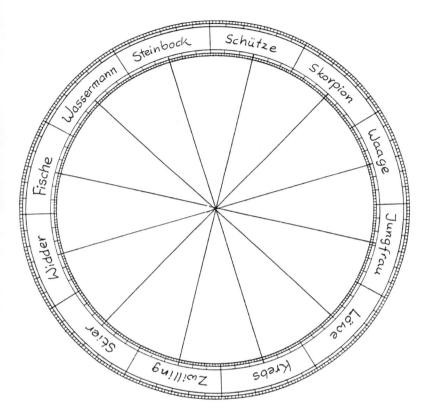

Abb. 9: Die zwölf Tierkreisabschnitte des Jahres

Bei Unausgeglichenheit, also unbewußtem Unterdrücken der Qualitäten eines bestimmten Sternzeichens, sind die dem Zeichen zugeordneten Düfte zu verwenden. Bei zwanghaft übertrieben ausgelebten Eigenschaften sollte man beruhigende Düfte wählen – möglichst unter jenen, die dem gegenteiligen Element angehören. Es ist selten sinnvoll, sich hier an das oben erwähnte Prinzip der Wahl des gegenüberliegenden Sternzeichens zu halten, um es auszugleichen (Beispiel: Löwe-Düfte für Wassermann). Das unbewußte

»Unterdrücken« oder »Übertreiben« von Eigenschaften resultiert aus den Erfahrungen und Glaubenssätzen der Kindheit. Elternhaus und Gesellschaft haben ihm bedeutet, daß ein Mensch so, wie er ist, nicht von ihnen akzeptiert, toleriert oder geliebt wird. Also mußte er sich, um zu überleben und Zuwendung zu erhalten, anpassen. Letztlich leiden fast alle Menschen unter diesem Trauma, dessen Auswirkungen auf Psyche und Körper vielfältigster Art sein können.

Bisher bin ich davon ausgegangen, daß nur das Zeichen der Sonne auf den Menschen wirkt. Doch so einfach ist es nicht. Wir bestehen aus einer Mischung verschiedenster – auch gegensätzlicher – Einflüsse von den Elementen, Planeten und Sternzeichen. Ich beschränke mich hier auf die Betrachtung des Sonnenzeichens, des Aszendenten und des Mondes. Wollen wir die drei Zeichen unterscheiden, dann gelingt dies am einfachsten mit Hilfe folgender Faustregel: Das Sonnenzeichen repräsentiert, wie ich die Welt und mich in der Welt erlebe. Der Aszendent zeigt, wie ich mich der Welt darstelle. Der Mond zeigt meine inneren Gefühle.

Harmonisierung der Sternzeichen

In enger Verbindung mit der Elementenlehre können die Qualitäten der Sternzeichen unterstützt oder gedämpft werden. Dazu nehmen Sie bei unterdrückten oder unausgelebten Eigenschaften die Düfte, die dem Element des betreffenden Sternzeichens zugewiesen sind. Bei übertriebenem Ausleben der Qualitäten nehmen Sie die Öle des (in der Tabelle im Anhang) gegenüberliegenden Elements zum Ausgleich.

Dem Element **Feuer** entsprechen die Zeichen Widder, Löwe, Schütze. Es unterstützen die Feuer-Düfte, die Wasser-Düfte gleichen aus.

Dem Element **Wasser** sind die Sternzeichen Fische, Krebs, Skorpion zugeordnet. Unterstützend wirken Wasser-Düfte, ausgleichend Feuer-Düfte.

Ganzheitliche Betrachtungen 81

Zu dem Element **Erde** gelten Stier, Jungfrau, Steinbock als zugehörig. Der Unterstützung dienen Erde-Düfte, dem Ausgleich Luft-Düfte.

Mit dem Element **Luft** verbindet man die Sternzeichen Wassermann, Zwillinge, Waage. Es unterstützen Luft-Düfte, ausgleichenden Einfluß haben Erde-Düfte.

Chakras

Die Bezeichnung »Chakra« kommt aus dem altindischen Sanskrit und bedeutet »Rad«. Einige Lehren vergleichen die Chakras mit Lotosblüten, die, je höher die Chakras im Körper liegen, um so mehr Blütenblätter haben. Andere sehen in den Chakras sich drehende Energiewirbel oder pulsierende Kraftzentren. Chakras werden von einigen Lehren als im *festen* Körper befindlich, von anderen als im *feinstofflichen* Körper befindlich dargestellt. Die indische Heilkunde betrachtet sie als Energiezentren des Menschen. In ihnen ist Energie konzentriert, die sich im Körper lokal verteilt und dabei ganz bestimmte Organe oder Systeme versorgt.

Ich beschränke mich hier auf die sieben Hauptchakras, die für die Entwicklung und das Wohlbefinden unseres gesamten Wesens maßgeblich sind.

Jedes Chakra ist der Sitz spezieller Lebenskräfte, die auf bestimmte Organe (Körper), endokrine Drüsen (Hormonhaushalt/Stimmungen), feine und rohe Emotionen (Gemüt), Bewußtseinszustände (Geist) und Weisheiten/Einsichten (Spiritualität) einwirken. Sie sind ein Netzwerk von Energien, die in Interaktion miteinander stehen.

Die Arbeit mit den Chakras ist für jedermann möglich und bietet eine *ganzheitliche Harmonisierung*, ohne auf die emotionalen, körperlichen oder geistigen Zustände getrennt eingehen zu müssen.

Ein Chakra kann, wie gesagt, offen sein und pulsieren – dies ist sein natürlicher Zustand. Der Mensch fühlt sich dann in allen Bereichen gesund, vital, harmonisch, lebendig. Die mit dem Chakra verbundenen Emotionen werden ausgedrückt, gelebt. Die spirituelle Entwicklung gedeiht. Wenn ein Chakra offen ist und pulsiert, unterstützt es Ihr körperliches, emotionales, mentales Wohlbefinden beziehungsweise Ihre spirituelle Weiterentwicklung.

Es kann eine »Überfunktion« haben – es gibt zuviel Energie ab. Der Mensch fühlt sich überaktiv, alle vom Chakra betroffenen Ebenen werden zu dominant, Energie wird verschleudert, der Mensch brennt aus. Die Organe können erkranken, sich entzünden, vergrößern, in sich Druck aufbauen.

Ein Chakra kann geschlossen sein, nicht pulsieren, eine Unterfunktion aufweisen – es läßt wenig oder keine Energie fließen. Der Mensch fühlt sich gebremst, gehemmt, langsam. Die Energie im Chakra staut sich allmählich im Laufe seines Lebens. Die mit dem Chakra verbundenen Fähigkeiten werden nur teilweise entwickelt. Organe können chronische Insuffizienzen aufweisen, schrumpfen, hart werden. Die dem Chakra entsprechenden Emotionen sind dem Menschen völlig unbekannt. Das kann so weit gehen, daß er nicht weiß, was er fühlt. Die spirituelle Entwicklung ist durch das geschlossene Chakra blockiert.

Jedes Chakra vermittelt auch einen Lerninhalt: Der Mensch muß eine bestimmte Qualität des Fühlens oder Handelns lernen, um sich zu vervollkommnen. So ist zum Beispiel der Lerninhalt des fünften Chakras, sich in Sprache, Bild, Ton, Gestaltung auszudrücken – also Kreativität. Ist dieses Chakra nicht offen, mangelt es an der äußerst wichtigen Fähigkeit, Gedachtem und Gefühltem eine Mitteilungsform zu verleihen und die dem vierten und dritten Chakra entsprechenden Gefühle oder die mit dem zweiten Chakra verbundenen instinktiven Regungen anderer kundzutun.

Jedem Chakra können Düfte zugeordnet werden, die für den Ausgleich hilfreich sind. Die Zuschreibung der Öle entstand durch praktische Erfahrungen, die nicht ausschließlich von

Ganzheitliche Betrachtungen 83

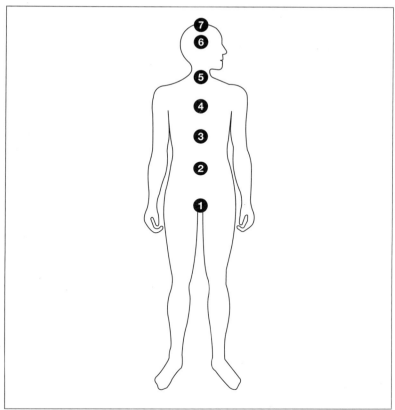

Abb. 10: Lage der Chakras

mir stammen. Auch hier weise ich darauf hin, daß diese Auswahl teils subjektiv ist und Sie sich für andere Öle entscheiden können. Ich empfehle, für die Behandlung der Chakras Mischungen herzustellen, da sie ein breiteres Wirkungsspektrum haben als ein einziges ätherisches Öl. Einige Öle wirken auf mehrere Chakras (es handelt sich also nicht um Druckfehler, wenn der Name eines ätherischen Öls beziehungsweise der pflanzlichen Grundlage dafür bei mehreren

Chakras zu finden ist). Sehen wir uns die Lage, Aufgabe und Wirkung der Chakras, die ätherischen Öle, welche die entsprechenden Düfte liefern, und die unterstützenden Therapiemöglichkeiten an.

Erstes Chakra

Das erste Chakra bezeichnet die Wurzel des Menschen. Es zentriert ihn, verleiht ihm den Drang zum Erfolg, gibt ihm Mut, Sicherheit, Stabilität, Geduld, Gesundheit, verbindet ihn mit der Erde und ist Sitz seiner Urinstinkte. Es gibt dem physischen Körper Vitalität, die Kraft und den Willen zum Überleben, zur Selbsterhaltung.
Bezeichnung: Wurzelchakra.
Lage: Zwischen Anus beziehungsweise Wirbelsäulenbasis und Geschlechtsteil, Perineum.
Es beeinflußt die Nieren, das Rückgrat, die Nerven, reguliert Haut und Gewebe.
Entsprechende endokrine Drüse: Nebennieren.
Ätherische Öle von: *Angelikawurzel, Eichenmoos, Immortelle, Nardenbalsam, Patchouli, Sandelholz, Vetiver, Zimt.*

Zweites Chakra

Das zweite Chakra regelt die Arterhaltung und ist Sitz der sexuellen Instinkte und betrifft auch den Tod. Ein schwaches Sexchakra bedeutet eine schwache sowohl sexuelle als auch allgemeine Vitalität und Antriebskraft. Es steuert die Keimdrüsentätigkeit und die Funktionen von Gebärmutter, Hoden, Prostata, Vagina, Penis, Milz und Blase. (Es liegt nahe dem Hara, dem Zentrum der Vitalität, das kein Chakra ist.)
Bezeichnung: Sex- oder Sakralchakra.
Lage: Zwischen Nabel und Geschlechtsteil beziehungsweise Kreuzbein.
Ihm sind die Eierstöcke, Hoden, Gebärmutter, insgesamt alle Fortpflanzungsorgane zugeordnet.

Ganzheitliche Betrachtungen

Entsprechende endokrine Drüse: Keimdrüsen.
Ätherische Öle von: *Bohnenkraut, Kardamom, Moschuskörner, Patchouli, Pfeffer, Sandelholz, Vetiver, Ylang-Ylang.*

Drittes Chakra
Das dritte Chakra ist das Zentrum aller rohen Gefühle und des Ego. Es steht für Durchsetzung, Autorität, Willen, Selbstbewußtsein. Es vitalisiert das sympathische, autonome Nervensystem und hat damit weitreichenden Einfluß auf viele Körperfunktionen wie das Atmen, Verdauen, Ausscheiden, den Blutdruck, die Herztätigkeit, sexuelle Leistungsfähigkeit. Seine Entsprechung im Körper ist das Sonnengeflecht, das den Magen, die Bauchspeicheldrüse, Leber, Gallenblase, den Stoffwechsel des Gehirns und die Muskeln unter seiner Kontrolle hat.
Bezeichnung: Solarplexuschakra.
Lage: Am unteren Teil des Brustbeins, in der Vertiefung, beziehungsweise am Rücken an der Wirbelsäule, unter den Schulterblättern.
Es wirkt auf Leber, Gallenblase, Pankreas, den Verdauungstrakt und das sympathische Nervensystem.
Entsprechende endokrine Drüse: Bauchspeicheldrüse.
Ätherische Öle von: *Rosmarin, Zitrone, Thymian, Salbei, Oregano, Kardamom, Estragon, Myrrhe, Zimt.*

Viertes Chakra
Es entspricht im Körper dem Herzzentrum. Es ist Sitz der Selbstliebe, des Mitgefühls, des Verständnisses, der Empathie, des Gruppenbewußtseins, der Freundschaft zwischen Menschen, der Harmonie und Erfülltheit mit sich selbst. Das Chakra ist meistens wegen eines Schocks aufgrund von Liebesentzug, Zurückweisung, Enttäuschung und Vertrauensverlust bereits in der Kindheit schwer geschädigt und geschlossen. Die ihm unterstellten Körperbereiche

sind das Herz, die Thymusdrüse (sie steuert das Immunsystem), der Plexus cardiacus (das Nervengeflecht des Herzens), der Blutkreislauf, die Arme, Hände und die Lunge.
Bezeichnung: Herzchakra.
Lage: Herz beziehungsweise im Rücken zwischen den Schulterblättern hinter dem Herzen.
Herz, Blut, Kreislauf, Immunsystem, Nervus vagus stehen unter seiner Kontrolle.
Entsprechende endokrine Drüse: Thymusdrüse.
Ätherische Öle von: *Rose, Geranie, Cistrose, Mimose, Iris, Neroli, Rosenholz, Narzisse, Tuberose.*

Fünftes Chakra
An der Kehle, am unteren Ende des Halses, befindet sich das fünfte Chakra, das für die Kommunikation und den Energiehaushalt des Körpers im Ruhezustand zuständig ist. Es regelt die Ausdrucksweise und Ausdrucksstärke unserer Sprache. Es steht aber nicht nur für unseren kreativen sprachlichen Ausdruck, sondern auch für alle anderen kreativen Ausdrucksformen. Das Hellhören, visionäre Wahrnehmungen und die Phantasie gehören ebenfalls in dieses Chakra. Das Chakra regelt die Funktion des Stimmorgans, der gesamten Atemwege, Bronchien, Lunge, des Verdauungstrakts, Nervus vagus, Zervikalnervenknoten, der Schilddrüse und der Nebenschilddrüse.
Bezeichnung: Kehlkopf- oder Halschakra.
Lage: Kehlkopf beziehungsweise Nacken.
Das Chakra wirkt auf die Stimme, Bronchien, Lunge, Verdauungstrakt, Kehle, Atemwege.
Entsprechende endokrine Drüsen: Schilddrüse, Nebenschilddrüse.
Ätherische Öle von: *Anis, Geranie, Jasmin, Bergamotte, Eisenkraut, Citronella, Fenchel, Lemongrass, Limette, Pampelmuse.*

Ganzheitliche Betrachtungen 87

Sechstes Chakra

Es steht für innere Ordnung, Intuition, Hellsehen, Visionen, emotionsfreie Erkenntnis (Weisheit), Konzentration (im Sinne der Zielgerichtetheit der Handlungen), das nonduale Wahrnehmen und den spirituell-geistigen Willen. Es bildet gleichsam die Grenzstation zum feinstofflich-ätherischen Bereich. Das Chakra ist mit den Augen, Ohren, der Nase, den Zähnen, dem zentralen Nervensystem und dem limbischen System verbunden. Schwierigkeiten der Sinneswahrnehmung und Störungen des Hormonsystems können eine Folge eines gestörten Chakras sein.

Bezeichnung: Stirnchakra, Augenbrauenchakra, »Drittes Auge«.

Lage: Stirn, oberhalb der Mitte zwischen den Augenbrauen.

Ihm zugeordnet sind die Augen, Ohren, Nase, Zähne und der untere Gehirnstamm.

Entsprechende endokrine Drüse: Hypophyse.

Ätherische Öle von: *Eukalyptus, Lorbeer, Wacholder, Melisse, Eisenkraut, Blauer Kamille, Muskatellersalbei, Myrte, Minze, Schafgarbe.*

Siebtes Chakra

Das oberste Chakra ist Sitz des spirituellen Willens zum Sein. Man spricht auch vom Fenster zum Kosmos, der Verbindungsstelle des höheren Selbst mit der Persönlichkeit. Dieses Chakra vitalisiert den oberen Gehirnstamm und regelt die Tätigkeit des zentralen Nervensystems und der Zirbeldrüse.

Bezeichnung: Kronen- oder Scheitelchakra.

Lage: Über der Mitte der Schädeldecke, über der Fontanelle, außerhalb des Körpers.

Entsprechende endokrine Drüse: Zirbeldrüse.

Ätherische Öle von: *Lavendel, Styrax, Weihrauch, Myrrhe, Narde, Kampfer, Ysop, Minze, Sandelholz.*

Anwendungen

Zur Harmonisierung aller Chakras untereinander eignet sich *Vetiveröl*. Eine Verbindung zwischen dem ersten und siebten Chakra stellt *Sandelholzöl* her. Sie finden es beim ersten und siebten Chakra gleichermaßen erwähnt, da es erdet und meditative Zustände erzeugen kann.

Chakramassage (Selbstmassage). Sie stellen eine Ölmischung aus 20 Milliliter *Mandelöl* und 20 Tropfen ätherischer Öle her. Diese Mischung tragen Sie auf die Haut über dem Sitz des jeweiligen Chakras auf und massieren sie 15 Minuten sanft ein. Danach lassen Sie Ihre rechte Hand 15 Minuten auf dieser Stelle liegen, während Sie mit geschlossenen Augen liegend ruhen.

Visualisieren. Sie sitzen mit geschlossenen Augen in aufrechter Haltung (in Meditationshaltung) und nehmen die aus einer Duftlampe strömenden Düfte wahr, die sich unmittelbar vor Ihnen befindet. Führen Sie diese Übung mindestens 30 Minuten lang durch. Konzentrieren Sie sich auf das Chakra.

Partnermassage. Der Partner massiert mit seiner rechten Hand, auf die er ein ätherisches Öl oder eine Mischung aus mehreren Ölen aufgetragen hat, den Bereich des Chakras im Uhrzeigersinn. Die Massage kann auf der Rückseite oder der Vorderseite des Körpers erfolgen. Nach 15 Minuten der Massage läßt er die Hand auf dieser Stelle ruhen.

Ein kräftiges Aneinanderreiben der Handflächen erhöht die Energieabstrahlung und Sensibilität der Hände. So können eventuelle Energieabstrahlungen des Chakras wahrgenommen werden.

Farben und Düfte

Düfte sind Schwingungen und entsprechen den Schwingungen von Farben. Düfte vermögen Farbempfindungen im Menschen auszulösen. Das kann bei der Raumbeduftung im privaten und kommerziellen Bereich zu beachtlichen Wir-

Ganzheitliche Betrachtungen 89

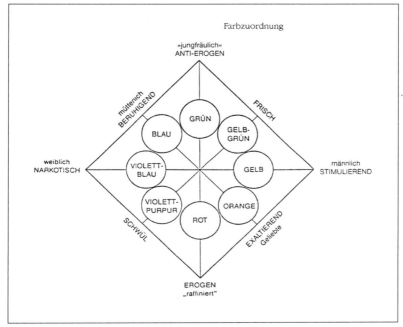

Abb. 11: Farbzuordnung
(Quelle: J. Stephan Jellinek, Parfüm – Der Traum im Flakon, Mosaik Verlag)

kungen führen. Zum Beispiel empfinden wir einen Raum, in dem es nach *Zimt* duftet, als rotbraun und warm, *Zitronenduft* als hellgelb und den Raum ausweitend, den Duft *Patchouli* als dunkelbraun und den Raum einengend. Dementsprechend sollten Raumdüfte auch dem Interieur und den dominanten Raumfarben entsprechen und nicht gegensätzlichen Bereichen – es sei denn, man sucht den Gegensatz. Und da Farben und Düfte meistens eine subtile Wirkung auf das körperliche und emotional Befinden haben, können Sie die Düfte aus dieser Sicht betrachten und nutzen – so etwa haben Rot, Gelb und Orange eine ausdehnende Wirkung auf der Körper und die Psyche (siehe *Orange, Mandarine, Pampelmuse, Bergamotte*).

Bei der Auswahl von Düften für die Raumbeduftung, für Naturparfüms oder Aromakosmetik können Sie die den ätherischen Ölen zugeordneten Temperamente und Farben einsetzen, um Teint, Kleiderfarben, Haarfarben, Raumfarben und die Farben der Einrichtung zu verstärken, zu dämpfen oder gar aufzuheben. Wer sich bewußt kleidet, weiß, daß man sich bei entsprechend flexibler Einstellung und Garderobe immer entsprechend dem Gemüts- oder Körperzustand kleidet. Der rote Pullover wirkt aber nicht nur auf uns energetisierend, sondern signalisiert vor allem den Mitmenschen: Ich bin lebendig, offen, du kannst zu mir kommen, ich bin erotisch – der entsprechende Duft wäre zum Beispiel *Ylang-Ylang*. Das weiße Kostüm deutet Neutralität, Reinheit und innere Ruhe an – ihm entspräche der Duft von Minze. Schwarze Kleidung signalisiert Verschlossenheit, Trauer, dunkles Gemüt, »Rühr mich nicht an, ich möchte keinen Kontakt« – der korrespondierende Duft wäre zum Beispiel *Patchouli*. Die Schwingungsbotschaften der Trägerin solcher Kleidung würden ihre Mitmenschen völlig verwirren, trüge sie dem Rot verwandte, aphrodisierende Düfte wie *Rose, Ylang-Ylang* oder *Geranie*.

Wer die Kleidung seinem Farbtypus gemäß wählt oder eine Farb-Stil-Beratung anbietet, sollte auch einen Blick auf die Wahl der Düfte in Parfüms, Deos, Lotionen und dergleichen werfen. Düfte in Parfums und in Körperpflegemitteln können, wie schon angedeutet, eine Ergänzung zur sonstigen Erscheinung bieten, indem sie die Persönlichkeit unterstreichen.

Zu Farben haben wir verschiedene Assoziationen, die sich auf Temperatur, Temperamente und sonstiges Verhalten beziehen.

Rot: Warm bis feurig-heiß, sehr kräftig, dynamisch, extrovertiert, auffallend, anregend, stark erotisch.

Orangerot: Warm, aktiv, extrovertiert, dynamisch, auffallend, aktiv, anregend, erotisch.

Gelb: Warm, freudig, leicht, kommunikativ, ruhig, sonnig, schwach erotisch.

Gelbgrün: Warm, freundlich, positiv, einladend, offen, friedlich.

Grün: Eher ruhig, friedlich, natürlich, zugänglich, passiv, nicht erotisch. Temperatur und Temperament neutral.

Blaugrün, Türkis: Kühl, distanziert, frisch, klar, nicht erotisch. Abstand haltend, aber offen.

Blau: Kalt, ruhig, still, entspannt, klar, passiv, nicht erotisch.

Indigoblau: Kühl, introvertiert, diskret, stabil, nicht erotisch.

Blauviolett, Lila: Kühl, ernsthaft, mystisch, anregend, leicht erotisch.

Braun: Warm, zentriert, ruhig bis träge, lethargisch, erdhaft, nicht erotisch.

Schwarz: Kalt, abgründig, tief, schwer, intensiv, hart.

Weiß: Neutral, still, konzentriert, empfänglich, nicht erotisch.

Aromapflege

Ätherische Öle für Haut und Haar

Neben die funktionellen Ursachen von Hautstörungen (etwa mangelnde Entgiftung des Blutes durch die Leber, Ernährungsfehler, Sauerstoff- und Wasserdefizite) sind auch die Gefühle zu betrachten. Die Haut sei der Spiegel der Seele, sagt man. Sie spiegelt Ihr Innenleben wider. Könnten Sie nicht auch manchmal »aus der Haut fahren«? Dann ist es innen zu eng geworden. Was staut sich in Ihnen? Was möchte ausgedrückt werden? Viele Hautprobleme haben mit Kontaktproblemen zu tun – der Unfähigkeit, mit Menschen zu kommunizieren, offen zu sein und auch körperlichen Kontakt zulassen zu können. Die Schuppenflechte oder Psoriasis ist ein typisches Erscheinungsbild des Bestrebens, sich einen Schutzpanzer gegen die feindliche Außenwelt zu schaffen. Ekzeme sind eine allergische Reaktion auf die Umwelt, Mitmenschen, Lebensweisen. Akne entsteht meist aufgrund hormoneller Störungen und falscher Ernährung. Die hormonelle Störung kann durch Gefühle ausgelöst worden sein, durch eine Disharmonie im geistig-seelischen Bereich.

Ätherische Öle können Ihnen helfen, die Hautfunktionen zu regulieren. Sie sind fettlöslich und haben eine starke Affinität zu Fettgewebe. Auf die Haut aufgetragen, verteilen sie sich und können alle Hautschichten durchdringen. Zuerst gelangen die Substanzen des Öls in die Oberhaut. Sie bildet neue Hautzellen und stößt alte ab. In dieser Hautschicht halten sich Substanzen eine Zeitlang auf, ein Teil tritt wieder nach außen und löst sich auf. Das wird durch Fett oder Wachs in fetten Ölen oder Cremes größtenteils verhindert. Druck und Wärme, wie dies bei der Massage geschieht oder dem Bad, beschleunigen die Aufnahme der Inhaltsstoffe von ätherischen Ölen. Die Beschaffenheit der Haut beeinflußt die Aufnahme sehr stark: Sehr trockene, kranke oder verletzte Haut nimmt ätherische Öle schneller und in größerer Menge auf als normale oder fette Haut. Die Dosierung ist in diesen Fällen sehr gering zu halten.

Der größte Teil der Substanzen des Öls wandert weiter in die mittlere Hautschicht, die Lederhaut oder Corium. Dabei erfahren sie möglicherweise durch den Stoffwechsel der Haut eine schwache molekulare Veränderung. Die Lederhaut enthält Nerven, Schweißdrüsengänge, Haarwurzeln und Talgdrüsen. Von dort gelangen die Stoffe in die Unterhaut (Subcutis). Diese speichert Feuchtigkeit, Fett und Abfallprodukte. Da die unteren Hautschichten von Arterien und Venen durchzogen sind, werden mit dem venösen Blut Inhaltsstoffe des Öls aus der Haut in den Blutkreislauf abgeführt.

Aromapflege 93

Innerhalb der Hautschichten haben die Substanzen bestimmter ätherischer Öle verschiedenartigste Wirkungen, nach denen sich Ihre Entscheidung für oder wider ein Öl richtet. Ohne auf die Wirkungsweise einzugehen, läßt sich für alle Öle, die zur Hautpflege empfohlen werden, angeben, daß sie die Zellerneuerung (Zytophylaxe), Entschlakkung und Sauerstoffaufnahme fördern. Sie regulieren, regen an oder vermindern die Talgproduktion (dies ergibt trockenere oder fettere Haut), die Hautfeuchtigkeit und den Fetthaushalt des Unterhautfettgewebes, die Be- und Entwässerung des Unterhautfettgewebes, den Lymphfluß und die Durchblutung.

Den Haaren wird zwar nicht dieselbe Bedeutung beigemessen, ihr Zustand ist jedoch stark vom Zustand der Haut, aus der sie wachsen, und von allen organischen und emotionalen Störungen abhängig. Sie ergrauen bei Trauer und Enttäuschung, sie verlieren Glanz, Halt und Form bei Depressionen und Traurigkeit wie auch bei Krankheit. Für die Haare sind gute Durchblutung der Haut (wegen der Nahrungszufuhr und Entschlackung) und eine gute Talgdrüsenfunktion (Talg schützt das Haar) wichtig. Durch stimulierende Öle wird der Haaraufrichtemuskel angeregt, der Halt und Festigkeit einer Frisur bestimmt.

Noch einmal sei darauf hingewiesen, daß ätherische Öle nur sehr selten unverdünnt auf die Haut aufgetragen werden dürfen, da sie in reiner Form mehr oder weniger hautreizend wirken. Die einzige Ausnahme bildet dabei uneingeschränkt das *Lavendelöl*.

Für alle Symptome von Gewebe, Haut und Haar finden Sie eine Übersicht wirksamer Öle sowie der Dosierungen und Anwendungen auf den Seiten 122, 130, 289 ff., insbesondere 312 ff.

Duft im Raum

Das Raumklima

Das Klima eines Raumes wird im wesentlichen von der Qualität der Luft, der Luftfeuchte, der Temperatur, den Ionen, den Duftstoffen und Schwingungen im Raum bestimmt. Diese Faktoren wirken sich stark auf das Wohlbefinden des Menschen aus. Stickige, sauerstoffarme Luft und unangenehme Düfte sorgen gewiß nicht für Wohlbehagen oder Belebung.

Duftstoffe können Ihnen eine Hilfe sein, um die Räume, in denen Sie leben und arbeiten, »angenehm« zu gestalten und zu reinigen. Als angenehm empfinden Sie es, weil die Duftstoffe ätherischer Öle unangenehme Gerüche überdecken oder eliminieren, natürliche Düfte grundsätzlich belebend wirken, Ihre Stimmung harmonisiert oder aufgehellt wird und eine geringe, aber wahrnehmbare Ionisierung der Luft stattfindet.

Besonders auf dem Gebiet der Raumbeduftung läßt sich seit einigen Jahren eine starke Bewegung bemerken, die, aus Japan und den USA kommend, nun auch in Europa Einzug hält. Dabei handelt es sich nicht um Aromatherapie oder Aromapflege mit ätherischen Ölen, sondern offenbar nur um die breite Vermarktung jeglicher Geschäftsideen.

Synthetische Düfte oder gar toxische Emissionen von Baustoffen oder Einrichtungsgegenständen (Mobiliar) in Wohn- oder Arbeitsräumen wirken erfahrungsgemäß negativ auf die Stimmung und die Konzentrationsfähigkeit des Menschen. Meistens führen sie im Laufe der Zeit zu Aggression oder Depression – jeder möchte eigentlich am liebsten den Raum verlassen, kann aber nicht. Dementsprechend sind Arbeits- und Lebensqualität oder Leistungen. Hier können natürliche Düfte eine wertvolle Hilfe sein, das Wohlbefinden und die mentale Befindlichkeit zu erhöhen und zu verbessern. Sollten Sie sich in Ihrem Heim oder an Ihrem Arbeits-

Duft im Raum 95

platz immer schlecht gelaunt, apathisch, unkonzentriert oder aggressiv fühlen, dürfte Ihnen ein bewußtes Riechen vielleicht einen deutlichen Hinweis auf die Ursachen geben. Es liegt nur an Ihnen, ob Sie die Zustände mittels einer angenehmen Duftmischung verändern oder nicht. Das Überlagern von Raumdüften mit anderen Duftstoffen hat seine Grenzen allerdings dort, wo toxische oder gesundheitsschädliche Emissionen bewußt überdeckt werden, so daß der natürliche Alarmschalter des Geruchssinnes manipulativ außer Kraft gesetzt wird.

Befinden sich hohe Anteile an Krankheitserregern oder Schadstoffen in der Raumluft, können Sie davon ausgehen, daß dieser Raum Sie langfristig krank macht. Allergiker, besonders jene mit »multiple sensory sensitivity«, leiden in solchen Räumen sehr. Räume, die um das Hundertfache mehr an Schadstoffen oder Krankheitserregern enthalten, als im Freien vorkommen, sind nicht selten. Dies trifft vor allem auf gänzlich geschlossene Räume mit Klimaanlagen zu. In solchen Räumen zirkulieren Viren, Bakterien und Pilze. Aber auch Frischluftanlagen sind nicht frei von Schadstoffen und Krankheitserregern. Dem mittlerweile bekannten »Sick-Building-Syndrom« kann erfolgreich mit natürlichen Duftstoffen begegnet werden. Ätherische Öle, deren Inhaltsstoffe antiviral, bakteriostatisch und fungizid wirken, können Klimaanlagen und Frischluftanlagen reinigen (dazu zählen die Öle von *Tea-Tree*, *Lavendel*, *Rosmarin*, *Bergamotte*). Wenn Duftstoffe hinzugefügt werden, die das allgemeine Wohlbefinden erhöhen oder bestimmte Verfassungen verstärken, empfindet man die belüfteten, aromatisierten Räume als äußerst angenehm. In solchen Räumen werden Lebens- und Arbeitsqualität, Selbsteinschätzung sowie soziale Kontakte erheblich positiver beurteilt als in anderen. Japanische Forscher untersuchen diesen Bereich schon lange und sammelten viel Erfahrung mit Duftstoffen. Allein der Duft der *Zitrone* hat bei Tests eine Produktivitätssteigerung von fünfzig Prozent gebracht. Auch das Befinden der Mitarbeiter in den Räumen wurde von ihnen als gesund, aktiv, wach und positiv beurteilt. Eine Mischung aus dem Duft von *Orange, Zitrone* und *Bergamotte* ließ die Mitarbeiter ihren Arbeitsplatz und die Räume als hell, sauber, freundlich und sommerlich beurteilen, sie fühlten sich »wie im Freien arbeitend«.

Da jedes Duftmolekül eine spezielle Schwingung hat, können auch sehr gezielt Schwingungen und Befinden in einem Raum erzeugt werden: Man ist stimuliert oder entspannt, aggressiv oder friedlich, aktiv oder passiv. Mit Hilfe von »Stimmungsdüften« werden alle Menschen, die sich in einem Raum aufhalten, gleichsam auf eine gemeinsame Ebene gebracht – bei Publikumsräumen oder Veranstaltungen läßt sich dies positiv nutzen. Räume, in denen heikle oder egozentrische Themen (um Politik, Geschäft, Geld) behandelt werden, können auf diese Weise vorher mit einer harmonisierenden »Stimmung« versehen werden.

Durch die Pheromone der Menschen, die sich einen Wohn- oder Arbeitsraum teilen, bildet sich im Laufe der Zeit eine »Grundstimmung« im Raum. Sie kennen es selbst: Schulräume, Konferenzräume, Kantinen, Bankschalterräume, Bahnhofswarteräume, Redaktionen, Schreibbüros, Krankenhäuser, Altenheime haben eigentümliche Eigendüfte oder Schwingungen, die in allen Ländern gleich sind. Auch Hotels und Restaurants scheinen unvermeidlich immer nach denselben Düften riechen zu müssen. Das Hotelzimmer riecht abgewohnt, ungelüftet, muffig bis synthetisch-steril nach Reinigungsmitteln. Das Restaurant duftet nach Speisen, Rauch, Alkohol. Gerade an solchen Plätzen, wo die menschlichen Grundbedürfnisse nach Ernährung oder Schutz und Wärme gestillt werden sollen, finden wir oft ein träges, abgestandenes, wenig anheimelndes Klima. In den Hotelzimmern können Sie unter Umständen geradewegs in die Atmosphäre der eben abgereisten Gäste eintreten und deren Stimmung aufnehmen: Lethargie, Langeweile, Depression, Verzweiflung, Aggression, Freude, Verliebtheit, Sexualität.

Mit Hilfe von Duftstoffen lassen sich Raumschwingungen »reinigen« beziehungsweise harmonisieren. Besonders sinnvoll erscheint mir der Einsatz von Düften in Publikumsräumen, um die latente Aggression und Angst zu dämpfen und zum Beispiel den Aufenthalt in Warteräumen angenehmer zu gestalten (etwa durch Beduftung der Pariser Metro mit *Lavendel*).

Solange Gesundheit, Wohlbefinden und Freude mit Düften erzielt werden, ist gegen den Einsatz von naturreinen, ätherischen Ölen nichts einzuwenden. Unerträglich wäre es, wenn eines der letzten relativ reinen und natürlichen Mittel in Frischluftschächte oder Klimaanlagen der Bürohochhäuser, der Kaufhäuser oder Fabriken flösse, um die Menschen zu manipulieren.

Einteilung der Öle in allgemeine Gruppen

Zitrusöle lassen Menschen grundsätzlich sich und ihre Umgebung positiv, gesund und im Fall des *Zitronenöls* als »reiner« wahrnehmen. Düfte von *Holzölen* wirken beruhigend und zentrierend. *Blütenöle* regen das ästhetische Empfinden an, wirken entspannend, sensibilisierend und oftmals erotisierend. *Gewürzöle* beleben und lassen Räume wärmer erscheinen. *Blattöle* stimulieren ebenfalls allgemein und suggerieren Klarheit und Gesundheit. Düfte mediterraner Kräuter regen den Appetit an. Starke Wirkungen zeigen, wie bereits eingangs besprochen, gedächtnisanstoßende Komponenten im Duft, die je nach Land, Kontinent oder ethnischer Gruppe variieren.

Beim Beduften von Räumen ist auch darauf zu achten, daß keine Duftstoffe gewählt werden, die der Funktion oder dem Inhalt des Raumes nicht entsprechen. So könnten Sie einen Tabakladen oder ein Schuhgeschäft mit dem Duft von

Minze oder *Rosmarin* anreichern, dies würde aber zu Verwirrung und Ablehnung führen. Oder stellen Sie sich ein Büro vor, das nach orientalischen, schweren Düften riecht. In der Fachsprache heißt das: Durch Lernerfahrung als typisch zugeordnete Raumdüfte dürfen nicht eliminiert werden. Ziehen Sie ebenfalls in Betracht, daß die verschiedenen Geschlechter und Rassen Präferenzen der Duftstoffe zeigen.

Beim Einsatz von Duftstoffen zur Raumaromatisierung ist darauf zu achten, daß sie nicht ständig benutzt werden. Das führt zur schnellen Adaption und damit Verminderung bis hin zu völligem Ausbleiben der Wirkungen. Unangenehme Nebenwirkungen, durch dauernde Beduftung oder etwa verschiedene Duftstoffe in mehreren offenen Räumen, können Konzentrationsstörungen, Übelkeit und Kopfschmerzen sein. Gute Beduftungsgeräte geben pro fünfzig Quadratmeter Raum maximal drei Tropfen des Duftträgers mit mittlerer Duftstärke pro Stunde ab. Nach dem Ausströmimpuls baut sich der Duft gleichmäßig ab, so daß sich nach einer Stunde nur noch eine »homöopathische« Duftmenge in der Raumluft befindet. Bei der Kaltverdunstung in kombinierten Luftreinigungs- und Befeuchtungsgeräten, die auch Duftstoffe abgeben, kann mit einer noch geringeren Dosierung gearbeitet werden. Solche Geräte verbrauchen äußerst geringe Mengen an Duftstoffen, so daß sich die Frage nach den Kosten selbst beantwortet.

Der in manchen Ländern bereits übertriebene Einsatz von Duftstoffen zur Steigerung der Leistungsfähigkeit oder Manipulation von Kaufentscheidungen hat seine Grenzen. Eine hochdosierte, kontinuierliche Beduftung durch ätherische Öle kann auch zu einer »Überduftung« führen. Moleküle lagern sich unlösbar auf allen Oberflächen ab. Einige Duftstoffe wie *Vanillin* können bereits nach einmaligem Kontakt mit der Oberfläche zwar geringe, doch meßbare Duftspuren hinterlassen.

Duftstoffe *maßlos* in Räumen verdunstet oder versprüht, können gegenteilige Wirkungen erzeugen. Um festzustellen, wie lange sich Düfte in einem Raum halten, wann sie bis zu welchem Grad aufgelöst sind und welche Restbestände bleiben, müßten Messungen mit einem Gaschromatographen an neutralen und an duftstoffangereicherten Raumluftproben durchgeführt werden. Sie ahnen es schon – es ist sehr kostspielig, wenn überhaupt durchführbar. Das handliche Duftmeßgerät ist noch nicht erfunden, aber die feine Nase des Duftexperten.

Auch die Maskierung beziehungsweise Überlagerung von unangenehmen Raum- oder Umweltdüften durch wohlriechende (etwa das Überdecken von Benzingeruch mit synthetischem Duft nach *Jasmin* oder *Himbeere*), vor allem unnatürliche Düfte, führt nicht nur zu einer negativen Manipulation des Geruchssinnes, der Sie eigentlich vor gesundheitsgefährdenden Einflüssen schützen soll und kann, sondern läßt Sie bei längerer Dauer depressiv werden, da Sie von der Natur »abgeschnitten« sind.

Ätherische Öle in der Raumluft wirken also
o luftreinigend (keimtötend),
o grundsätzlich belebend,
o steigern das allgemeine Wohlbefinden, beeinflussen die mentale und emotionale Verfassung positiv,
o heben die subjektive Beurteilung der Umgebung und Mitmenschen.

Raumgestaltung mit Düften

Auf dem Gebiet der Beduftung von Wohn- und Arbeits- oder Publikumsräumen ergeben sich durch die Kombination von Raumfarben und Einrichtung mit einem entsprechenden Raumduft viele Möglichkeiten, das Empfinden des

Menschen zu beeinflussen. Da Duftstoffe die verschiedensten Assoziationen, also auch Gefühle hervorrufen, können sie einen Raum nicht nur kühler oder wärmer, sondern auch beispielsweise weiter oder enger erscheinen lassen. Düfte vermögen Raumfarben gleichsam zu verstärken oder zu dämpfen (zum Beispiel entspricht der Duft von *Lavendel* der Farbe Blau) und damit die entspannende Wirkung (von *Lavendel*) zu unterstreichen. Stellen Sie sich einen Raum mit dominanten gelben Farbtönen vor, der mit »gelben Düften« (von *Orange, Mandarine, Vanille, Bergamotte, Zitrone*) aromatisiert wird. Die Wirkung der Raumfarben verstärkt sich, indem das Gelb als intensives Gelb erscheint. Im gegensätzlichen Fall könnte eine Mischung »gelber« Öle Sie einen blauen Raum als nicht so stark kühl und beruhigend empfinden lassen.

Um einen Raum harmonisch zu gestalten, könnten Sie also entsprechend den Raumfarben einen farbidentischen, wirkungsgleichen Duft auswählen. Intensives Schwarz in schwarzen Kissen, Sitzbezügen, Vorhängen, Teppichen könnte etwa durch Düfte wie *Patschuli, Vetiver* oder *Eichenmoos* unterstützt werden. Besonders bei der Beduftung von Publikumsräumen durch Beduftungsgeräte der Frischluftanlagen stehen dem Anwender durch die Wahl eines Duftes aufgrund der dem Duft entsprechenden Farbe viele Einflußmöglichkeiten offen.

Zu beachten ist, daß Düfte sich durch andere Schwingungsquellen (hier: Farben, Farblampen) beeinflussen lassen. Erotisierende Düfte, wie der des *Ylang-Ylang*, können durch beruhigende Farben in ihrer Wirkung gedämpft werden. *Ylang-Ylang* würde bei grünem Licht oder grüner Raumfarbe gar nicht erotisierend, aber bei Rot äußerst erotisierend sein. Die Kombination von farbigem Licht und Duftstoffen bedarf einer feinen Wahrnehmung der Schwingungen, um das gewünschte Resultat zu gewährleisten. Es handelt sich um eine individuelle Beurteilung, die nicht verallgemeinernd zu beschreiben ist. Ob Sie eine kreativitätssteigernde Duftmischung in einem hellen Seminarraum mit hartem Neonlicht einsetzen oder eine entspannende, appetitanregende Duftmischung in einem Restaurant mit gedämpftem Glühlampenlicht – jedesmal müssen der Raum und die Menschen gesehen und erfühlt werden.

Ätherische Öle im Haushalt

Es liegt nahe, die ätherischen Öle, besonders die der Kräuter, als Würzstoffe in der *Küche* zu nutzen. Dabei ist aber zu berücksichtigen, daß sie nur »gestreckt« gebraucht werden sollen. Meine Empfehlung lautet, 1 Milliliter ätherisches Öl mindestens mit 30 Milliliter fettem Öl (Olivenöl oder Mandelöl) zu mischen. Damit können Sie das Würzöl gut dosieren. Nehmen Sie jedoch ungestrecktes ätherisches Öl, sind Ihre Speisen schnell überwürzt. Bedenken Sie, daß ein Tropfen *Basilikumöl* etwa einer Handvoll Basilikumblätter entspricht. Fügen Sie Ihr Würzöl erst nach dem Kochen zu, und rühren Sie es unter die bereits fertigen Saucen oder Dressings.

Vermeiden Sie Öle mit halluzinogenen Substanzen als Würzmittel, wenn Sie zum Essen *Alkohol* trinken (dazu zählen *Muskatöl* und *Muskatellersalbeiöl*). Bedenken Sie, daß auch geringste Mengen an ätherischem Öl bei medikamentöser und homöopathischer Behandlung, bei Epilepsie, Allergie und organischen Funktionsstörungen Nebenwirkungen haben können.

Kosmetik und *Lebensmittel* können gegen Schimmelpilze durch verschiedene ätherische Öle geschützt werden. Die nachfolgend empfohlenen Öle haben oft eine weitaus stärkere Schutzwirkung als vergleichbare, synthetische Konservierungsmittel. Die Düfte der Öle und der Lebensmittel müssen natürlich zueinander passen. Das Öl von *Pampelmuse* und *Bergamotte* paßt zu Marmeladen, von *Ingwer*, *Rosmarin*, *Thymian* und *Lemongras* zu Saucen oder Braten.

Das Öl von *Benzoe*, *Lemongras*, *Litsea* und *Bergamotte* eignet sich für viele Kosmetika. Ein Duftkissen und gelegentliches Einsprühen mit dem Duft von *Zitrone*, *Litsea* oder *Kampfer* schützen den Kühlschrank, den Brotkasten und die Speisekammer vor Keimen. Benutzen Sie auch für diese Anwendungen vorzugsweise Öle von Pflanzen aus kontrolliert biologischem Anbau.

Zur *Reinigung* und *Desinfizierung* eignen sich die Öle mit antiseptischer Wirkung, die selbst in geringster Dosierung die Wirkung vieler handelsüblicher Reiniger oder Desinfektionsmittel übertrifft. Fügen Sie das Öl von *Zitrone*, *Limette* oder *Bergamotte* Ihrem Spülmittel oder das von *Lavendel*, *Nelke*, *Rosmarin* Ihrem Wischwasser bei. Je geringer die Dosierung, desto stärker ist die Wirkung: Geben Sie 5 Tropfen Öl von *Lavendel*, *Nelke*, *Tea-Tree*, *Rosmarin*, *Thymian*, *Zitrone* oder *Zimt* auf 10 Liter Wasser.

Orangenöl eignet sich besonders zum Lösen von *Kleberrückständen* (vor allem der Etiketten auf Gläsern und dergleichen) und Lacken auf Möbeln, Böden und ähnlichem.

Bei *Schimmelbildung* in den Wänden kann die Wand mit einer Mischung von 10 Liter Wasser und 10 Tropfen *Tea-Tree-Öl*, 10 Tropfen *Litsea-Öl* und 10 Tropfen *Kampferöl* abgerieben oder eingesprüht werden. Die Behandlung ist mehrfach durchzuführen.

Gegen *Motten* helfen duftende Stoffstreifen oder Duftkissen, die Sie in den Schrank hängen oder legen können. Dies gibt Ihrer Kleidung einen angenehmen Duft. *Lavendel*- und *Zedernholzöl* sind besonders wirksam.

Wenn Sie die himmlischen Düfte gerne in Ihren *Kleidern* haben, sprühen Sie Ihren Kleiderschrank regelmäßig mit einem stark verdünnten Öl Ihrer Wahl ein, oder legen Sie einige Stoffstreifen mit dem reinen Öl hinein. Viel Freude bei der morgendlichen Wahl Ihrer Kleidung!

Bad und *Toilette* können mit einem frischen Duft, etwa von *Lemongras*, *Litsea*, *Zitrone* oder *Lavendel*, eine ange-

Ätherische Öle im Haushalt

nehme Atmosphäre erhalten. Bequem in der Anwendung sind »Duftsteine«. Als Duftsteine eignen sich poröse Steine, die ätherische Öle gut aufsaugen. Wenn Sie im Geschäft keinen Duftstein finden, sehen Sie sich einfach beim nächsten Spaziergang nach einem solchen Stein um. Geben Sie stets denselben Duft auf denselben Duftstein, sonst erhalten Sie im Laufe der Zeit eine diffuse Duftmischung. Das Reinigen der handelsüblichen Duftsteine ist kompliziert, denn die Duftsteine müssen in Alkohol eingelegt werden, damit die Harz- und Wachsrückstände der ätherischen Öle sich lösen.

Bei der *Handwäsche* oder in der *Waschmaschine* (beim letzten Spülgang) können Sie aus einer breiten Auswahl wohlriechender Öle Ihren Duft für die Wäsche auswählen. *Lavendel-* oder *Lavandinaroma* passen am besten.

Bei *Ameisen* und anderen *Insekten* im Haus können Sie umweltschonend ätherische Öle einsetzen, die die Störenfriede vertreiben, aber nicht töten. Mischen Sie 1 Teil eines ätherischen Öls mit 10 Teilen Wasser in einer Sprühflasche, und sprühen Sie die Ecken und Ritzen gründlich ein, durch welche die Insekten ins Haus eindringen. Nehmen Sie das Öl von *Eukalyptus*, *Nelke*, *Minze*, *Geranie*, *Zypresse*, *Lemongras* oder *Zeder*. *Tea-Tree* hilft besonders erfolgreich gegen Ameisen.

Auch gegen *Flöhe* eignet sich *Tea-Tree-Öl* (1 Milliliter auf 20 Liter Wasser), um Mensch und Haustier von den Plagegeistern zu befreien. Meist ist eine mehrfache Behandlung notwendig.

Viele Schädlinge auf *Pflanzen* können vertrieben werden, wenn Sie regelmäßig 1 bis 2 Tropfen eines ätherischen Öls in 5 Liter Gießwasser geben und gründlich verrühren. Bei Schädlingen oder Fäulnisprozessen in der Blumenerde nehme ich dazu Wurzelöle, wie *Vetiveröl* und *Angelikawurzelöl* mit *Lavendelöl* gemischt. Gegen Schädlinge auf Stengeln und Blättern eignen sich *Geranienöl* und *Lavendelöl*. Wirksam ist auch das Abwischen der Blätter und Stengel mit einer Lösung aus 1 Liter Wasser, 1 Tropfen Flüssigseife,

1 Tropfen *Geranienöl* und 1 Tropfen *Lavendelöl*. Bei Blütenpflanzen regen *Lavendelöl* und *Geranienöl* das Blütenwachstum an.

Ätherische Öle für Haustiere

Was für den Menschen gut ist, hilft oft auch Tieren. Wunden, Abschürfungen, eitrige Prozesse, Geschwüre und ähnliches können mit ätherischen Ölen behandelt werden. Dabei sind die ätherischen Öle sparsam zu dosieren und möglichst mit einer Salbe oder mit fetten Pflanzenölen gemischt aufzutragen. Bedenken Sie, daß Hunde etwa zwanzigmal besser riechen als Menschen. Wenn Sie einen Tropfen ätherisches Öl auf Ihre Hand geben, können Sie testen, ob Ihr Tier das Öl akzeptiert. Tiere reagieren ausschließlich instinktiv auf Düfte und Geschmack und wissen, was ihnen zuträglich ist.

Hat Ihr Haustier *Flöhe* oder andere *Parasiten*, schaffen Bäder mit *Lemongrasöl* oder *Zitronella-Öl* Abhilfe. Bei Kleintieren genügt 1 Tropfen, bei großen Hunden sind 2 Tropfen im Shampoo ausreichend. Eine andere Möglichkeit besteht darin, das Öl von *Zeder* oder *Lavendel* mit Wasser gut zu verrühren und damit den Hund oder die Katze abzubürsten (2 bis 4 Tropfen auf 1 Liter Wasser).

Ohrmilben bei Hunden und Katzen können Sie mit *Lavendelöl* behandeln – geben Sie 2 Tropfen ätherisches Öl auf 1 Eßlöffel fettes Pflanzenöl, und reinigen Sie mit einem in die Mischung getunkten Wattestäbchen oder Wattebausch das Ohr. Sofern Ihr Tier es zuläßt, sollte der Wattebausch einige Stunden im Ohr bleiben.

Besonders Hunde können, genauso wie Menschen, unter *Rheuma* oder *Arthritis* leiden. Verschütteln Sie *Rosmarinöl*, *Lavendelöl* und *Ingweröl* in einem fetten Pflanzenöl (in 20 Milliliter Pflanzenöl gibt man 8 Tropfen ätherisches Öl), und massieren Sie die betroffenen Bereiche.

Ätherische Öle für Haustiere

Sogar das *Zecken*band für Hund oder Katze kann mit *Zedernholzöl, Citronellaöl* und *Lavendelöl* selbst hergestellt werden. Legen Sie ein Halsband in eine Mischung aus 1/2 Eßlöffel Alkohol und insgesamt 6 Tropfen der genannten ätherischen Öle oder in eine Mischung von 1 Eßlöffel fettem Pflanzenöl und 1 Tropfen *Knoblauchöl*, bis es die Emulsion aufgesogen hat.

Ställe, Hunde- und Katzenkörbe oder Hundehütten benötigen gelegentlich eine Reinigung, um *Parasiten* zu vertreiben. *Patschuliöl, Lavendelöl, Lemongrasöl, Citronellaöl, Tea-Tree-Öl* oder *Thymianöl* sind geeignet, die Behausungen der Tiere auszuwaschen oder zu besprühen (für 1 Liter Wasser genügen 2 Tropfen eines ätherischen Öls).

Abszesse behandeln Sie am besten mit *Tea-Tree-Öl* und *Lavendelöl*. *Wunden* waschen Sie mit 5 Tropfen *Lavendelöl* auf 100 Milliliter Wasser aus. Zur Wundheilung können Sie Vaseline oder ein fettes Pflanzenöl mit ätherischen Ölen mischen und auftragen (auf 50 Milliliter Salbe oder Öl insgesamt 10 Tropfen *Lavendelöl, Tea-Tree-Öl* und *Kamillenöl*. (Zur Erläuterung: Die Chemie teilt alle Öle in drei Hauptgruppen ein – Mineralöle, pflanzliche und tierische fette Öle, ätherische Öle.)

DRITTER TEIL
ANWENDUNGEN IN DER PRAXIS

Allgemeine Hinweise

Erwarten Sie keine Wunder

Erwarten Sie einerseits keine Wunder von ätherischen Ölen, andererseits doch. Es sind genügend Fälle bekannt, in denen ätherische Öle sehr hilfreich waren und sogar chronische Leiden lindern halfen. Umgekehrt besteht keine Garantie, daß eine aromatherapeutische Behandlung bei Ihnen etwas verändert. Die Faktoren Vertrauen in das Mittel, Bereitschaft zur Veränderung, Lebenswille, richtige Dosierung, richtige Anwendung sind entscheidend für die Wirkung eines ätherischen Öls. Nach meiner Erfahrung genügt nicht der Glaube an ein Mittel allein, »Berge zu versetzen«, doch schafft das Vertrauen in ein Öl oder eine Handlung die erste Voraussetzung dafür, daß eine Besserung eines disharmonischen Zustandes erfolgt. Meine Überzeugung ist, daß der Glaube an sich selbst und die eigenen Fähigkeiten die Berge versetzt, die zwischen Ihnen und Ihrer Gesundheit oder Lebensfreude stehen.

Aufnahme, Verarbeitung, Ausscheidung, Reaktion

Werden ätherische Öle über den Geruchssinn wahrgenommen, führen sie zu einer sofortigen Reaktion des vegetativen Nervensystems, des Hormonsystems, der Psyche und des Geistes. Dieselben Reaktionen sind bei Wahrnehmungsstörungen des Geruchssinns zu beobachten, wenn ein Raum intensiv beduftet oder ein Öl inhaliert wird. Bei einer Inhalation werden etwa fünfzig Prozent des Dufts eines ätherischen Öls über die Lunge aufgenommen und gehen in den Blutkreislauf über. Die Intensität und Schnelligkeit der Wirkung ist wie bei allen anderen natürlichen Mitteln abhängig von der Menge, die der jeweilige Organismus aufgenommen hat. Studien haben gezeigt, daß bei Massagen mit fetten Ölen oder dem Baden in ätherischen Ölen sich spätestens zwanzig Minuten nach dem Beginn der Anwendung Inhaltsstoffe der verwendeten Öle in der ausgeatmeten Luft nachweisen ließen. Demzufolge mußten die Öle wesentlich früher in den Blutkreislauf eingetreten sein. Die Geschwindigkeit, mit der die Substanzen eines ätherischen Öls die Hautbarriere überwinden und in den Blutkreislauf gelangen, hängt sehr von der Stärke des Unterhautfettgewebes ab, zu dem es eine hohe Affinität hat. Je höher der Anteil an Fettgewebe ist, desto länger dauert der Prozeß.

Studien zeigten, daß nach etwa neunzig Minuten keine meßbaren Mengen von Inhaltsstoffen ätherischer Öle mehr im Blut nachgewiesen werden konnten. Das bedeutet, daß der Körper die Öle aufgenommen, umgewandelt und ausgeschieden hat. Die Ausscheidung geschieht größtenteils über die Nieren, einige Substanzen bevorzugen als Ausgang offenbar die Lunge, um sich gänzlich auflösen zu können. Schließlich sei noch ein Hinweis auf jene Öle hinzugefügt, welche die körpereigene Abwehr stabilisieren oder stärken: Sie sind bis zu maximal zehn Tagen anzuwenden, danach kann eine gegenteilige Wirkung eintreten. Das gilt besonders dann, wenn man ätherische Öle einnimmt.

Grundregeln für den Umgang mit ätherischen Ölen
o Empfohlene Dosierungen sind einzuhalten.
o Es darf keine ständige Anwendung hoher Dosierungen erfolgen.
o Laien dürfen ätherische Öle nicht einnehmen.
o Man soll die Öle nur verdünnt auf die Haut auftragen.

Die Duftlampe 109

o Zitrusöle auf der Haut und starke Sonneneinstrahlung beziehungsweise Ultraviolettstrahlung vertragen einander nicht. Meiden Sie also die Sonne, wenn Sie Zitrusöle anwenden.
o Öle dürfen nicht in die Augen gelangen.
o Ohne Rückfrage bei Arzt oder Therapeut sollten die Öle nicht bei Kleinkindern eingesetzt werden.
o Ätherische Öle sind nicht mit Medikamenten oder feinstofflichen Heilmitteln zu kombinieren.
o Leiden Sie unter einer Allergie, so testen Sie das Öl vor der Anwendung.
o Unternehmen Sie bei einer Krankheit keine Selbstheilversuche.

Die Duftlampe

Die bekannteste Anwendungsform ätherischer Öle für den Laien ist die Duftlampe. Sie verbreitet die Duftstoffe des Öls durch dessen Wärmeverdunstung im Raum. Das Prinzip ist immer gleich: Eine Schale wird mit Wasser gefüllt (durch warmes Wasser setzt der Verdunstungsvorgang schneller ein), eine darunter befindliche Kerze angezündet oder Glühbirne eingeschaltet. Das Wasser darf nicht zu kochen beginnen.

Die Dosierung ist abhängig von
o der Raumgröße – für einen bis zu 30 Quadratmeter großen Wohnraum benötigt man 4 bis 10 Tropfen Öl –,
o der Duftintensität der ätherischen Öle – von stark duftenden Ölen nimmt man etwa 2 Tropfen, von mittelstarken Ölen etwa 6 Tropfen, von schwachen Ölen etwa 10 Tropfen. (Sehen Sie dazu die Übersicht zur Duftintensität am Ende des Buches.) Beispielsweise ist 1 Tropfen reines *Melissenöl* wesentlich duftintensiver als 1 Tropfen *Kamillenöl*,

o der Duftebene; Kopfnoten mit einem sehr spritzigen, frischen Duft (*Zitrone*) lösen sich sehr schnell auf und bauen sich auch schnell wieder ab, danach folgen die Herznoten und schließlich die Fußnoten, die mitunter noch Stunden später wahrnehmbar sind.

Vermeiden Sie ständig hohe Dosierungen, und wechseln Sie während eines Tages nicht ununterbrochen die Duftmischungen. Übertreiben Sie das Beduften Ihrer Wohnung nicht, indem in jedem Raum eine Duftlampe, womöglich noch jede mit einer anderen Duftmischung, steht.

Sollten Sie die Duftlampe zur Desinfektion oder Reinigung der Raumluft von unangenehmen Düften (Kochdünsten, Rauch, Schweißgeruch) einsetzen wollen, müssen Sie die Ölmenge höher dosieren als gewöhnlich.

Im Laufe der Zeit werden sich die Harz- und Wachsreste der ätherischen Öle in der Schale sammeln. Eine regelmäßige Reinigung der Schale mit Alkohol oder Essig halten sie sauber, so daß Sie Ihre Düfte immer wieder frisch und klar wahrnehmen können.

Kaufen Sie keine Billigprodukte, denn sie taugen meist nichts: Wachs fließt aus der Bodenwanne des Teelichts, die Bodenwanne platzt (Brandgefahr), Ton oder Glas zeigen Risse, das Wasser beginnt zu kochen, die Glasur ist nicht schadstofffrei (bleihaltig).

Die Inhalation

Trockeninhalation
Diese Inhalation können Sie überall und jederzeit durchführen: Sie geben 2 bis 3 Tropfen einer Duftmischung auf ein Taschentuch und atmen die Düfte tief ein. Diese Art der Anwendung ist nicht nur bei Erkältungskrankheiten angebracht, sondern auch bei den verschiedensten psychischen,

Die Inhalation   **111**

mentalen oder körperlichen Zuständen. Ein Taschentuch und eine kleine Flasche Ihrer »Erste-Hilfe-Mischung« können Sie immer bei sich tragen, sie kann Ihnen wertvolle Hilfe leisten: in der Eisenbahn, im Auto, im Flugzeug, im Büro, während der Konferenzpause, im Restaurant. Bei Erkältung, Schwächeanfällen, Streß oder Angstzuständen helfen Sie sich damit ohne großen Aufwand.

Dampfinhalation

Die Dampfinhalation ist eine therapeutische Methode zur Linderung von Beschwerden der Atemwege einschließlich der Stirnhöhlen und der Nase. Sie hat sich bei Erkältung, Grippe, Bronchitis, Asthma, Neben- und Stirnhöhlenentzündung und Polypen bewährt. Oft wirkt eine Inhalation bei starken Kopfschmerzen, die mit Fieber verbunden sind, wahre Wunder. Nebenbei haben Sie gleichzeitig ein Gesichtsdampfbad. Die Natur bietet uns dazu ätherische Öle, die sich für beide Anwendungsformen gut eignen: Sie wirken beruhigend auf die Atemwege und reinigend auf die Gesichtshaut.

Füllen Sie heißes Wasser in eine Schüssel oder einen Topf, und tropfen Sie dann Ihre ätherischen Öle hinein. Geben Sie ein Tuch über den Kopf, das auch die Schüssel oder den Topf umschließt, und atmen Sie mindestens zehn Minuten lang tief ein und aus. Dosierung: Auf 2 Liter Wasser nimmt man 5 Tropfen eines oder mehrerer ätherischer Öle.

Vorsicht ist bei brennenden, stechenden oder kühlenden Ölen geboten, so bei *Kampferöl*, *Thymianöl* und *Minzöl*. Beginnen Sie Ihre Inhalation mit nur je einem Tropfen dieser Öle, um deren Verträglichkeit zu testen. *Thymianöl* ist stark schleimhautreizend und kann sehr brennen.

Mund- und Rachenspülung

Zur Behandlung von Entzündungen, Infektionen, Schwellungen und Schmerzen im Mund- und Rachenbereich eignen sich Gurgeln und Mundspülungen. Hilfreich bei allen Symptomen ist *Tea-Tree-Öl*, das sowohl schmerzlindernde als auch stark antiseptische, antivirale und bakteriostatische Eigenschaften besitzt. Natürlich tilgen solche Spülungen auch Mundgeruch, der durch Entzündungen oder Fäulnis im Mundbereich entstand.

Sie können sich dazu ein Mundwasser aus 100 Milliliter destilliertem Wasser, 1 Teelöffel Brandy und 5 Tropfen eines ätherischen Öls zubereiten – diese Mischung gut schütteln, gurgeln, nicht schlucken!

Nasenspray und Nasenöl

Bei Erkältungen und Nebenhöhlenerkrankungen, aber auch bei starken Polypen können Sie an Stelle eines handelsüblichen Nasensprays, das die Nasenschleimhaut oft austrocknet, ein selbst angerührtes Spray oder Nasenöl benutzen. Mischen Sie 10 Milliliter Haselnußöl mit 4 Tropfen ätherischem Öl. Füllen Sie diese Mischung in eine kleine (in der Apotheke erhältliche) Sprayflasche oder braune Apothekerflasche – statt zu sprühen, geben Sie einen Tropfen der Mischung auf einen Finger und streichen das Öl in Ihre Nase.

Kompressen und Wickel

Kompressen können eine Wohltat sein, um so mehr mit ätherischen Ölen. Durch die Kompresse konzentrieren Sie die Wärme oder Kälte und die ätherischen Öle auf den

Bereich, der behandelt werden soll. Verrühren Sie die ätherischen Öle in einer Schüssel mit Wasser, und tauchen Sie dann ein saugfähiges Tuch ein. Dieses drücken Sie etwas aus und legen ein zweites, trockenes Tuch darüber, um das sonst schnelle Erkalten einer warmen Kompresse zu vermeiden.

Kalte Kompressen sind bei akuten Erkrankungen (mit Fieber oder Schwindel), Kopfschmerzen, Schwellungen, Verstauchungen und Sehnenscheidenentzündungen angebracht. *Warme bis heiße Kompressen* wirken wohltuend bei Rheuma, Arthritis, Muskelkater, Krämpfen, Menstruationsbeschwerden, Koliken, Zahn- und Ohrenschmerzen, Halsschmerzen, Abszessen, manchen Hauterkrankungen, Bronchitis, Asthma.

Die *Gesichtskompresse* ist ein altes kosmetisches Mittel, um die Hautfunktionen, besonders den Abfluß von Schlakken und Giftstoffen, zu stimulieren und die Poren zu reinigen. Heiße Kompressen sind bei geplatzten Äderchen nicht angebracht. Dosierung: Für 2 Liter Wasser genügen 5 Tropfen eines ätherischen Öls oder 1 Tasse pures Aquarom.

Augenkompressen können Balsam für entzündete (auch bei Bindehautentzündung), brennende, angestrengte Augen sein. Tauchen Sie einen Wattebausch oder ein kleines Taschentuch in eine Tasse mit warmem Wasser, und legen Sie dies, ausgedrückt beziehungsweise ausgewrungen, auf die geschlossenen Lider. Sie dürfen nur milde ätherische Öle (von *Römischer Kamille* oder *Rose*), stark verdünnt, oder Aquarome anwenden. Dosierung: nur 1 Tropfen in 1 Tasse warmem Wasser verrühren, oder man nimmt 1 Tasse pures Aquarom.

Aromawickel werden wie Kompressen vorbereitet, auch die Dosierung richtet sich danach. Sie benötigen dazu ein saugfähiges Tuch, das Sie in die Wasser-Öl-Emulsion tauchen, gut auswringen (je besser, desto länger bleibt es heiß) und mit einem größeren trockenen Tuch abdecken.

Heiße Wickel regen grundsätzlich an, unabhängig davon, welches ätherische Öl Sie zusätzlich nehmen. Berücksichtigen Sie daher die Kreislaufsituation desjenigen, der den Aromawickel erhalten soll!

Warme bis lauwarme Wickel beruhigen und dürfen nicht zu sehr auskühlen, sonst friert der Körper. Durch die Wickel werden die Wirkungen der ätherischen Öle (und umgekehrt) verstärkt, und eine konzentrierte lokale Behandlung ist möglich.

Wickel eignen sich bei Fieber (etwa ein heißer Fuß- oder Wadenwickel oder ein Brustwickel), Lungenentzündung, Bronchitis und Erkältung (ein heißer Brustwickel), Migräne (ein heißer Fußwickel), Hautentzündung (ein warmer Wickel), einer Verstauchung (ein kalter Wickel), Muskelkrämpfen (warme Wickel), einer Halsentzündung (ein warmer Wickel). Achten Sie darauf, daß der ganze Körper zugedeckt ist, aber der Hals und vor allem der Nacken frei liegen. Wickeln Sie nicht zu oft – ein Wickel am Tag ist genug, auf ihn soll eine lange Ruhe- oder Schlafpause folgen.

Das Aromabad

Die schönste Art, sich zu entspannen und Aromatherapie zu betreiben, ist, sich ins warme Badewasser zu legen, zu entspannen und angenehme Düfte zu genießen – doch kann ein Aromabad noch viel mehr für Sie bedeuten. Lassen Sie uns sehen, was dabei geschieht.

Das warme Wasser führt zu einem Auftrieb, der Ihnen das Gefühl von Schwerelosigkeit gibt. Die Wärme läßt Sie sich gleichsam ausdehnen, die Durchblutung wird stärker, die Schweißproduktion angeregt, die Körperwärme reduziert – alles zusammen erleben Sie als Entspannung. Die geistige Aktivität nimmt langsam ab, Darmperistaltik und Stoffwechsel erhöhen sich, der Körper kann sich regenerieren.

Das Aromabad **115**

Wie schon erwähnt, sind die ätherischen Öle fettlöslich und werden sehr gut und schnell von der Haut aufgenommen. Dort verharren sie eine Weile. Innerhalb der Hautschichten entfalten ihre Inhaltsstoffe die verschiedensten Wirkungen (sie wirken unter anderem durchblutungsfördernd, entzündungshemmend, stoffwechselanregend, zellerneuernd, antiseptisch, wundheilfördernd, entschlackend).

Ein Aromabad sollte etwa 20 Minuten dauern (bei stark stimulierenden Ölen und bei Bluthochdruck nicht zu heiß und zu lange baden). Währenddessen atmen Sie die durch das warme Wasser schnell freigesetzten Aromen ein. Sie gelangen in die Atemwege und lösen über den Geruchssinn mentale und emotionale Reaktionen aus. Letztere treten augenblicklich ein, auch wenn Sie eine Veränderung oft erst nach dem Bad bemerken.

Insofern ist das Aromabad eine alle Bereiche des Wesens beeinflussende therapeutische Anwendung, die das allgemeine Wohlbefinden steigern, körperliche Prozesse anregen, die Haut pflegen und heilen, die Emotionen harmonisieren und den geschäftigen, nervösen Geist beruhigen kann. Und wenn dabei noch Düfte genommen werden, die Sie erfreuen, können Sie eigentlich nur noch die Augen schließen und loslassen ...

Jedes Bad regt anfänglich durch das heiße Wasser an und führt nach einer Weile zu tiefer Entspannung oder starker Anregung – je nach den ätherischen Ölen, die Sie benutzen. Grundsätzlich soll man morgens stimulierende Öle (von *Rosmarin*, *Thymian*, *Eisenkraut*) und abends harmonisierend-entspannende Öle (von *Ylang-Ylang*, *Kamille*, *Lavendel*) für das Bad wählen. Für Kinder gelten sehr viel geringere Dosierungen als für Erwachsene. Ein hautpflegendes Bad für Kleinkinder mit 1 bis 2 Tropfen eines sanften Öls (etwa von *Rose* oder *Kamille*) ist möglich.

Achten Sie bei der Wahl der ätherischen Öle auf hautreizende und wärmende oder kühlende Wirkungen, die bei einem Aromabad meiner Erfahrung nach wesentlich stärker auffallen.

Geben Sie die ätherischen Öle nicht in die leere Wanne, sondern ins Badewasser, sonst ist alles verdunstet, bevor Sie mit dem Bad beginnen. Da die ätherischen Öle nicht mit Wasser emulgieren, brauchen Sie natürliche Zusätze, die dies ermöglichen. Dazu können Sie *Honig, Sahne, Milch* oder *Flüssigseife* nehmen. Meersalz als Zugabe eignet sich gut bei Hautunreinheiten und harmonisiert den elektromagnetischen Körper. Ein Meersalz-Bad ist sehr empfehlenswert bei häufigen und langen Arbeiten am Bildschirm. Flüssigseife (sofern sie pH-neutral und frei von Konservierungsstoffen ist) reinigt die Haut, ist aber sehr gering zu dosieren, da Seife Haut und Haar verklebt und die ätherischen Öle dadurch nicht so gut eindringen läßt.

Dosierung: Für ein Vollbad genügen 6 bis 10 Tropfen eines oder mehrerer ätherischer Öle. Die ätherischen Öle sollen gut in das Wasser eingerührt werden. Wenn Sie einen Emulgator nehmen, können Sie ihn vorher in einem Schälchen mit dem Öl mischen. Da die Haut durch langes Ruhen im Wasser, vor allem in hartem Wasser, stark austrocknen kann, empfehle ich, dem Badewasser gelegentlich noch 1 bis 2 Eßlöffel eines guten neutralen Pflanzenöls hinzuzufügen. Damit haben Sie mit dem Bad bereits eine rückfettende Körperlotion aufgetragen. Verwenden Sie Sahne oder Milch als Emulgator, ist dies bereits gegeben.

Das *Sitzbad* ist ein reines Heilbad bei Erkrankungssymptomen des Unterleibs (Unterleibskrämpfen, Menstruationsproblemen, Infektionen der Geschlechtsorgane oder des Afters). Das Wasser reicht dabei höchstens bis zum Nabel. Bei diesen Bädern können Sie den Anteil des ätherischen Öls höher dosieren, um eine stärkere Wirkung zu erzielen, aber dafür kürzer baden.

Die Aromamassage

Die Massage mit ätherischen Ölen ist die »Königsdisziplin« der Aromatherapie und Aromapflege. Hier verbinden sich die tiefsten Wünsche jedes Menschen nach Berührung und Nähe mit der Stimulation durch die Düfte und dem Erlebnis von Geborgenheit. Wie beim Aromabad werden Substanzen der ätherischen Öle durch die Haut aufgenommen, jedoch wesentlich mehr, da sie in den fetten Massageölen stark gebunden sind. Die Haut wird eingefettet, stimuliert, gepflegt. Gewebe und Muskulatur werden bewegt. Die Blutzirkulation wird angeregt.

Wenn Sie über den Lymphbahnen oder Lymphknoten massieren, stimulieren Sie zugleich den Fluß der Lymphe. Die klassische Lymphdrainage ist unter Einbeziehen ätherischer Öle besonders effektiv, bedarf jedoch präzisen Wissens um die Ausführung – unwissentlich können durch eine solche Massage sonst spontan in hohem Maß Giftstoffe abgeleitet werden, die sich unangenehm bemerkbar machen.

Über Atmung und Geruchssinn werden Duftstoffe aufbeziehungsweise wahrgenommen, sie führen – wie schon gesagt – zu einer insgesamt starken Veränderung des Zustands der Muskulatur, des Nervensystems und der Psyche. Die Art dieser Veränderung hängt vom Massageverfahren und den dabei eingesetzten ätherischen Ölen ab. Als wichtigstes Ergebnis einer Massage tritt das Gefühl der Zeitlosigkeit und Harmonisierung der Gehirnhälften (ein meditativer Geisteszustand) ein, schließlich also eine tiefe Entspannung des Körpers, der Gefühle und eine Harmonisierung des Nervensystems.

Wahl und Dosierung der ätherischen Öle sollten einer intuitiven Entscheidung folgen, keinem Kopieren von Rezepten aus Büchern und Wiederholen von Standardmischungen. Setzen Sie sich aber auch nicht zu sehr unter den Druck, kreativ sein und möglichst viele und ausgefallene

Düfte mischen zu müssen. In der Einfachheit liegt die Lösung.

Nebenwirkungen, Dispositionen, Ausschluß
Achten Sie besonders darauf, ob ein Öl hautreizende, blutdrucksteigernde oder blutdrucksenkende, nervenreizende (neurotoxische) oder die Lymphe beeinflussende Komponenten beinhaltet. Solche Öle sind entweder gänzlich zu meiden oder äußerst gering zu dosieren. Berücksichtigen Sie die momentane Allgemeinbefindlichkeit, fragen Sie als Therapeut nach dem Vorhandensein von Epilepsie, Allergien, Bluthochdruck, Verletzungen. Bei Schwangeren mit Rükkenbeschwerden oder Verspannungen sind die Massagen im Sitzen auf dem Rücken durchzuführen, indem die Schwangere umgekehrt auf einem bequemen Stuhl sitzt und Arme sowie Kopf auf einem Kissen auf der Lehne auflegen kann.

Eine Aromamassage muß bei den folgenden Befindlichkeiten unterbleiben: bei Schwangerschaft bis zum dritten Monat, bis zu drei Monaten nach einer Operation, bei einem frisch verheilten Bruch, inneren Verletzungen, Herzschwäche, Infektionskrankheiten, Chemotherapie und Krebs. Dies bezieht sich nicht auf sanfte Streichelmassagen mit einigen Tropfen eines ätherischen Öls (2 bis 3 Tropfen auf 50 Milliliter eines fetten Pflanzenöls), sondern auf Aromamassagen mit den üblichen Dosierungen.

Vorbereitung, Mischung
Mischen Sie nicht zuviel Massageöl an. An Basisöl reichen 20 Milliliter fettes Pflanzenöl für eine Ganzkörpermassage bei normaler Haut. Zur Massage benutzen Sie bitte pflanzliche fette Öle oder fertige Körperlotionen.

Dosierungen:
o Für die allgemeine Entspannung, die Hautpflege und psychisches Wohlbefinden gibt man 5 bis 10 Tropfen auf 20

bis 30 Milliliter Basisöl beziehungsweise 20 Tropfen ätherisches Öl auf 50 Milliliter Basisöl.

o Für Heilanwendungen mischt man 20 bis 30 Tropfen ätherisches Öl mit 20 bis 30 Milliliter Basisöl oder 50 bis 60 Tropfen ätherisches Öl mit 50 Milliliter Basisöl.

Frau spezial

Aromabinde

Gegen Entzündungen oder Infektionen der Vagina, Scheidenkatarrh, Wundsein und undefinierbaren Ausfluß bieten sich zwei neuartige Anwendungen an, die bei vielen Frauen sehr gute Ergebnisse erzielt haben. Einige Tropfen *Lavendelöl* können die vor der Menstruation oder während des Klimakteriums häufige Austrocknung der Vagina sowie Wundsein verhindern. Die Aromabinde wird mit 3 bis 5 Tropfen *Lavendelöl* betropft und wirkt durch die »Ausstrahlung« der Inhaltsstoffe auf die Vagina. Diese Anwendung hat keine unangenehmen Nebenwirkungen, etwa eine Schleimhautreizung oder Beeinträchtigung der Scheidenflora.

Aromatampon

Der Aromatampon wirkt nicht nur bei Beschwerden der Vagina, bei Zysten oder Menstruationsleiden, sondern kann auch bei Blasen- und Uterusleiden eingesetzt werden. Dabei wirken Substanzen der ätherischen Öle intensiv auf Schleimhäute, Scheidenflora, Gewebe und Organe. Besonders das Austrocknen der Vagina durch die üblichen Tampons wird durch Öle wie das von *Römischer Kamille*, *Lavendel* und *Schafgarbe* sowie durch fettes Öl verhindert.

Für den Aromatampon mischen Sie ätherische Öle mit Jojoba- oder Aloe-vera-Öl. Geben Sie 10 Tropfen der Mischung auf den Tampon, und erneuern Sie ihn mehrfach täglich. Dosierung: Für 10 Milliliter fettes Pflanzenöl genügen 5 bis 10 Tropfen ätherische Öle.

Vaginalspülungen
Für Spülungen sind ätherische Öle im Verhältnis 5 Tropfen zu 1 Liter Wasser anzuwenden.

Einnahme ätherischer Öle

Die Einnahme ätherischer Öle ist bei strikter Einhaltung der Dosierungsvorschriften nicht gefährlich, doch sollten Sie diese Anwendungsart nur unter ärztlicher oder therapeutischer Aufsicht durchführen. Eingenommen können ätherische Öle in Verbindung mit Alkohol und bei Allergien unangenehme Nebenwirkungen hervorrufen. Diese klingen zwar meistens nach 24 Stunden ab, doch Sie sollten sich diese Erfahrung ersparen.

Absolues dürfen nicht eingenommen werden, da sie Rückstände der Lösemittel enthalten können.

Kombination mit anderen Therapien

Es ist offensichtlich, daß Duftstoffe sich bei verschiedenen Therapien unterstützend für Klient *und* Therapeut einsetzen lassen. Wenn es sich darum handelt, Menschen erst einmal zu entspannen und beruhigen, können ätherische Öle in Duftlampen oder Raumbeduftungsgeräten eine wertvolle Hilfe sein.

Für Gesprächstherapien oder Gruppenprozesse können Duftstoffe eine entspannte, geistig wache *und* meditative Atmosphäre schaffen, die dem therapeutischen Prozeß sehr förderlich sind. Bei Massagen oder anderen Körpertherapien vertiefen ätherische Öle, den Massagelotionen beigemischt, das Erleben.

Kombination mit anderen Therapien 121

Melissenöl hilft besonders gut, Gruppenprozesse zu konzentrieren, die Teilnehmer zu entspannen und mental wach zu halten.

Durch heftige Körperbewegung (wie bei Bioenergetik oder Tanzen) entstandene starke Körperdüfte lassen sich mit luftreinigenden und lufterfrischenden Ölen wie *Zitronenöl, Limettenöl, Latschenkiefernöl* und *Lavendelöl* beseitigen.

Bei der Atemtherapie können Atemtiefe und Atemrhythmus erheblich beeinflußt werden: Beschleunigend wirkt das Öl von *Minze, Eukalyptus, Cajeput, Niauli, Kampfer, Zirbelkiefer, Latschenkiefer*, dämpfend das des *Ylang-Ylang*.

Für Rückführungen oder Trancen eignen sich die das Unterbewußtsein ansprechenden und stark entspannenden Öle von *Cistrose, Immortelle, Melisse, Muskatellersalbei, Patchouli, Vetiver, Weihrauch*. Bei Energiearbeit wie Reiki kann der dem Klienten angenehme Duft oder ein allgemein entspannendes Öl gewählt werden.

Die Effekte von Shiatsu, Tantsu und andere Kombinationen von Körper- und Energietherapien werden durch die jeweils anregenden oder sedierenden Wirkungen von ätherischen Ölen verstärkt. Bei Shiatsu kann 1 Tropfen reines ätherisches Öl am Anfangs- oder Endpunkt eines Meridians zur Anregung oder Beruhigung aufgetragen werden.

Bei Reflexzonentherapien, besonders der Fußreflexzonenbehandlung, hat der Einsatz von ätherischen Ölen gute Resultate gezeigt. Auch hier kann ein einzelner Tropfen ätherisches Öl auf die Organzone oder den Organpunkt wertvolle Dienste leisten.

Bei allen Anwendungen ist auf eine geringe Dosierung zu achten, damit die Räume nicht »überduftet« werden und das eigentliche Therapieziel nicht durch Ablehnung der Düfte oder Irritation durch die veränderten Raumdüfte blockiert wird.

Aromapflege für Haut und Haar

Ätherische Öle dürfen, mit Ausnahme des *Lavendelöls*, wie schon erwähnt, nur gestreckt auf die Haut aufgetragen werden. Am einfachsten ist die Zubereitung eines Öls für Gesicht, Körper oder Haare. Dabei sollten Sie nicht nur das ätherische Öl, sondern auch das Basisöl sorgfältig auswählen, da letzteres auch heilende und pflegende Wirkungen hat und Sie damit einen synergistischen Effekt erzielen. Ein Irrtum ist es, anzunehmen, daß Gesichtsöle bei fetter Haut zu einer erhöhten Talgproduktion führen. Im Gegenteil, sie bremsen sie.

Wenn Ihnen ein Öl auf der Haut nicht behagt, können Sie problemlos Cremes oder Lotionen selbst herstellen oder fertige, duftneutrale Cremes kaufen, denen Sie Ihre Öle beimischen. Frisch- oder Naturkosmetik zeichnet sich dadurch aus, daß sie keine synthetischen Emulgatoren, Konservierungs- und Desinfektionsmittel verwendet. Das Konservieren und die Desinfektion übernehmen bei den folgenden Beispielen die ätherischen Öle, die durch ihren Duft außerdem Freude und Wohlbehagen auslösen können. (Dies trifft auf die handelsüblichen Kosmetika mit synthetischen Komponenten nicht immer zu.)

Einige Beispiele sollen Sie dazu anregen, Ihre Aromapflegemittel selbst herzustellen.

Gesichtsdampfbad: Für 2 Liter Wasser genügen 6 bis 8 Tropfen ätherische Öle.

Gesichtskompresse: In 2 Liter Wasser werden 4 bis 5 Tropfen ätherische Öle verrührt.

Gesichtsöl: In 50 Milliliter Basisöl mischt man 10 bis 15 Tropfen ätherische Öle.

Gesichtstonikum: Man nimmt 25 Milliliter Wasser, 25 Milliliter Alkohol und 5 Tropfen ätherische Öle. Oder man mischt 50 Milliliter Wasser mit 200 Milliliter Aquarom und 10 Tropfen ätherische Öle. Ebenso lassen sich

Naturparfüms

250 Milliliter Wasser mit 10 Tropfen ätherische Öle mischen. Das Gesichtstonikum vor jedem Gebrauch gut schütteln.

Gesichtspackung: Zwei Eßlöffel Lehm, Heilerde, Joghurt oder Mandelkleie werden mit 4 Eßlöffel Wasser, 4 Tropfen ätherische Öle und Zutaten wie Zitronensaft, Gemüsesaft, Ei, Honig, Glyzerin oder Pflanzenöl verrührt.

Rasierwasser: Auf 90 Milliliter Hamameliswasser nimmt man 10 Milliliter Alkohol (nicht bei trockener Haut) und 5 Tropfen ätherische Öle.

Mundwasser: Die Menge von 250 Milliliter Wasser, 1 Teelöfel Brandy und 5 Tropfen ätherische Öle reicht für einen längeren Gebrauch.

Körperöl: In 100 Milliliter Basisöl verrührt man 20 bis 25 Tropfen ätherische Öle.

Haarwasser, Haarspülung: In 500 Milliliter Wasser gibt man 10 Tropfen ätherische Öle. Vor jedem Gebrauch gut schütteln.

Haarshampoo: Für 250 Milliliter Shampoo genügen 10 Tropfen ätherische Öle.

Haarkur: Man versetzt 50 Milliliter Basisöl mit 15 Tropfen ätherische Öle (die Menge gilt für eine zweimalige Anwendung bei mittellangem Haar).

Pflegecreme: In 50 Milliliter Creme werden 10 bis 15 Tropfen ätherische Öle verrührt.

Heilsalbe: Vermischen Sie 50 Milliliter Salbe mit 20 bis 30 Tropfen ätherische Öle.

Naturparfüms

Es liegt auf der Hand, daß Sie sich mit Hilfe ätherischer Öle, die sich in natürlicher Form oder in synthetischer Nachbildung in allen im Handel angebotenen Parfüms befinden, Ihr individuelles »Naturparfüm« herstellen können. Ob in Ihrer

Duftmischung die frischen Kopfnoten, wie der Duft von *Zitrone*, *Eisenkraut* oder frischen Gartenkräutern, balsamische Düfte, wie *Tolu*, *Tonka*, *Benzoe*, den Ton angeben oder warme, sinnliche Aromen, wie die von *Ylang-Ylang-Öl*, *Zimtöl* oder *Sandelholzöl*, dominieren, liegt in Ihrer Wahl. Durch nur einen Tropfen eines ätherischen Öls kann die ganze Mischung einen anderen Charakter, eine andere Ausstrahlung bekommen. Wie bei einem Orchester kann ein Duftstoff durch Menge oder Intensität die »erste Geige spielen« und alle anderen übertönen. Aber auch gegensätzliche Düfte, wie die herben Gartenkräuter und süßen Blüten, können ein harmonisches Gesamtbild ergeben. Was immer Sie mischen – Sie und Ihre Mitmenschen werden von dem »Gesamtduft« angeregt.

Vielleicht möchten Sie zu kostbaren und teuren Essenzen greifen, um ähnlich starke und intensive Duftmischungen herzustellen, wie kommerzielle Parfüms sie enthalten. Das muß nicht sein. (Zehnprozentige) Essenzen von *Geranie*, *Zeder*, *Lavendel*, *Linaloe*, *Bergamotte*, *Sandelholz* und *Eisenkraut* liegen preislich in der Mittelklasse und können sehr schöne Kompositionen ergeben. Beginnen Sie mit kleinen Mengen, vor allem, wenn Sie teures *Rosen-*, *Jasmin-*, *Moschuskörner-* oder etwa *Iriswurzelöl* in Ihren Mischungen verwenden wollen. Informieren Sie sich über die Duftintensität und die Duftebene der Öle (das fühlen und riechen Sie; und Sie können es in diesem Buch nachlesen). Vergleichen Sie, welche Öle ähnliche Düfte haben und am ehesten miteinander harmonieren (siehe zum Beispiel zimtartige, holzige, blumige, süßliche, honigartige Düfte).

Beginnen Sie mit 1 Tropfen pro ätherischem Öl. Nehmen Sie anfänglich nicht mehr als 3 bis 4 Düfte, sonst verlieren Sie die Kontrolle. Nach einiger Übung können Sie sich an größere Mengen wagen. Dosierung: Versetzen Sie 15 bis 25 Tropfen ätherische Öle mit 10 Milliliter Weingeist oder Jojobaöl.

Der Alkohol (er sollte 70- bis 90prozentig sein) läßt die Duftstoffe schneller verfliegen als das Jojobaöl, das Sie aber ohne Gefahr einer Hautreizung auftragen können. Jojobaöl hat zudem keinen Eigengeruch und harmoniert meines Erachtens besser mit ätherischen Ölen.

Für viele Menschen, die über psychische Disharmonien klagten, habe ich individuelle Naturparfüms gemischt, die zu einer Stabilisierung des Gemüts oder Stimmungsverbesserung beitrugen. Bei dieser therapeutischen Maßnahme ist der Placebo-Effekt nicht zu unterschätzen – indem ich jeden Morgen daran erinnert werde, daß ich ein Parfüm nicht nur wegen des schönen, attraktiven Duftes nehme, sondern mit Hilfe des Duftes meine Gemütsverfassung ändern will.

Einschränkungen beim Gebrauch ätherischer Öle

Grundsätzlich bestehen keine Gefahren durch die Anwendung ätherischer Öle, wenn diese in der richtigen Menge und unter Beachtung der Einschränkungen bei bestimmten Ölen genommen werden.

So sehr von einigen Behörden oder Verbänden gelegentlich auf die Gefahren im Umgang mit ätherischen Ölen hingewiesen wird, stellt man nach vielen Jahren sich stetig ausweitender Anwendung dennoch keine signifikant hohen Unfallziffern mit dramatischen Folgen fest. Die meisten Unfälle geschehen aufgrund eines unbedachten Umgangs mit den Ölen – zu hoher Dosierung in Duftlampen, Bädern oder Hautölen oder der Einnahme ätherischer Öle durch Kinder.

Ätherische Öle sind pflanzliche Drogen, die bei angemessener Menge helfen, heilen, pflegen und bei Überdosierung schaden können. So ist es aber mit allem, was wir von der

Natur erhalten: Des Guten zuviel schadet. Ein Glas Wein am Abend entspannt und stärkt das Herz, eine Flasche Wein täglich vergiftet und trübt das Bewußtsein. Im Vergleich mit Alkohol, Nikotin, Koffein, Zucker, Konservierungsmitteln und Medikamenten, die bedenkenlos konsumiert werden und drastische Nebenwirkungen haben, entstehen durch ätherische Öle keine nennenswerten Nachteile.

Kinder

Ätherische Öle sollten Kleinkindern niemals zur Einnahme gegeben werden. Grundsätzlich gelten für Kinder wesentlich geringere Dosierungen, besser ist es aber, sie nicht mit ätherischen Ölen zu behandeln. Das schließt nicht aus, wenige Tropfen hautfreundlicher, beruhigender oder schön duftender Öle ins Badewasser zu geben, etwas *Rosen-* oder *Lavendelöl* ins Hautöl zu mischen, um den Heilungsprozeß von Wunden zu beschleunigen, oder eine Duftlampe mit *Zitronen-* oder *Eukalyptusöl* bei Erkältungen ins Schlafzimmer zu stellen. *Eukalyptusöl* und *Cajeput* dürfen Kleinkindern nicht zur Behandlung von Atemwegserkrankungen und Erkältungen in Brustwickeln, Einreibungen im Hals-Nasen-Bereich oder für Inhalationen verabreicht werden, da sie zu einem affektiven Atemstillstand führen können.

Allergiker

Siehe unter »Nebenwirkungen«, »Allergien«.

Diabetiker

Sie sollen kurz vor ihrer Insulininjektion *Wacholderöl* nicht in hoher Dosierung benutzen. *Eukalyptusöl* und *Geranienöl* dürfen nicht hoch dosiert und nicht langfristig bei Bädern oder Massagen angewandt werden.

Einschränkungen beim Gebrauch ätherischer Öle   **127**

Schwangere

Völliger Verzicht während der Schwangerschaft wegen möglicher abortiver oder toxischer Wirkung ist für das von folgenden Pflanzen oder Pflanzenteilen gewonnene Öl anzuraten (in normaler Dosierung bei gelegentlicher Anwendung sind sie bedenkenlos): *Poleiminze, Salbei, Thuja, Zimt, Petersilie, Basilikum* (Estragol-Typ), *Kalmus, Kampfer, Sassafras, Estragon, Birke, Nelke, Schopflavendel, Spearmint, Ysop, Oregano, Bohnenkraut, Thymian* (Thymol-Typ), *Bayölbaum, Minze (Mentha arvensis).*

Aufgrund menstruationsfördernder Wirkung (in normaler Dosierung bei gelegentlicher Anwendung aber bedenkenlos) ist das Öl von folgenden Pflanzen nur eingeschränkt einzusetzen: *Kampfer, Myrrhe, Kümmel, Zeder* (gilt nur für *Juniperus virginana), Muskatellersalbei, Zypresse, Jasmin, Wacholder, Majoran, Minze (Mentha piperita), Rosmarin, Eisenkraut, Melisse, Muskatnuß, Cistrose.*

Auf jegliche Behandlung der Brust während der Schwangerschaft mit Ölen, die östrogenähnliche Inhaltsstoffe ausweisen (wie von *Eukalyptus, Fenchel, Geranie, Muskatellersalbei, Salbei, Zypresse*) oder bindegewebsstraffenden Ölen (*Lemongrass*) soll während der Schwangerschaft verzichtet werden.

Stark eingeschränkt aufgrund östrogenstimulierender Wirkungen ist der Gebrauch von *Anisöl, Sternanisöl* und *Fenchelöl.*

Stillende Mütter

Während des Stillens können wundheilende Öle (etwa von *Rose*) und milchtreibende Öle (wie von *Jasmin*) äußerlich angewandt werden. Ansonsten soll auf hohe Dosierungen jeglicher Öle für Bäder, Massagen und Inhalationen ab zwei Stunden vor dem Stillen verzichtet werden, da die Substanzen des ätherischen Öls wahrscheinlich auch in der Muttermilch vorzufinden ist. *Salbeiöl* und milchhemmende Öle sind während des Stillens natürlich zu meiden.

Epileptiker
Epileptiker dürfen das Öl von *Basilikum, Poleiminze, Spearmint, Fenchel, Kampferbaum, Salbei, Thuja, Ysop, Zeder* (gilt nur für *Juniperus virginiana*), *Zypresse?* (? = Verdacht, gering dosieren) keinesfalls anwenden.

Krebskranke
Während einer Chemotherapie oder Behandlung mit Arzneimitteln sollen ätherische Öle nicht als Therapeutikum eingesetzt werden.

Leberkranke
Sie müssen auf die Einnahme ätherischer Öle gänzlich verzichten, da einige Öle – und es sind noch nicht alle getestet – die Leberfunktionen beeinträchtigen können. Die folgenden Öle sollen in äußerlicher Anwendung (für ein Bad oder eine Massage) nur gering dosiert werden: *Basilikumöl, Zimtöl, Thujaöl, Thymianöl.*

Medikamentöse oder allopathische Behandlung
Ätherische Öle sind als Therapeutikum nur in Absprache mit dem behandelnden Arzt zu verwenden.

Homöopathische Behandlung
Wenn Sie mit homöopathischen Mitteln behandelt werden, können Sie Ihre Lieblingsdüfte in der Duftlampe ohne Bedenken weiterhin benutzen. Auf eine starke Dosierung für innerliche oder äußerliche Anwendungen müssen Sie während des Behandlungszeitraums völlig verzichten. Besonders *Kampferöl, Pfefferminzöl* und *Thymianöl* stören die Wirkung homöopathischer Mittel. Wahrscheinlich verstärken die ätherischen Öle bis zur homöopathischen Potenz D 6 den Einfluß

des Mittels und heben ab der Potenz D 12 die Wirkung auf.
Diese Annahme ist noch nicht gesichert und wird individuell
zu bedenken sein.

Bachblüten-Behandlung

Die Behandlung mit Bachblüten und ätherischen Ölen
gleichzeitig kann sehr wirksam sein, wenn es um die Harmonisierung oder Heilung der Psyche geht. Aquarome und
Bachblüten lassen sich ohne weiteres gleichzeitig einnehmen. Sie behindern einander nicht – soweit bis jetzt bekannt.

Nebenwirkungen ätherischer Öle oder ihrer Düfte

Die folgenden Nebenwirkungen sind individuell und müssen nicht auftreten. Es empfiehlt sich, die nun genannten
Öle in hoher Dosierung oder bei einem langen Anwen-
dungszeitraum mit etwas Vorsicht zu gebrauchen.

Halluzinogene (rauschfördernde) Wirkung

Sie wurde häufig bei einer Kombination mit Alkohol und
Muskatellersalbeiöl, Muskatöl oder *Anisöl* beobachtet.

Allergien

Alle *Zitrusöle, Lorbeeröl, Zimtöl* können Allergien fördern
und sind von hochallergischen Menschen am besten gänzlich
zu meiden (auch in der Duftlampe!). Die allergischen Reaktionen auf *Zimtöl* werden oft mit einer phototoxischen Reaktion verwechselt. Wählen Sie daher besser ein anderes Öl – es
bieten sich genügend Ausweichmöglichkeiten.

Testen Sie das Öl vor dem Gebrauch: einen Tropfen Öl auf
die Armbeuge oder auf die Brustmitte über dem Brustbein
auftragen und einen Tag warten, ob eine Reaktion erfolgt.

Blutdrucksteigerung

Nicht zu benutzen ist bei hohem Blutdruck das Öl von *Rosmarin, Ysop, Salbei, Thymian.*

Nierenschädigung

Eine solche Schädigung ist nur durch die Einnahme großer Mengen von *Rosmarinöl, Sandelholzöl, Thujaöl* und *Wacholderöl* über einen längeren Zeitraum möglich.

Hautreizung

Grundsätzlich wirken alle ätherischen Öle hautreizend, dadurch wirken sie ja so belebend auf die Haut. Doch bestehen Grenzen, wenn die Haut zu sehr gereizt oder gar verätzt wird oder wenn ein Öl bei einer extrem sensitiven Haut sogar Dermatitis auslösen kann. Die Dosierung der aus den folgenden Pflanzen oder Pflanzenteilen gewonnenen Öle sollte sich auf 20 Tropfen für 100 Milligramm einer Emulsion oder Creme oder auf 3 Tropfen für ein Bad beschränken.

Angelika	Koriander	Orange
Birke	Krauseminze	Oregano
Bohnenkraut	(Spearmint)	Petersilie
Cajeput	Kümmel	Pfeffer
Cassia	Lemongrass	Pfefferminze
Citronella	Limette	Poleiminze
Eukalyptus	Litsea	Tagetes
Eisenkraut	Mandarine	Thymian
Ingwer	Melisse	Zimt
Kampfer	Nelke	Zitrone
Kardamom	Niauli	

Auf die Öle dieser Pflanzen sollte bei extremer Sensibilität der Haut verzichtet werden:

Anis	Kiefer	Tanne
Geranie	Litsea	Ylang-Ylang
Ingwer	Nelke	Zitronellgras
Jasmin	Tagetes	

Photosensibilisierung – Phototoxizität

Die hierzu genannten Öle verursachen eine starke Hautreizung bis Hautschädigung, wenn die Haut intensiver Ultraviolettstrahlung ausgesetzt wird (etwa im Hochsommer durch das Ozonloch, im Hochgebirge, am Meer). Die Wirkung kann auftreten, sobald die Menge des phototoxischen ätherischen Öls in einem Trägeröl (Gesichtsöl, Körperöl, einer Lotion oder Creme) *ein Prozent* überschreitet. Es betrifft das Öl von

Angelika	Limette	Pampelmuse
Bergamotte	Mandarine	Petersilie
Blutorange	Opoponax	Pomeranze
Eisenkraut	Orange	Zitrone

Erste Hilfe bei Unfällen

o Bei Rauschzuständen durch halluzinogene Düfte beziehungsweise Öle hilft oft viel Bewegung, um den Stoffwechsel anzuregen. Ansonsten bleibt nur das Warten.

o Ist die Haut verbrannt oder verätzt, ist mit viel Wasser zu spülen.

o Sind ätherische Öle in die Augen gelangt, sollten die Augen mit viel fettem pflanzlichem Öl, notfalls mit Butter, gereinigt werden.

132   *Anwendungen in der Praxis*

o Bei Einnahme (Trinken) ätherischer Öle sollte viel Wasser
   nachgetrunken und ein Erbrechen herbeigeführt werden.
o Die häufigsten Begleiterscheinungen einer Vergiftung sind
   Übelkeit, Krämpfe, Schmerzzustände, Schwindelgefühl
   und nervöse Zuckungen. Es ist ratsam, den Arzt aufzusu-
   chen oder – bei einer einnahmebedingten Vergiftung – das
   zuständige Toxikologische Institut um Rat zu fragen. Die
   Norrufnummern für Deutschland, Österreich und die
   Schweiz sind am Ende des Buches genannt.

VIERTER TEIL
DIE ÄTHERISCHEN ÖLE UND AQUAROME

Allgemeines über die ätherischen Öle

Ätherische Öle – die neue, internationale Schreibweise ist
»etherisch« – finden Sie in vielen Pflanzen. Sie sind Teil ihres
Stoffwechsels. Für die Pflanze erfüllt das ätherische Öl verschiedene Funktionen, die für ihr Wachstum, ihre Fortpflanzung und ihr Weiterleben wichtig sein können. Solange die
Öle in der Pflanze, ihren Drüsenhaaren, Drüsenschuppen,
Ölzellen, und Ölgängen sind, finden wir sie als Flüssigkeit
vor. Auf den Blättern befindliche Drüsenschuppen können
Sie zum Beispiel bei *Pfefferminz-* oder *Melissen*blättern
erkennen. Die kleinen Ausstülpungen auf dem Blatt enthalten das ätherische Öl. Brechen Sie die Nadel einer Tanne
über einer Kerze, so flammt etwas kurz auf: das verbren-
nende ätherische Öl. Die Schalen der Orangen und Zitronen
zeigen deren Ölbehälter deutlich. Wenn Sie die Schale auch
nur leicht biegen, brechen diese Kammern sofort auf, geben
ihr ätherisches Öl ab und beduften den Raum im Nu.

Je nach Pflanze, Jahres- oder Tageszeit treten die ätherischen Öle auch ohne mechanische Einwirkung aus der
Pflanze. In feiner Dosierung treten sie nach außen und gehen
in einen gasförmigen Zustand über. Mit dem Entweichen des
ätherischen Öls werden ebenso Abfallstoffe aus der Pflanze
ausgeschieden (dies läßt sich etwa mit der Ausdünstung
unseres Körpers vergleichen).

Nun schweben sie – Molekül für Molekül – mit ihren
Informationen über die Pflanze mit dem Wind davon. Das
gewährleistet der Pflanze unter anderem, daß für die Bestäu-

bung wichtige Insekten sie finden. Innerhalb der Blüte bietet die Pflanze den Insekten gleichsam einen duftenden Landeleitstrahl an – was besonders bei den Nachtduftern (wie *Jasmin*) ausgeprägt ist –, damit die Insekten den Ort der Lust finden: einen vollen Pollenkorb oder frischen Nektar, direkt vom Erzeuger. Irrig wäre anzunehmen, daß alle Blüten gut duften. Doch was uns »stinkt«, empfindet der Mistkäfer oder die Aasfliege als Delikatesse.

Das, was sich in den Blättern, Wurzeln und Stengeln an ätherischen Ölen aufhält, soll also unter anderem auch das Überleben der Pflanze sichern.

Das in Ölbehältern abgelagerte Öl tritt vermehrt nach außen, wenn die Pflanze geschädigt wird: durch den Biß eines Hasen, eines Käfers, den Saugrüssel einer Laus, das Bohren eines Erdkäfers oder die rupfende Hand eines Menschen.

Je weiter wir bei manchen Pflanzen nach unten vordringen, desto schärfer oder stechender können Düfte und Geschmack werden – unter anderem wohl eine chemische Abschreckungskeule der Pflanze –, etwa bei *Angelikawurzel*).

Natürlich nehmen auch andere Pflanzen die »Ausdünstungen« wahr und können damit vom Lebensbereich (etwa der *Brennessel*) ferngehalten werden, oder sie werden in ihrem Wachstum angeregt, wie es den *Tomaten* mit der *Petersilie* ergeht. Gleichzeitig profitieren Pflanzen von den aggressiven ätherischen Ölen der Nachbarpflanzen, die Ungeziefer abschrecken.

Und letztlich verändert sich der Duft einer Pflanze oder Frucht stark, wenn sie reif ist oder stirbt.

Aus der Pflanze in die Flasche

Der Weg aus dem Ölbehälter einer Pflanze in die Flasche führt über das Zerstören von Zellwänden oder von Zellen. Je nach Pflanze und Beschaffenheit des ätherischen Öls bestehen verschiedene Methoden, dies wirtschaftlich und schonend durchzuführen, ohne das Öl selbst anzugreifen. Die wesentlichen Verfahren seien nun kurz vorgestellt.

Das Preßverfahren
Bei Früchten (zum Beispiel den Zitrusfrüchten) befindet sich das ätherische Öl in den Fruchtschalen, nicht etwa im Fruchtfleisch. Die Schalen, die nicht mit Zusätzen behandelt sein dürfen, werden *gepreßt*. Auf diese Weise erhält man das Öl der *Zitrone, Orange, Mandarine, Tangerine, Limette, Bergamotte* und *Pampelmuse*. Bei einer Erhitzung der Schalen kann mehr Öl gewonnen werden, jedoch leidet die Qualität darunter. Das Öl der Zitrusfrüchte ist als besonders natürlich und rein zu betrachten und aufgrund der einfachen Methode sowie der großen Menge der verfügbaren Schalen sehr preiswert.

Die Destillation
Durch Erhitzen der Pflanzen oder Pflanzenteile mit heißem Wasser oder Wasserdampf in einem geschlossenen Behälter, also durch *Destillation,* lassen sich die meisten ätherischen Öle gewinnen. Hier findet bereits eine Veränderung des ätherischen Öls statt, denn seine wasserlöslichen Substanzen bleiben im Wasser zurück. Der Preis wird durch die Menge des ätherischen Öls in der Pflanze (von 0,01 bis 4 Prozent) und der Menge der angebauten beziehungsweise wildwachsenden Pflanzen bestimmt. So braucht man für ein Kilogramm *Rosenöl* etwa zwei bis vier Tonnen Rosenblütenblätter, für ein Kilogramm echtes *Melissenöl* die unglaubliche Menge von rund zehn Tonnen Pflanzenmaterial und für

ein Kilogramm *Eukalyptusöl* vergleichsweise bescheidene dreißig Kilogramm Blätter des Baumes.

Auch die Art der Destillation kann das Resultat sehr beeinflussen: *Hochdruck* beschleunigt den Vorgang, ermöglicht eine hohe Ausbeute, aber nur mittelmäßige bis niedrige Qualität. Mit *Niederdruck* erreicht man weniger Quantität, doch mehr Qualität. Das *Ausdestillieren* ist ein langer Prozeß, das Ergebnis eine gute Qualität (manche Pflanzen brauchen eben lange Zeit, um sich von dem ätherischen Öl zu trennen). Die etwas umständliche *Anreicherung* liefert gute Qualität, aber eine geringe Menge (zum Beispiel *Melissenöl*). Bei diesem Prozeß muß immer wieder Destillationswasser oder Blütenwasser zugesetzt werden. Der Einsatz von *Vakuum* (ohne Wasserdampf, aber mit Hitze) erfordert eine aufwendige Technik, der langsame Prozeß sorgt für eine schonende Behandlung und gute Qualität. Bei der *Hydrodiffusion* wird Wasser von oben in Behälter geleitet, das Öl-Wasser-Gemisch kondensiert im unteren Teil des Behälters; weniger Dampf ist nötig, ebenso eine kürzere Zeit, das Verfahren gewährt eine höhere Ausbeute.

Wird die Destillation zu schnell oder zu heiß durchgeführt oder werden minderwertige Kessel (nicht aus Edelstahl oder Kupfer) benutzt, findet sich im Sammelbehälter ein ätherisches Öl, dem Wirkstoffe fehlen oder dessen Duft unvollständig ist. – Nachzutragen ist hier, daß auch Fruchtschalen, wie die der Limette, destilliert werden, um eine erwünschte Qualitätsänderung zu erzielen. – Das Wasser, das bei der Destillation übrigbleibt, enthält Spuren des ätherischen Öls. Man nennt es *Blütenwasser* (auch wenn keine Blüten destilliert wurden) oder auch *Aquarom*.

Die Extraktion

Bei einigen Pflanzen ist das Destillieren nicht durchführbar, weil die Menge des erzeugten Öls zu gering wäre oder das hitzeempfindliche Öl durch die hohen Temperaturen erhebliche Strukturveränderung oder Zerstörung erfahren würde

Aus der Pflanze in die Flasche 137

– sein natürlicher Duft ginge verloren. Hier bietet sich die *Extraktion* an, das Herauslösen des ätherischen Öls aus der Pflanze mit Hilfe eines *Lösungsmittels* (Toluol, Alkohol, Chlorkohlenwasserstoff, Methanol, Hexan oder anderen). Die anschließende Destillation und Filtration trennt das ätherische Öl vom Pflanzenmaterial und den ebenfalls entzogenen Wachsen. Was bei diesem Prozeß gewonnen wird, trägt die Bezeichnung *Absolue.* Die so gewonnenen Öle sind sehr duftintensiv, ihre therapeutischen Anwendungsmöglichkeiten werden aber durch den Umstand eingeschränkt, daß das Öl Rückstände des Lösungsmittels enthält und nicht eingenommen werden darf. Für alle anderen Anwendungen ist es aber geeignet, da die Menge der Rückstände so gering ist, das Öl so duftintensiv und gleichsam nochmals konzentriert ist, daß Sie nur geringste Mengen benötigen. Bei Alkohol als Lösungsmittel sind die Rückstände sowieso unbedenklich.

Die Kohlendioxid-Extraktion ist ein weiteres Verfahren, um hitzeempfindliches Pflanzen- oder Blütenmaterial seines ätherischen Öls zu berauben, ohne es zu zerstören. Es ist eine sehr schonende Extraktionsweise mit flüssigem Kohlendioxid bei bis zu 31 Grad Celsius (einer vergleichsweise sehr niedrigen Temperatur, wenn Sie bedenken, wie hoch die Oberflächentemperatur eines Blattes bei Sonne im Hochsommer ist.

Resinoide, das heißt ätherische Harze, werden durch eine Kombination von vorangehender Extraktion mit Lösungsmitteln und anschließender Destillation, um die Lösungsmittel wieder abzuziehen, gewonnen. Im günstigsten Fall wird *Alkohol* als Lösungsmittel genommen, der als unbedenklicher Rückstand im Resinoid zu finden ist.

Der Inhalt Ihrer Flasche:
Bezeichnungen, Reinheit, Qualität

Nun haben Sie erfahren, wie die Öle gewonnen werden und sehen sich mit einer Vielzahl von Beschreibungen auf den Etiketten der Flaschen oder in den Bestellisten der Versandfirmen konfrontiert. Wir wollen etwas Ordnung und Klarheit ins Wirrwarr der Bezeichnungen bringen und sehen, auf was Sie achten müssen, wenn Sie Öle kaufen. Nicht jedes ätherische Öl ist rein, natürlich oder tatsächlich das gewünschte Zedernholzöl aus Marokko!

Name

Gibt den Namen der Pflanze an, deren Öl sich in der Flasche befindet – zum Beispiel *Zypressenöl*. Phantasienamen wie »Indische Rose« oder »Westindisches Sandelholzöl« deuten an, daß es sich um ähnlich duftende Essenzen handelt, die aber mit dem originalen Öl nichts gemeinsam haben. *Apfelblüte, Maiglöckchen, Banane, Moschus, Flieder* oder *Lotus* bezeichnen kein ätherisches Öl. Es handelt sich um synthetische Duftstoffe.

Botanische Bezeichnung

Diese Information hilft Ihnen festzustellen, ob das ätherische Öl tatsächlich von der Pflanze gewonnen wurde, die Sie wünschen. Sie lesen zum Beispiel über das *Zedernholzöl* und seine Wirkungen. Beschrieben ist das Öl der Pflanze *Cedrus atlantica*. Die Bezeichnung auf der Flasche lautet aber *Juniperus virginiana*. Das ist nicht dasselbe, sondern es handelt sich um eine andere Pflanze(nart), in diesem Fall um eine Wacholderart. Lesen Sie bei der Beschreibung des *Zedernholzöls* selbst nach. Dem Laien wird der graduell unterschiedliche Duft nichts verraten, aber für den Therapeuten sind die unterschiedlichen Inhaltsstoffe wesentlich.

Aus der Pflanze in die Flasche

Sonstige Angaben

Reines ätherisches Öl: Bei *Rosenöl* bedeutet es zum Beispiel, daß dieses Öl *reines Rosenöl* ist.

Naturidentisches Öl: Dieses Öl enthält synthetische Duftstoffe, die insgesamt den Duftcharakter eines natürlichen Öls ergeben. Seine Wirkungen sind sehr zweifelhaft, selbst wenn das Öl lediglich zur Raumbeduftung genommen wird.

Parfümöl: Der Name deutet es bereits an – es handelt sich um ein Parfüm synthetischer Herkunft. In dieser Gruppe finden sich nicht selten die recht künstlich duftenden Apfel-, Flieder- oder Moschusdüfte niedrigster Preisklasse.

kbA: Die Abkürzung steht für »kontrolliert biologischer Anbau« und weist darauf hin, daß der Erzeuger auf künstliche Dünge- und Pflanzenschutzmittel verzichtet. Es ist also ein besonders »reines« Öl, gut für Allergiker und ein »Muß« für Bäder und Aromapflege bei Hautkrankheiten. Bei dieser Gelegenheit sei gesagt, daß Pestizide, Fungizide und andere Pflanzenschutzmittel nach Pressung, Destillation oder Extraktion des Pflanzenmaterials im ätherischen Öl *verbleiben.*

Wildwuchs: Diese Bezeichnung ist zunehmend auf Etiketten zu finden. Sie weist auf Öle von wildwachsenden Pflanzen hin. Diese Öle haben den Vorteil, daß ihre Düfte oftmals intensiver, originaler sind als Düfte von Pflanzen aus Monokulturen.

Herkunft: Sie zeigt Ihnen an, wo die verwendete Pflanze angebaut oder geerntet wurde – zum Beispiel »Frankreich«. Das ist eine nicht zu unterschätzende Information für den Therapeuten und Kenner und kann über den Duft und die Qualität des Öls viel aussagen. Die Herkunft aus bestimmten Anbaugebieten rechtfertigt teilweise die gravierenden Preisunterschiede bei ätherischen Ölen. So verhält es sich etwa beim *Ylang-Ylang-Öl* von den Komoren im Verhältnis zum preiswerteren Produkt aus Indonesien.

Generell ist zu bemerken, daß die hohen Qualitäten, das heißt die besten, feinsten Düfte, einen höheren Preis haben.

In Weingeist (Alkohol) gelöst: Das werden Sie sofort riechen, wenn Sie die Flasche öffnen. Einige ätherische Öle, zum Beispiel von Harzen (wie *Benzoe*) oder von *Vanille*, werden in einem Medium gelöst angeboten, das ein Eindicken oder Verhärten verhindert. Der Alkohol verfliegt rasch, sobald das Öl mit Luft in Kontakt kommt. Ihr Körperöl oder Badewasser wird also nicht nach Alkohol duften.

Haltbar bis: Das Haltbarkeitsdatum besagt, ab wann das Öl an Duft und Wirkung verliert. Der Händler geht vom Abfülltag aus und rechnet mit einem Verbrauch bis zum Datum. Sollte die Flasche bis dahin nie geöffnet worden sein, kann das Datum überschritten werden. Siehe auch später: Haltbarkeit (Seite 145).

Chargen-Nr.: Die Chargen-Nummer läßt die Möglichkeit zu, die Herkunft eines Öls bis zum Hersteller zurückzuverfolgen. Damit kann der Händler bei etwaigen Reklamationen aufgrund schlechter Qualität oder überraschender Nebenwirkungen feststellen, wo die Öle eingekauft wurden.

Ein Wort zur Qualität

Der Verbraucher selbst hat fast keine Möglichkeit, im voraus die Unterschiede oder Qualitäten zu erkennen. Nur die Erfahrung im Umgang mit den Ölen, die erlebte Wirkung und der Duft, den wir selten vergessen, lassen uns ein Öl als echt, minder- oder hochwertig erkennen. Weitere Indizien sind:

o Ätherische Öle hinterlassen keine Fettflecken auf Papier oder Stoff (wohl aber Farbflecken oder Flecken von Harzrückständen).
o Sie fetten die Haut nicht ein (verreiben Sie einen Tropfen *Lavendelöl* auf dem Handrücken – nach einigen Minuten muß er sich völlig aufgelöst haben).
o Ätherische Öle lösen sich im Wasser nicht auf (sollte Ihr Öl es doch tun, handelt es sich um ein synthetisches Öl).
o Ätherische Öle, die, in Wasser getropft, eine weiße Spur hinterlassen, können mit einem synthetischen Emulgator angereichert sein. Dieser wird gebraucht, um das Öl anderen Substanzen (wie Backmitteln, Trockensuppen, Seifen) als Aromamittel möglichst homogen beizumischen.

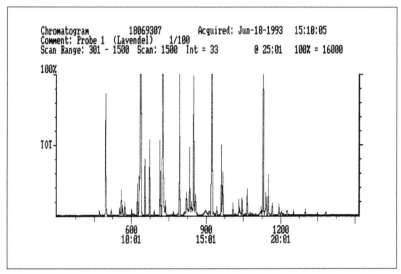

Abb. 12: Auswertungsdiagramm einer gaschromatischen Untersuchung von reinem Lavendelöl
(Quelle: Kanton. Laboratorium Luzern)

... und zu synthetischen Ölen

Die Wissenschaft argumentiert, daß synthetische Öle, die ja schließlich auch von einer pflanzlichen (organischen) Basis (Kohle) gewonnen werden, die gleichen Wirkungen auf den Organismus haben wie natürliche. Nicht möglich ist jedoch ein vollständiger Nachbau eines natürlichen ätherischen Öls – sehen wir uns doch das komplexeste Öl, das *Rosenöl* an, welches etwa vierhundert Inhaltsstoffe hat. Zwar ist die Molekularstruktur der Inhaltsstoffe von synthetischen Ölen mit jenen der natürlichen Inhaltsstoffe identisch, doch wird das Öl nie (preiswert) *völlig* nachgeahmt werden können. Durch die Synthetisierung finden sich im Produkt Stoffe, die als Unreinheiten gelten und keinerlei Heilwirkungen unterstützen, möglicherweise aber Nebenwirkungen (Allergien) hervorrufen können. Bei einer Duftidentität bis zu achtzig Prozent kann ein synthetisches Öl preiswerter sein, aber darüber wird es wahrscheinlich teurer als sein natürliches Vorbild. Fehlen einem synthetischen Öl selbst geringste Mengen scheinbar unwichtiger Inhaltsstoffe des natürlichen Öls, ist das Resultat eben keine vollständige Nachbildung dieses Öls. Aus Erfahrung wissen Wissenschaft und auch Industrie, daß ein in kleinster Menge vertretener Inhaltsstoff sehr viel verändern kann.

Hier muß ich bezüglich möglicher Nebenwirkungen (Nervenreizung, Hautreizung, Übelkeit, mentale Verwirrung) noch einmal auf die »multiple chemical sensitivity« verweisen. Die natürlichen Inhaltsstoffe eines Öls haben zudem etwas, was den Meßgeräten entgeht und nur über den Geruchssinn erfahrbar ist: Sie sind in der Natur entstanden. Natur soll man nur mit Natur behandeln.

Aus der Pflanze in die Flasche   143

Fazit
1. Kaufen Sie nur solche ätherischen Öle, die ausreichend deklariert sind: mit Namen, botanischer Bezeichnung, Angabe der Herkunft, der Bezeichnung »100 %« oder »reines« oder »naturreines ätherisches Öl«, der Chargen-Nummer.
2. Kaufen Sie nur in Fachgeschäften und nur Marken, die Qualitätskontrollen und Reinheit garantieren.
3. Meiden Sie Billigprodukte.
4. Vertrauen Sie Ihrer Intuition. Riechen und Fühlen Sie das Öl, beobachten Sie Ihre spontane Reaktion: Zustimmung, Zweifel, Ablehnung?

Wissenswertes für den Umgang mit ätherischen Ölen
o Ätherische Öle sind lichtempfindlich und wärmeempfindlich. Sie sollen daher in lichtgeschützten Flaschen (braunen Apothekerflaschen) abgefüllt und nicht an warmen Plätzen aufbewahrt werden. Bei *Zitrusölen* empfiehlt es sich, diese im Kühlschrank aufzubewahren, besonders wenn Sie große Mengen einkaufen. Legen Sie Körper-, Badeöle, Lotionen mit ätherischen Ölen nicht in die Sonne (etwa beim nächsten Urlaub am Strand).
o Ätherische Öle enthalten hochkonzentrierte Aromastoffe und dürfen nicht mit Pflanzenauszügen oder Kräutersäften verglichen werden. Das bedeutet, daß Sie sehr wenig Öl benötigen. Das ätherische Öl von etwa dreißig bis vierzig Tassen Kräutertee entspricht etwa einem Tropfen puren ätherischen Öls!
o Vor allem *Zitrusöle* lösen Hautreaktionen aus, wenn sie bei starker Ultraviolettbestrahlung (Sonneneinstrahlung) auf die Haut aufgetragen werden.

144 *Die ätherischen Öle und Aquarome*

○ Ätherische Öle sind fettlöslich, das heißt, sie emulgieren mit Fetten (Hautfett, Ölen, Cremes, Salben) sehr gut.
○ Da das Öl sehr flüchtig ist und sich bei Kontakt mit Luft verändert, sollten die Flaschen immer fest verschlossen sein.
○ Die Öle sind entflammbar und dürfen nicht unverdünnt in offenes Feuer oder auf heiße Oberflächen (etwa den Saunaofen!) gegeben werden.
○ Ätherische Öle können Stoffe färben, wenn sie eine starke Eigenfarbe haben (wie Öle von *Eichenmoos, Vetiver, Benzoe, Blauer Kamille*). Einige Öle bilden Flocken, wenn sie sehr kalt (unter zwölf Grad Celsius) stehen, so *Ylang-Ylang-Öl, Zitrusöle*.
○ Viele ätherische Öle, besonders die citralhaltigen, greifen Kunststoffe an.
○ Die Konsistenz der Öle ist verschieden – sie reicht von dünn- bis dickflüssig. Achten Sie beim Tropfen darauf, daß Öle wie *Bergamottöl* oder *Minzöl* eine schnelle Tropfenfolge haben. Bei *Vetiveröl* und *Sandelholzöl* müssen Sie schon etwas Geduld aufbringen. Ein guter Tip: Halten Sie die Flasche mit dickflüssigem Öl einige Minuten vor dem Gebrauch in der Hand.
○ Die Raumtemperatur beeinflußt Duftintensität und Konsistenz. Absolues und dickflüssige Öle werden bei Temperaturen *unter 15 Grad Celsius* pastös bis fest. Das gleiche gilt für reines, echtes *Anisöl. Zitrusöle* und *Ylang-Ylang-Öl* verändern ihre Erscheinung, es bilden sich Schlieren. Da Jojobaöl unter 12 Grad Celsius fest wird, verfestigen sich alle Öle, die damit gestreckt sind, ebenfalls.
○ Die Duftintensität der Öle ist (abgesehen vom Einfluß der Raumtemperatur) grundsätzlich verschieden und bedingt dadurch verschiedene Dosierungen.
○ Die Öle sind kindersicher aufzubewahren.

Haltbarkeit: Reifung oder Zerfall

Absolues, besonders *Rosenöl*, aber auch *Sandelholzöl*, reifen in der Flasche nach. Andere dickflüssige Öle (wie *Vetiveröl, Benzoe-Öl, Myrrhenöl*) verlieren durch lange Lagerung nicht an Qualität. Das setzt allerdings voraus, daß die Öle ungeöffnet oder sehr selten geöffnet in einer hinsichtlich der Temperatur und Lichtverhältnisse gleichbleibenden Umgebung gelagert werden. *Ungeöffnet* kann ein ätherisches Öl bis zu fünf Jahren aufbewahrt werden, Absolues und dickflüssige Öle zehn bis fünfzehn Jahre. *Zitrusöle* verlieren nach einem Jahr ihren Duft. Das Haltbarkeitsdatum auf der Flasche ist also ein Wert, der durch die individuelle Handhabung und den Verbrauch relativiert wird.

Ätherische Öle von A bis Z

Amyris (Balsambaum)

(*Amyris Balsamifera*)
Herkunft: Karibische Inseln, Südamerika.
Merkmale: Dickflüssig, gelblich.
Gewinnung: Destillation des Holzes.
Duft: Holzig, warm.
Duftnote: Fußnote.
Duftintensität: Mittel.
Qualität: Yang.
Element: Erde.

Anmerkungen

Amyrisöl, auch »Westindisches Sandelholzöl« genannt, hat mit dem Sandelholzöl aus Indien, Mysore, nichts gemein (siehe Sandelholz). Seine Inhaltsstoffe und damit Wirkungen sind nicht identisch mit denen des indischen Sandelholzöls, sondern deutlich schwächer. Auch der Duft unterscheidet sich durch das Fehlen der zitronigen und süßen Note. Es eignet sich als Fond für preiswerte, holzig-warme und exotische Duftmischungen beziehungsweise Naturparfüms.

Angelikawurzel
(*Angelica archangelica*)
Herkunft: Ungarn, Polen, Belgien, Holland, Frankreich, Deutschland.
Gewinnung: Destillation der Wurzeln, aber auch des ganzen Krautes, der Früchte und der Samen.
Merkmale: Dickflüssig, gelblich.
Duft: Kräuterartig, herb, süßlich. Leicht animalisch.

Qualität: Yang.   Duftnote: Fußnote.
Element: Erde.   Duftintensität: Mittel.

Eigenschaften
Stärkt den Körper, regt die Verdauung an, steigert die Abwehrkräfte, wirkt schleimlösend, pilztötend, antibakteriell, menstruationsregelnd und -fördernd, senkt die Adrenalinproduktion.

Anwendungen
Körper: Bei körperlichen Schwächezuständen, Rekonvaleszenz, einem schwachen Immunsystem, Verdauungsstörungen (»Magenbitter), allen Infektionskrankheiten, zur Unterstützung der Menstruation (wenn sie ausbleibt, schwach oder unregelmäßig ist), Endometriose, Leberunterfunktion, Nervosität, einer Überproduktion von Adrenalin, Rheuma, Muskelkater, Nervenschmerzen.
Psyche: Aggressivität, Instabilität, Aufregung, Schock.

Anmerkungen
Angelikawurzelöl zeichnet sich durch seine die Körperabwehrkräfte stabilisierenden und beruhigenden Wirkungen

Ätherische Öle von A bis Z 147

aus, dies läßt es zu einem guten Helfer bei Streß, Hektik, Aufregung und den damit verbundenen körperlichen Folgeerscheinungen werden. Echtes Angelikawurzelöl ist teuer. Wenn das Öl preiswert und nur mit »Angelika« ausgezeichnet ist, dann handelt es sich meistens um Angelikasamenöl, das nicht so fein wie das Wurzelöl duftet. Angelikawurzelöl wird auch für Bitterschnäpse und Liköre genutzt (Chartreuse).

Einschränkungen
In Hautöle eingearbeitet, kann es auf der Haut bei starker Ultraviolettstrahlung phototoxische Reaktionen auslösen. Schleimhautreizend ist es bei Einnahme in hohen Dosierungen beziehungsweise langfristiger Anwendung.

Anis – Sternanis (siehe Seite 236)
(*Pimpinella anisum*)
Herkunft: Italien, Spanien, Polen, Rußland.
Gewinnung: Destillation der Früchte.
Merkmale: Dünnflüssig, gelblich.
Duft: Würzig, süß, typisch
Duftintensität: Mittel.nach Anis.
Duftnote: Herznote.
Qualität: Yang.
Element: Wasser.
Eigenschaften
Körperlich anregend, krampflösend, magenwirksam.
Anwendungen
Körper: Bei Migräne, Schwindel, Verdauungsstörungen, Blähungen, Erbrechen, schwacher Milchproduktion, schmerzhafter oder ausbleibender Menstruation, Koliken, Asthma, Husten; wahrscheinlich ist es auch hilfreich bei Impotenz beziehungsweise Frigidität.
Psyche: Bei Alpträumen.
Anmerkungen
Anisöl findet sich in vielen Zahnpasten und Mundwässern, Likören (Uzo, Raki). Das Öl vertreibt Läuse und Flöhe aus

Kleidern (einsprühen). Es wird bei etwa 18 bis 20 Grad Celsius fest, dies ist ein Kennzeichen guter Fenchelöl. (Das preiswertere *Sternanisöl*, oft als Ersatz für Fenchelöl verwendet, ist farblos und erstarrt bereits bei etwa 14 Grad Celsius).

Einschränkungen
Anisöl wird in der Aromatherapie selten eingesetzt, da es in hoher Dosierung aufgrund seines hohen Kumarin-Anteils toxisch wirkt. Der Duft des Öls kann narkotisierend sein. Bei hoher Dosierung und langfristig äußerlich beziehungsweise einmalig innerlich angewandt, reizt Anisöl den Magen und schädigt Nieren- und Gehirnzellen. Seine gelegentliche Anwendung in der Duftlampe ist bei geringer Dosierung bedenkenlos.

Anisöl eignet sich auf keinen Fall für eine langfristige innerliche Einnahme. Es ist kontraindiziert bei Schwangerschaft.

Basilikum
(Ocimum basilicum)
Herkunft: Südeuropa, Ungarn, Marokko (süßes Basilikum); Thailand, Seychellen, Madagaskar, Komoren (exotisches Basilikum).
Gewinnung: Destillation der Blätter und blühenden Spitzen.
Merkmale: Dünnflüssig, klar.
Duft: Würzig, anisartig bis minzig, süßlich, aromatisch.
Duftnote: Herznote.
Duftintensität: Stark.
Qualität: Yang.
Element: Erde.
Eigenschaften
Krampflösend, verdauungsanregend, nervenstärkend, körperlich tonisierend, menstruationsfördernd, antiseptisch, schleimlösend, schlaffördernd, entspannend.
Anwendungen
Körper: Bei Bronchitis, Keuchhusten, Erkältung, Grippe, Fieber, Verdauungsstörungen, Übelkeit, Erbrechen, zur

Förderung der Menstruation, bei Nervosität, Nervenschwäche, Schlaflosigkeit.

Haut/Haar: Es sorgt für Spannkraft und Geschmeidigkeit der Haut, wirkt hautreinigend, verbessert einen schlechten Stoffwechsel.

Geist: Bei mentaler Erschöpfung, zur Regeneration der geistigen Kräfte, bei Verwirrung.

Psyche: Bei Depression, Angst, Phlegma.

Anmerkungen

Basilikumöl mit seinem süßlich-aromatischen Duft zeichnet sich durch seine entspannenden und nervenstärkenden Wirkungen aus. Das Öl ist also gut geeignet bei Streß und eine hervorragende Einschlafhilfe. Öle, die von Pflanzen der Komoren, Seychellen oder aus Madagaskar stammen, enthalten bis zu 90 Prozent Methylchavicol (Estragol, Hauptbestandteil des Estragonöls) und haben einen sehr kräftigen Duft. Sie sind preiswerter als die süßen Öle. Die Öle aus diesen Gebieten stehen immer wieder im Verdacht, toxisch zu sein, was mit dem hohen Anteil an Methylchavicol begründet wird. Das französische Basilikumöl hat einen wesentlich geringeren Anteil an Estragol (nur 25 Prozent) und weist eine ausgeglichenere Komposition von Inhaltsstoffen auf, es eignet sich daher eher zur therapeutischen Langzeitbehandlung oder Einnahme.

Weitere Variationen des Basilikumöls sind Destillate von *Ocimum gratissimum* (es hat einen stark eugenolartigen, nelkenartigen Duft) oder *Ocimum canum* (das stark kampferhaltig ist). Sie sind selten zu finden, doch könnten andere Öle hineingemischt sein und somit zu anderen Wirkungen führen. Sehen Sie auf die Angabe der Herkunft auf dem Etikett!

Basilikum ist wichtiger Bestandteil vieler Herrenparfüms. Auch als Insektenschutzmittel hat es sich bewährt.

Einschränkungen

Basilikumöl irritiert unter Umständen sensitive Haut, beim

150   *Die ätherischen Öle und Aquarome*

Baden ruft es ein Heiß-kalt-Gefühl hervor. Kontraindiziert ist es bei Schwangerschaft und Epilepsie.

Bay
(*Pimenta racemosa, Pimenta acris*)
Herkunft: Westindische Inseln, Guyana, Venezuela.
Gewinnung: Destillation der Blätter.
Merkmale: Dünnflüssig, klar.
Duft: Würzig, nelkenartig.
Duftnote: Kopfnote.
Duftintensität: Leicht.
Eigenschaften
Nervenberuhigend, haarwirksam.
Anwendungen
Körper: Bei Atemwegsinfektionen, Erkältung, Unruhe, Nervosität (hat eine starke Wirkung auf das vegetative Nervensystem), Aphthen.
Haut/Haar: Haarausfall, Kopfjucken und Schuppen.
Anmerkungen
Es handelt sich um ein in der Aromatherapie selten angewendetes Öl. Am bekanntesten ist sein positiver Einfluß bei Haarausfall.
Einschränkungen
Bayöl reizt die Schleimhäute, daher sollte man es nicht einnehmen. Kontraindiziert ist es bei Schwangerschaft. Phototoxisch wirkt es bei starker Ultraviolettstrahlung.

Benzoe
(*Styrax benzoïn, Styrax tonkinensis*)
Herkunft: Vietnam, Laos, Thailand, Sumatra.
Gewinnung: Extraktion des Harzes des Styraxbaumes mit Hilfe von Alkohol.
Merkmale: Dickflüssig-fest, rötlichgelb.
Duft: Balsamisch, süß, vanille- und schokoladenartig.

Ätherische Öle von A bis Z **151**

Duftnote: Fußnote.
Duftintensität: Stark.
Qualität: Yang.
Element: Wasser mit leichtem Feuer.

Eigenschaften
Schleimlösend, antiseptisch, beruhigend, krampflösend, entzündungshemmend, harntreibend, herzstärkend, schlaffördernd.

Anwendungen
Körper: Bei Erkältung, Husten, Bronchitis, Asthma, Halsentzündung, Erkältung der Harnwege, Infektionen der Geschlechtsorgane, Koliken, Bluthochdruck, Gicht, Arthritis, Gonorrhöe, Leukorrhöe, Spermatorrhöe (Samenfluß ohne sexuelle Erregung), Nervenreizung, Schlaflosigkeit, Streß.
Haut/Haar: Es fördert die Wundheilung und hilft bei Hautreizung, Entzündungen, Geschwüren, trockener, spröder Haut sowie Körpergeruch.
Psyche: Bei emotionaler Erschöpfung, Aufregung, Trauer, nervöser Depression, Anspannung, Reizbarkeit, prämenstruellem Syndrom.

Anmerkungen
Benzoe enthält bis zu zwei Prozent Vanillin, was seinen warmen, appetitanregenden Duft charakterisiert – einen Duft, der friedlich und ruhig stimmt. Es wird oft in Weingeist (Alkohol) aufgelöst angeboten. Ist die Flasche nicht gut verschlossen, tendiert der Deckel stark zum Kleben. Im Laufe der Zeit kann das Öl sehr eindicken. Wenn Sie einige Tropfen Weingeist hinzufügen, wird es wieder flüssig, und der Deckel klebt nicht fest. Benzoe-Öl löst sich schwer in fetten Ölen oder anderen Emulgatoren und neigt dazu, sich wieder zu verfestigen. Benzoe-Öl eignet sich nicht für Duftzerstäuber oder Duftventilatoren.

Das Öl ist jedoch ein guter Fixator für Duftmischungen. Ein bis zwei Tropfen Benzoe-Öl konservieren kosmetische Zubereitungen.

Bergamotte
(Citrus bergamia)
Herkunft: In Kalabrien (Italien) liegen die besten Anbaugebiete für die das Öl liefernde Zitrusfrucht, unter anderem wird sie auch in Kalifornien, Südafrika und Spanien kultiviert.
Gewinnung: Pressen der Fruchtschale.
Merkmale: Dünnflüssig, gelblichgrün.
Duft: Frisch, spritzig, orangenartig.
Duftnote: Mittel-(Herz-) bis Kopfnote.
Duftintensität: Leicht.
Qualität: Yin.
Elemente: Luft und Wasser.

Eigenschaften
Schmerzlindernd, antidepressiv, stimmungsaufhellend, antiseptisch, nervenberuhigend und anregend, krampflösend, verdauungsfördernd, schleimlösend, wundheilend, desodorierend, adstringierend, hautpflegend.

Anwendungen
Körper: Bei Infektionen der Atemwege, Angina, Mandelentzündung, Entzündungen im Mundraum, Diphtherie, Verdauungsstörungen, Koliken, Blähungen, Harnwegsinfektionen, Gallensteinen, Fieber, Gonorrhöe, Leukorrhöe, Herpes, Gürtelrose, Scheidenjucken, Scheideninfektion, Würmern, nervösen Spannungen, Streß, Schlaflosigkeit, Mundgeruch, Körpergeruch.
Haut/Haar: Allgemeine Hautpflege, bei fetter Haut und fettem Haar, Seborrhöe, Abszeß, Akne, Ekzem, Krätze, Krampfadern, Geschwüren, zur Wundheilung und bei Schuppenflechte.
Geist: Mental ist es anregend-erfrischend und konzentrationsfördernd.
Psyche: Bei Angst, prämenstruellem Syndrom, Mutlosigkeit, Lethargie, Depressionen (auch Winter- und Dunkelheitsdepression).

Ätherische Öle von A bis Z 153

Anmerkungen
Bergamottöl liefert einen der meistakzeptierten Düfte, nicht
nur bei Europäern, sondern ebenso bei allen anderen Völ-
kern. Seine stimmungsaufhellende Wirkung beruht wahrscheinlich auf seiner photosensibilisierenden Wirkung –
nicht nur auf die Haut, sondern auch auf die Zirbeldrüse, so
daß es den anregenden, lebensbejahenden, ausdehnenden
Einfluß des (Sonnen-)Lichts verstärkt. Das Öl scheint der
Zirbeldrüse gleichsam zu vermitteln, daß Sonne scheint.

Der Duft beruhigt oder regt die Nerven an – je nach Verfassung: Bei schon vorhandener Aufregung beruhigt es, und
bei Ruhe regt es an. Das Öl läßt sich mit vielen Blütenölen
problemlos mischen. Da es sich um ein Zitrusöl handelt,
sollte es kühl aufbewahrt werden, um seinen spritzigen Duft
lange zu behalten.

Bergamottöl ist bestens geeignet für Bade-, Körper- und
Massageöle. Es dient der Aromatisierung von Tee (zum Beispiel Earl Grey) und der Bereitung erfrischend schmecken-
der Sommerdrinks.

Einschränkungen
In Hautölen auf die Haut aufgebracht, wirkt es bei starker
Ultraviolettstrahlung phototoxisch.

Bergbohnenkraut siehe Bohnenkraut

Birke
(Betula pendula, lenta)
Herkunft: Europa, Rußland.
Gewinnung: Destillation der Rinde und Blätter.
Merkmale: Dünnflüssig, klar.
Duft: Frisch, balsamisch.
Duftnote: Kopfnote.
Duftintensität: Leicht.
Qualität: Yin.
Element: Luft.

Eigenschaften

Harnsäurelösend, wundheilend, blutreinigend, antirheumatisch, haarwirksam.

Anwendungen

Körper: Bei Rheuma, Muskelverhärtungen, Muskelschmerzen, Harnsäureüberschuß, Blutverunreinigungen, Wasseransammlungen, allgemein schwachem Hormonhaushalt.
Haut/Haar: Bei Wunden, Hautausschlag, Geschwüren, Cellulite, Haarausfall.

Anmerkungen

Das entteerte Birkenöl der Arten *lenta* und *pendula* ist nichttoxisch im Gegensatz zur Art *alba*, die karzinogen ist. Das Öl wird in der Aromatherapie bisher nur selten eingesetzt.

Einschränkungen

Keine Einnahme. Nicht für Kinder.

Blutorange siehe Orange

Bohnenkraut

(*Satureja montana, Satureja hortensis* –
Bergbohnenkraut und Pfefferkraut)
Herkunft: Europa, Marokko.
Gewinnung: Destillation des ganzen Krautes.
Merkmale: Dünnflüssig, klar.
Duft: Kräuterartig, frisch, medizinisch.
Duftnote: Herznote.
Duftintensität: Mittel.
Qualität: Yang.
Element: Feuer.

Eigenschaften

Verdauungsfördernd, stärkend, stabilisierend, antiseptisch, pilztötend, magenstärkend, krampflösend, schleimlösend, aphrodisierend, wirkt anregend auf die Nebennieren.

Anwendungen

Körper: Bei Asthma, Bronchitis, Verdauungsstörungen,

Ätherische Öle von A bis Z 155

Blähungen, Durchfall, Magenschwäche, nervösem Magen, Darmkrämpfen, Darminfektion, Darmgärung, Pilzinfektion (etwa durch *Candida albicans*), Wurmbefall, Schwerhörigkeit, Nervenschwäche, Impotenz beziehungsweise Frigidität, Energiemangel.
Haut/Haar: Bei Abszessen, Wunden, Insektenstichen.
Geist: Bei mentaler Schwäche.
Psyche: Bei psychischen Schwächezuständen, emotionalen Krisen, Lethargie.

Anmerkungen
Bergbohnenkraut (*Satureja montana*) wirkt stärker als Pfefferkraut (*Satureja hortensis*). Es liefert ein hervorragendes Stärkungsmittel bei allgemeiner körperlicher Schwäche und bei Energiemangel. Das Öl hat eine die Körperabwehr stark anregende, den gesamten Körper stimulierende und besonders den Darm reinigende Wirkung. 1 Tropfen pro Tag.

Einschränkungen
Das ätherische Öl darf man weder langfristig noch in hoher Dosierung (selbst einmalig nicht) einnehmen, da es toxisch ist. In Bädern und für Massagen ist es gering zu dosieren, da es leicht hautreizend wirkt. Für Kleinkinder ist es nicht geeignet.

Cajeput
(*Melaleuca leucadendra*)
Herkunft: Malaysia, Philippinen, Molukken, Australien.
Gewinnung: Destillation der Blätter und Zweigspitzen.
Merkmale: Dünnflüssig, klar.
Duft: Eukalyptusartig mit Nelkennote.
Duftnote: Kopfnote.
Duftintensität: Leicht.
Qualität: Yang.
Element: Luft.

Eigenschaften
Antiseptisch, schleimlösend, schmerzstillend, antibakteriell, windtreibend, allgemein körperlich anregend, östrogenähnlich.

156   *Die ätherischen Öle und Aquarome*

Anwendungen

Körper: Bei Infektionen der Atemwege, Erkältung, Katarrh, Sinusitis, chronischen Atemorganerkrankungen, Kopf-, Zahn- oder Halsschmerzen, Neuralgien, Arthritis, Muskelschmerzen, Würmern, Darmparasiten, Tumoren, allgemeiner Müdigkeit, Östrogenmangel, Energiemangel.
Haut/Haar: Hautschmerzen, Hautentzündungen, Haarausfall, Kahlköpfigkeit (zur Pflege).
Geist: Bei mentaler Erschöpfung, Konzentrationsmangel.
Psyche: Bei Lethargie, Antriebsschwäche.

Anmerkungen

Das Öl hat in der Wirkung große Ähnlichkeit mit dem *Tea-Tree-Öl*, ist aber stärker schmerzlindernd. Es soll besonders effektiv bei Tumoren helfen. Für Frauen dürfte seine östrogenähnliche Wirkung interessant sein.

Einschränkungen

Das Öl irritiert unter Umständen sensitive Haut, in diesem Fall empfiehlt es sich, ersatzweise *Tea-Tree-Öl* oder *Niauliöl* zu verwenden. Nicht bei Kleinkindern anwenden.

Cistrose

(*Cistus labdaniferus*)
Herkunft: Mittelmeerraum (vor allem Spanien, Portugal, Zypern, Griechenland).
Gewinnung: Destillation der Zweige und Blätter.
Merkmale: Leicht dickflüssig, sattes Gelb.
Duft: Kamillenartig, ambraartig, balsamisch, holzig, fruchtig, würzig.
Duftnote: Fußnote.
Duftintensität: Stark.
Qualität: Yin mit leichtem Yang.
Element: Wasser.

Eigenschaften

Lymphflußanregend, krampflösend, wärmend, antiseptisch, adstringierend, aphrodisierend.

Ätherische Öle von A bis Z 157

Anwendungen

Körper: Bei Leberstau, trägem Lymphfluß, Lymphknoten-entzündung, Lymphstau, Lymphdrüsenschwellungen, Blasenentzündung, Menstruationskrämpfen.

Haut/Haar: Bei Schuppenflechte, Hautentzündungen, chronischen Hauterkrankungen, Geschwüren, Ekzemen, Akne, fetter Haut, schwachem Hauttonus.

Psyche: Bei Gefühlskälte, Einsamkeit, Trauer, Verlust-schmerz, für Innenschau und Besinnung, bei Extrovertiert-heit, schwacher Libido.

Anmerkungen

Die Cistrose ist keine Rosenart! Je mehr das Cistrosenöl gestreckt wird, desto stärker offenbart sich seine feine, blumige Note, denn pur ist es recht herb. Sein Duft ist ein wahrer Seelenwärmer und eignet sich sehr für die Stärkung und Heilung der verletzten Psyche.

Aufgrund seines sehr starken Duftes empfiehlt es sich, das Öl im Verhältnis 1 : 10 mit Jojobaöl zu verlängern. Von der Pflanze werden echtes Cistrosenöl (Cistusöl), Concretes und Absolues, Gummiharz (*Labdanum*) und unechtes Zistrosen-öl aus dem Gummiharz per Destillation gewonnen.

Einschränkungen

Die Einnahme ist bei Schwangerschaft kontraindiziert.

Citronella

(*Cymbopogon winterianus* und *Cymbopogon nardus*)
Herkunft: Java (Indonesien), China, Taiwan, Ceylon.
Gewinnung: Destillation des Grases.
Merkmale: Dünnflüssig, hellgelb.
Duft: Zitrus-, melissenartig, sehr frisch.
Duftnote: Kopfnote.
Duftintensität: Stark.
Qualität: Yin.
Elemente: Luft und Feuer.

Eigenschaften

Körperlich und mental anregend, erfrischend, pilztötend, antibakteriell, lufterfrischend.

Anwendungen

Körper: Bei Rheuma (als Massageöl), bei Pilzinfektionen (auch bei Hautpilz).

Anmerkungen

Das sogenannte »Ceylon-Öl« ist das preiswertere und in seiner Wirkung schwächere. Das »Java-Öl« duftet stärker nach Kampfer. Beide Sorten eignen sich gut zum Strecken von *Melissenöl* oder *Eisenkrautöl*. Citronella hat sich für die Lufterfrischung und Luftdesinfektion sehr bewährt. Das Öl beziehungsweise seine Duftstoffe sind oft in Seifen und Haushaltsreinigern anzutreffen.

Citronella eignet sich ebenfalls gut als Insektenschutzmittel (gegen Moskitos). Es soll auch Katzen und Ratten vertreiben, wenn man es versprüht.

Einschränkungen

Hautreizend. Allergie möglich.

Weitere Arten von Citronella siehe *Lemongrass*.

Cumin siehe Kreuzkümmel

Davana

(*Artemisia pallens*)

Herkunft: Indien.

Gewinnung: Destillation des Krautes.

Merkmale: Dünnflüssig, hell bis gelblich.

Duft: Warm, süß, mangoartig.

Duftnote: Herznote.

Duftintensität: Stark.

Qualität: Yin.

Element: Wasser.

Eigenschaften

Entspannend, beruhigend, wärmend.

Ätherische Öle von A bis Z 159

Anmerkungen
Das Öl wurde in der Aromatherapie bisher nicht angewendet.
Es eignet sich für entspannende Duftmischungen. Aufgrund
seiner Duftintensität ist es vorsichtig zu dosieren.

Dill
(Anethum graveolens)
Herkunft: Nordamerika, Osteuropa.
Gewinnung: Destillation des ganzen Krautes oder nur der
Früchte.
Merkmale: Dünnflüssig, hell bis gelblich.
Duft: Kümmelartig, süßlich-minzig.
Duftnote: Kopfnote.
Duftintensität: Schwach.

Eigenschaften
Appetitanregend, blähungswidrig, krampflösend, menstruationsfördernd, milchtreibend, anaphrodisierend.

Anwendungen
Körper: Bei Magenschwäche, Verdauungsbeschwerden,
Schluckauf, Schwangerschaftserbrechen, Darmparasiten,
mangelnder Milchdrüsentätigkeit (zu wenig Muttermilch),
Nervosität.

Anmerkungen
Das Öl aus den Früchten ist hochwertiger, da es einen höheren Carvon-Anteil hat. Dillöl wird gerne für die Aromaküche genommen. Dazu ist es im Verhältnis 1 : 50 mit Mandelöl zu strecken. Es wird auch von einigen Firmen gestreckt als
Würzöl angeboten.

Douglasie
(Pseudotsuga menziesii = Pseudotsuga douglasii)
Herkunft: Kanada.
Übrige Angaben siehe Tanne.

Anmerkung
Douglasienöl ist etwas süßlicher oder weicher als die Tan-

nenöle, sein Duft verbindet sich sehr gut mit blumigen Noten.

Eichenmoos absolue
(Evernia prunastri, furfuracea)
Herkunft: Frankreich, ehemaliges Jugoslawien.
Gewinnung: Extraktion der Strauchflechte.
Merkmale: Mittlere Konsistenz, braunrot, dunkel.
Duft: Teerig, moosig, süßlich, rauchig-animalisch.
Duftnote: Fußnote.
Duftintensität: Stark.
Qualität: Yang.
Element: Erde.
Anmerkungen
Eichenmoosöl eignet sich ausgezeichnet als Fixator für Parfüms. Es ist ein bedeutendes Rohmaterial in der Parfümerie. Sein Duft eignet sich insbesondere für Herrennoten. Das Öl löst sich nur schwer und muß gründlich verschüttelt werden.

Sein Duft ist leicht aphrodisierend und entspannend. Da er sehr intensiv ist, sollten Sie das Öl in Mischungen vorsichtig dosieren. Dennoch ist es ein Öl für Liebhaber eines außergewöhnlichen Duftes.
Einschränkung
Keine Einnahme.

Eisenkraut (Verbene)
(Verbena officinalis)
Herkunft: Südamerika, Südfrankreich, Nordafrika, Italien.
Gewinnung: Destillation der Blätter.
Merkmale: Dünnflüssig, hellgelb bis klar.
Duft: Zitronenartig, leicht, frisch.
Duftnote: Kopfnote.
Duftintensität: Stark.
Qualität: Yang.
Elemente: Feuer (Körper) und Luft (Geist).

Ätherische Öle von A bis Z 161

Eigenschaften
Konzentrationsfördernd, leicht euphorisierend, herzstärkend und beruhigend, die Milchdrüsenfunktion anregend, magenstärkend, wehenfördernd.

Anwendungen
Körper: Bei Erkältung, Grippe, Appetitmangel, Magenschwäche, zu wenig Muttermilch, zur Geburtshilfe (löst Uteruskontraktionen aus), bei Schwindelgefühlen, Herzschwäche, Herzrhythmusstörungen.
Haut/Haar: Akne, Bindegewebsschwäche, Muskelschwäche.
Geist: Bei mentaler Erschöpfung, Konzentrationsschwäche, Kreativitätsmangel.
Psyche: Bei Antriebsschwäche, Depressionen, Lustlosigkeit, innerer Enge.

Anmerkungen
Reines, unverschnittenes Eisenkrautöl ist sehr teuer. Wird oft mit *Litsea-Öl* oder *Lemongrassöl* gestreckt angeboten, was seinen Preis senkt. Die der Verbene duftähnliche Pflanze, die *Zitronenverbene* oder der *Zitronenstrauch* (*Aloysia triphylla, Lippia citriodora*), liefert ebenfalls ein im Handel angebotenes ätherisches Öl.

Das echte Eisenkrautöl ist ein gutes Sportöl, jedoch gering zu dosieren, da es stark hautreizend wirkt. Sein Duft ist sehr stark, daher werden Sie nur wenige Tropfen benötigen, um selbst große Räume zu beduften und die Luft zu erfrischen. Für die Einnahme ist auf das Aquarom zurückzugreifen.

Einschränkungen
Kontraindiziert ist es bei Schwangerschaft. Keine Einnahme, da es die Magenschleimhäute reizt. In Hautölen auf die Haut aufgebracht, wirkt es bei starker Ultraviolettstrahlung phototoxisch.

Elemi
(*Canarium luzonicum*)
Herkunft: Vor allem Philippinen.

Gewinnung: Extraktion des Baumharzes mit anschließender Destillation.
Merkmale: Dünnflüssig, klar.
Duft: Grün, waldig, frisch.
Duftnote: Herznote.
Duftintensität: Mittel.
Qualität: Yin.
Element: Erde.

Eigenschaften
Psychisch wirksam, antiseptisch, wundheilend.

Anwendungen
Körper: Zur Wundheilung, gegen Narbenbildung, bei Abszeß.
Psyche: Bei Instabilität, Irritation, Schwäche, Verhärtung.

Anmerkungen
Elemi-Öl liefert einen idealen Duft für Entspannung, Innenschau, Meditation und Distanzierung vom Alltag.

Estragon
(*Artemisia dracunculus*)
Herkunft: Südwesteuropa, Osteuropa, Rußland.
Gewinnung: Destillation des ganzen Krautes.
Merkmale: Dünnflüssig, klar.
Duft: Sehr würzig, süß, kräuterartig.
Duftnote: Kopfnote.
Duftintensität: Schwach.
Qualität: Yang.
Element: Feuer.

Eigenschaften
Magenstärkend, innerlich stärkend, verdauungsfördernd, krampflösend, wärmend, durchblutungsfördernd, antiseptisch, appetitanregend, menstruationsregulierend.

Anwendungen
Körper: Bei Appetitlosigkeit, Verdauungsstörungen, Blähungen, Schluckauf, vegetativer Dystonie, Nervenschwäche, Herzschwäche, Altersschwäche, Abwehrschwäche, Durch-

Ätherische Öle von A bis Z

blutungsstörungen, Wurmbefall, Rheuma, Krebs, ausbleibender, schwacher oder unregelmäßiger Menstruation.
Psyche: Bei emotionaler Erschöpfung.

Anmerkungen
Estragon, das »Kraut des Drachen«, eignet sich sehr für alle Schwächezustände des Körpers, die mit psychischer Erschöpfung oder Streß einhergehen. In sehr geringer Dosierung (Einnahme von 1 Tropfen pro Tag oder Anwendung von 4 Tropfen für ein Aromabad) wirkt es aufbauend, stärkend sowie die Tätigkeit von Magen und Darm regulierend. Es ist ein ideales Öl für die Aromatisierung von Senf und Kräuteressig. Übrigens ist Estragon Bestandteil vieler Herrenparfüms.

Einschränkungen
Kontraindiziert ist es bei Schwangerschaft. In hoher Dosierung oder bei langfristigem Gebrauch selbst geringer Dosen ist es toxisch, wenn man es einnimmt.

Eukalyptus
(Eucalyptus globulus, Eucalyptus radiata und
Eucalyptus citriodora)
Herkunft: Australien, Spanien, Brasilien, China.
Gewinnung: Destillation der Blätter.
Merkmale: Dünnflüssig, klar.
Duft: Frisch, scharf-würzig riecht das Öl von *Eucalyptus globulus* und *Eucalyptus radiata*; frisch, zitronig-rosig, blumig duftet Öl von *Eucalyptus citriodora.*
Duftnote: Kopfnote.
Duftintensität: Schwach.
Qualität: Yin.
Element: Luft.

Eigenschaften
Stark antiseptisch und antibakteriell, schleimlösend, fiebersenkend, krampflösend, blutzuckersenkend, blutreinigend, magenstärkend, allgemein anregend, östrogenähnlich, luftreinigend.

164   *Die ätherischen Öle und Aquarome*

Anwendungen
Körper: Bei Schnupfen, Erkältung, Bronchitis, Asthma,
Grippe, Sinusitis, Polypen, Halsentzündung, Angina, Ver-
dauungsstörungen, Durchfall, Infektionen der Harnwege,
Gallensteinen, Migräne, Fieber, Herpes (das Öl von *Euca-
lyptus radiata*), Leukorrhöe, Gonorrhöe, Rheuma, Schar-
lach, Blutungen, hohem Blutzuckerspiegel.
Haut/Haar: Wundheilung, bei Hautentzündungen, Akne,
unreiner Haut, müder Haut, sauerstoffunterversorgter
Haut, Blasen, Geschwüren.
Geist: Zur Konzentrationssteigerung und mentalen Anregung.
Psyche: Bei Engegefühl, Lethargie.

Anmerkungen
Das Öl von *Eucalyptus globulus* kennen wir durch seinen Duft
am besten – von Inhalationen, aus der Sauna, von Zahnpasten
und Mundwässern. Öl in bester Qualität kommt aus den
Anden. Ansonsten ist Australien der Hauptlieferant des Öls.

Ein anderes Eukalyptusöl stammt von *Eucalyptus citriodora* – es duftet stark zitronig, durch seinen hohen Citronel-
lal-, Citronellol- und Citral-Anteil, und wird von all denen
bevorzugt, die sich mit dem allgemein bekannten Duft von
Eucalyptus globulus nicht behandeln wollen. Besonders
Kinder mögen den Geruch. Das Öl eignet sich auch zum
Herstellen von rosigen Duftnoten.

Das Öl *Eucalyptus radiata* wird bei akuten Infektionen
bevorzugt, während sich das von *Eucalyptus globulus* und
Eucalyptus citriodora besser für Vorbeugung und Nachbe-
handlung eignen.

Alle Eukalyptusöle helfen in Verbindung mit *Aloe vera* bei der
Minimierung von Nebenwirkungen durch Röntgenstrahlung.

Eukalyptusöl ist ein sehr guter Luftreiniger und Luftdes-
infizierer und ein schwach wirksames Insektenschutzmittel.
Der Duft vertreibt auch Ungeziefer in Küche und Keller. Eukalyptusöl findet sich in vielen Pharmaprodukten, Zahnpasten
und Mundwässern. Es hat sich als ideales Saunaöl bewährt.

Einschränkungen
Nicht bei Kleinkindern anwenden: Eukalyptusöl darf Kleinkindern nicht in Brustwickeln oder durch Einreibungen verabreicht werden, da es unter Umständen Atemstillstand auslöst. Hohe Dosierungen des Öls in Duftlampen, Bädern und bei Massagen können Kopfschmerzen und Benommenheit auslösen. Auch weil es unter Umständen sensitive Haut irritiert, sollte man es für ein Bad gering dosieren.

Fenchel
(*Foeniculum vulgare
var. dulce*)
Herkunft: Frankreich, Spanien, Deutschland, Ungarn, Bulgarien, China, Marokko.
Gewinnung: Destillation der Früchte.
Merkmale: Dünnflüssig, hellgelb bis klar.
Duft: Süß, anisartig, intensiv.
Duftnote: Herznote.
Duftintensität: Mittel.

Qualität: Yin.
Element: Wasser.

Eigenschaften
Verdauungsfördernd, magenstärkend, windtreibend, antiseptisch, krampflösend, harntreibend, milchtreibend, entgiftend, abführend, appetitfördernd, östrogenartig, menstruationsfördernd.

Anwendungen
Körper: Bei Verdauungsstörungen, Blähungen, Verstopfung, Schluckauf, Brechreiz, Nierensteinen, Koliken, zur Förderung der Menstruation, bei Milz- und Leberschwäche, im Klimakterium, zur Entgiftung (bei Alkoholvergiftung), zur Vergrößerung und Straffung der Brüste, bei

schwachem Muskeltonus, Östrogenmangel, Streß, Mundgeruch, Zahnfleischschwund.

Haut/Haar: Bei Cellulite, Bindegewebsverhärtung, alternder Haut, Falten, Runzeln.

Psyche: Bei prämenstruellem Syndrom, Instabilität, Gefühlskälte.

Anmerkungen

Das bittere Fenchelöl (von *Foeniculum vulgare* ssp. *vulgare*) enthält als »Bitterstoff« bis zu 22 Prozent Fenchon und ist preiswerter als das hier beschriebene süße Fenchelöl. Das süße Öl kann durch *Sternanisöl* gestreckt werden. *Sternanisöl* wird auch als Falsifikat des *Fenchelöls* angeboten.

Intensive Fencheldüfte verstärken das Hungergefühl, daher eignet sich das Öl gut bei Appetitmangel und Magersucht. Für Frauen im Klimakterium bietet sich das Öl ideal als Östrogenersatz an. Von einer langfristigen Einnahme hoher Dosierungen wird aber dringend abgeraten. Bäder mit Fenchelöl und geringe Dosen Fenchelöl im Tee haben bessere Wirkungen.

Einschränkungen

Kontraindiziert bei Schwangerschaft und Epilepsie.

Fichte, Fichtennadel

(*Picea abies, excelsa, sibirica*)

Herkunft: Alpen, Osteuropa, Sibirien (*sibirica*).

Gewinnung: Destillation der Nadeln und der jungen Triebe.

Merkmale: Dünnflüssig, klar.

Duft: Frisch, würzig.

Duftnote: Kopfnote.

Duftintensität: Schwach.

Qualität: Yin.

Element: Luft.

Eigenschaften

Antiseptisch, tonisierend, desodorierend, die Atmung anregend, aphrodisierend, durchblutungsfördernd.

Ätherische Öle von A bis Z 167

Anwendungen
Körper: Bei Schnupfen, Husten, Bronchitis, Lungenentzündung, Grippe, Sinusitis, Magen- und Darmbeschwerden, Blasenentzündung, Prostataentzündung, Gallenblasenentzündung, Rheuma, Gicht, zur Anregung der Nebennierenrindentätigkeit, bei Nervosität, Streß, Körpergeruch, Fußschweiß, Impotenz.
Haut/Haar: Haarausfall.
Geist: Bei mentaler Erschöpfung.
Psyche: Bei Passivität, Negativität.

Anmerkungen
Der Duft von Fichtenöl ist für viele Schaumbäder und Badesalze typisch. Er eignet sich für die Raumbeduftung und Lufterfrischung von Publikumsräumen. Er erzeugt ein Gefühl der Weite, Frische und Reinheit.

Galbanum
(*Ferula gummosa, Ferula galbaniflua*).
Herkunft: Iran, Irak, Türkei, Syrien.
Gewinnung: Destillation des aus den Stengeln gewonnenen Harzes.
Merkmale: Dünnflüssig, hellgelblich.
Duft: Balsamisch, würzig, waldig.
Duftnote: Herznote.
Duftintensität: Mittel.
Qualität: Yang.
Element: Erde.

Eigenschaften
Gebärmuttertonisierend, wundheilend, psychisch stabilisierend.

Anwendungen
Körper: Bei Eierstockentzündungen oder -irritationen, Muttermundentzündung, Gebärmutterschwäche, Furunkeln, Drüsenschwellungen, rheumatischen Beschwerden, prämenstruellem Syndrom, schwacher Menstruation.

Haut/Haar: Abszesse, Akne, unreine Haut.
Psyche: Bei seelischer Verhärtung, Gefühlskälte, Ärger, Reizbarkeit, Hysterie, Phobien.
Anmerkungen
Das Harz trägt den bezeichnenden Beinamen »Mutterharz«, das daraus gewonnene Öl ist bisher als Heilöl für Frauenleiden kaum bekannt geworden. Sein eigenwilliger Duft ist vielleicht gewöhnungsbedürftig, kann aber in anderen Frauenheilölen gut »verpackt« werden. Ich empfehle es außerdem als ein gutes Stärkungsmittel bei psychischen Belastungen, Erschöpfungen und Instabilität, in Verbindung mit *Cistrosenöl, Zedernöl* und *Angelikawurzelöl*.
Einschränkungen
Keine Einnahme.

Geranie
(*Pelargonium graveolens, Pelargonium odoratissimum*)
Herkunft: Das Öl mit der Handelsbezeichnung »Geranium Bourbon« (beste Qualität) stammt von Pflanzen (*Pelargonium graveolens*) aus Madagaskar und Réunion. Für »Afrikanisches« Geraniumöl, es hat geringere Qualität, liefert *Pelargonium odoratissimum* aus Algerien, Marokko, Ägypten die Rohstoffe.
Gewinnung: Destillation der Blätter und Stengel.
Merkmale: Dünnflüssig, gelblich.
Duft: Die Duftnoten der beiden genannten Arten sind durch ihre Inhaltsstoffe recht unterschiedlich: Erstere duftet blumig-rosig, minzig, zitronig mit leichter Schwefelnote (dem

Ätherische Öle von A bis Z 169

Körperduft von rothaarigen Personen recht ähnlich). Die zweite Art duftet blumig-fruchtig, stark rosig, hat wenig Minzenoten und keine Schwefelnote.

Duftnote: Herznote.

Duftintensität: Mittel.

Charakter: Yin.

Element: Wasser.

Eigenschaften

Nervenstärkend, nervlich harmonisierend, psychisch ausgleichend, östrogenartig, hautpflegend und wundheilend, schmerzlindernd, antiseptisch, tonisierend, harntreibend, gewebestraffend, blutstillend, adstringierend.

Anwendungen

Körper: Bei Diabetes, Durchfall, Magen- und Darmkatarrh, Gelbsucht, Nierensteinen, Gürtelrose, inneren Geschwüre (etwa einem Magengeschwür), Entzündungen der Mundschleimhaut, Zunge oder Bindehaut, bei Neuralgie (im Gesicht), Nervenschwäche, nervöser Anspannung, Streß, übermäßiger Menstruation, Blutungen, Hormonstörung während des Klimakteriums, Östrogenmangel, Schwangerschaftsleiden, Gebärmutterblutung, Sterilität der Frau.

Haut/Haar: Allgemeine Hautpflege, bei Hautentzündung, trockenem Ekzem, Seborrhöe, Hautflechte, Akne, Hautgeschwüren, für die Wundheilung und Vernarbung, bei trockener und fettiger Haut (es hat eine ausgleichende Wirkung auf die Talgproduktion), bei Blutungen, schwachem Hauttonus, Bindegewebsschwäche (zur Busenstraffung).

Psyche: Bei Depressionen, Angst, Disharmonie, Gefühlsschwankungen, Aufregung.

Anmerkungen

Geraniumöl ist einer der wichtigsten Rohstoffe für den Duft von Seifen und Toilettenartikeln. Für Frauen nimmt es als östrogenartig wirkendes (im Klimakterium) und gewebestraffendes (bei Cellulite) Öl als Beigabe zu Mischungen einen wichtigen Platz ein. Geraniumöl, insbesondere das der

Rosengeranie, ist sehr gut für Massage-, Bade-, Körperöle und rosenartige Duftkompositionen geeignet. *Rosenöl* läßt sich mit dem Öl der Rosengeranie gut strecken.

Geraniumöl wirkt auf die Nerven sowohl anregend (bei Ruhe, Lethargie und Müdigkeit) als auch beruhigend (bei Aufregung, Streß, Ärger), also insgesamt harmonisierend. Auch als Insektenschutzmittel hat es sich gut bewährt, wenn das Öl mit *Zedernöl* und *Lavendelöl* gemischt wird.

Einschränkungen
Allergie möglich.

Grapefruit siehe Pampelmuse

Guajakholz
(*Bulnesia sarmienti*)
Herkunft: Argentinien, Paraguay.
Gewinnung: Destillation des Holzes.
Merkmale: Pastös, bräunlichgelb. Schmelzpunkt: 40 bis 45 Grad Celsius.
Duft: Holzig, rauchig, etwas rosig – nach Räucherschinken.
Duftnote: Fußnote.
Duftintensität: Mittel.
Charakter: Yang.
Element: Erde.

Anmerkungen
Der Duft von Guajakholzöl eignet sich als Duftkomponente von Herrennoten, das Öl als Streckmittel von *Sandelholzöl* oder Fixativ für rauchige Mischungen. Sein Inhaltsstoff Guajakol ist Bestandteil von geröstetem Kaffee und verleiht ihm den Rauchgeruch.

Ho-Blätter siehe Rosenholz

Honig-Absolue
Ausgangsmaterial: Bienenwachs.

Ätherische Öle von A bis Z　171

Gewinnung: Extraktion der Bienenwaben.
Merkmale: Mittlere Konsistenz, gelb.
Duft: Warm, süß.
Duftnote: Fußnote.
Duftintensität: Stark.
Qualität: Yin.
Element: Wasser.

Anmerkungen
Das Öl ist hautpflegend und entspannend mit starker Ausstrahlung. Sein Duft eignet sich zur Mischung mit blumigen und fruchtigen Noten.
　Das Öl wird von mir hauptsächlich für psychisch wirksame Mischungen genutzt. Es vermittelt Wärme, Geborgenheit und Sättigung.

Einschränkung
Keine Einnahme.

Hyazinthe
(*Hyacinthus orientalis*)
Herkunft: Holland, Asien.
Gewinnung: Extraktion der Blüten (Absolue).
Merkmale: Dünnflüssig, gelblich.
Duft: Süß, krautig, blumig, himbeerartig.
Duftnote: Fußnote.
Duftintensität: Stark.
Qualität: Yin.
Element: Wasser.

Anmerkungen
Das Öl ist ein teures Absolue, dessen Duft vor allem in schweren, orientalischen Duftmischungen seinen Platz findet. Er eignet sich sehr gut zum Abrunden von frischen Duftmischungen. Der beruhigende, harmonisierende, sinnliche Duft offenbart sich erst in starker Verdünnung des Öls. Das ungestreckte Öl empfinde ich eher als narkotisierend und zu aufdringlich. In Duftmischungen für tiefe Ent-

spannung oder Traumreisen hat das Öl bei mir einen festen Platz.
Einschränkung
Keine Einnahme.

Immortelle
(*Helichrysum italicum* = *Helichrysum angustifolium* und *Helichrysum stoechas*)
Herkunft: Provence, Korsika, ehemaliges Jugoslawien, Spanien.
Gewinnung: Destillation der Blüten.
Merkmale: Dünnflüssig, klar bis gelblich.
Duft: Süß, fruchtig, erinnert an Heu oder Tee mit einem Hauch von *Römischer Kamille*.
Duftnote: Fußnote.
Duftintensität: Stark.
Charakter: Yang.
Element: Erde.
Eigenschaften
Entzündungshemmend, antiviral, gewebestraffend, harntreibend, antiallergisch, schleimlösend, entgiftend, stark psychisch wirksam.
Anwendungen
Körper: Bei Migräne, Erkältung, Bronchitis, Sinusitis, Gallenentzündung, Leberschwäche, Diabetes, Magen- und Darminfektionen (durch *Candida albicans*, *Escherichia coli*), Halsinfektionen (von *Staphylococcus*-Arten verursacht), Leberstau, Allergien, schwachem Lymphfluß, Vergiftungen.
Haut/Haar: Bei rauher, schuppiger, unreiner Haut, bei Schuppenflechte, Ekzemen, Allergien, Verbrennungen, als

Ätherische Öle von A bis Z   173

Sonnenschutz, bei Entzündungen der Haut, es macht die
Haut sanft und geschmeidig. Wirkt äußerlich stärker entzündungshemmend als die *Blaue Kamille.*
Psyche: Es ist stark erdend, öffnet das Unterbewußtsein,
konfrontiert aber auch mit tiefsitzenden Ängsten. Es hat
sich als ideal für die psychotherapeutische Arbeit, Trancen,
Traumreisen, Rückführungen erwiesen.

Anmerkungen
Die Immortelle liefert ein wohltuendes Öl für den vergifte-
ten, schwachen und entzündeten Körper. Der eigenwillige
Duft hat tiefe psychische Wirkungen. Für mich ist es ein
wunderbares Geschenk der Natur. Das Öl ist für die therapeutische Arbeit mit dem Unbewußten beziehungsweise mit
allen Prozessen, die ins Dunkel oder die Vergangenheit führen, für mich zum wertvollen und kraftvollen Katalysator
geworden. Gleichwohl gibt es dem Menschen Halt, da es die
Eigenschaften des Yang und des Elements Erde vermittelt.
Das Öl wird oft als Fixativ von Parfüms genutzt.

Einschränkung
Keine Einnahme.

Ingwer
(*Zingiber officinale*)
Herkunft: Jamaika, Indien (Kerala), sonstige Tropen.
Gewinnung: Destillation der getrockneten und gemahlenen
Rhizome.
Merkmale: Dünnflüssig, klar bis gelblich.
Duft: Frisch, holzig, blumig, warm mit würziger Beinote
von *Koriander* und *Zitrone.*
Duftnote: Kopfnote.
Duftintensität: Schwach.
Qualität: Yang.
Elemente: Feuer (Körper) und Luft (Geist).

Eigenschaften
Antiseptisch, wärmend, körperlich anregend, aphrodisie-

174   Die ätherischen Öle und Aquarome

rend, krampflösend, schleimlösend, magenstärkend, milz-
wirksam, fiebersenkend, appetitanregend.

Anwendungen
Körper: Bei allgemeinen Schwächezuständen des Körpers,
Kältezuständen, Kopfschmerzen, Erkältung, Grippe, Hals-
entzündung, Angina, Fieber, Magenkrämpfen, Durchfall,
Blähungen, Verdauungsstörungen, Milzschwäche, Appetit-
mangel, Muskelschmerzen, Muskelermüdung, Arthritis,
Rheuma, Hexenschuß, Ohnmacht, Impotenz.
Geist: Bei mentaler Irritation, Verwirrung. Der Duft regt
das ästhetische Empfinden an.

Anmerkungen
Ingwer verhindert die Oxidation von Speisen und dient so
als natürliches Konservierungsmittel. In der Raumluft bietet
das Öl Ansteckungsschutz bei Infektionskrankheiten.

Iris
(*Iris florentina* und *Iris pallida*)
Herkunft: Europa (vor allem Italien).
Gewinnung: Destillation der fermentierten Rhizome.
Merkmale: Dünnflüssig, gelblich.
Duft: Veilchenartig, mild, süß. Ungestreckt eher ein unan-
genehm starker Duft.
Duftnote: Fußnote.
Duftintensität: Stark.
Qualität: Yin und Yang ausgeglichen.
Elemente: Erde (ungestreckt), Wasser (stark gestreckt).

Anmerkungen
Iriswurzelöl zählt zu den teuersten Essenzen, oft wird es ver-
fälscht oder unter anderem Namen, zum Beispiel als *Veilchen-
wurzel*, angeboten. Meistens wird das Öl von der *Iris pallida*
gewonnen. Aufgrund des hohen Preises kann das Öl nur
gezielt für die Seelenheilung – bei besonders starken psychischen Blockaden und Verletzungen – eingesetzt werden. Es ist
ein sehr gutes Schutzöl gegenüber äußeren Einflüssen (Aura-

Ätherische Öle von A bis Z 175

schutz). In der Kosmetik genügt schon eine minimale Menge, um eine Creme oder Lotion zu einem luxuriösen Pflegemittel zu machen, das die Haut ausgezeichnet nährt und sanft pflegt.

Einschränkung
Keine Einnahme.

Jasmin

(Jasminum officinale, Jasminum grandiflorum und *Jasminum sambac)*
Herkunft: Indien, China, Mittelmeerraum, Nordafrika.
Gewinnung: Enfleurage oder Extraktion der Blüten.
Merkmale: Bei kühlen Temperaturen dickflüssig, gelb bis braun.
Duft: Süß, blumig, narkotisch.
Duftnote: Fußnote.
Duftintensität: Stark.
Qualität: Yin (gestreckt), Yang (pur).
Element: Wasser.

Eigenschaften
Antidepressiv, aphrodisierend, uterustonisierend, antiseptisch, krampflösend, beruhigend, milchtreibend, wehenfördernd.

Anwendungen
Körper: Bei Kopfschmerzen, Husten, Heiserkeit, zu wenig Muttermilch, Gebärmuttererkrankungen, bei der Menstruation (fördernd, schmerzlindernd), Prostatitis, Gonorrhöe, als Geburtshilfe, bei Impotenz oder Frigidität, Nervosität.
Haut/Haar: Hautentzündung, Dermatitis, trockene, sensitive Haut.
Geist: Es regt an und steigert die Aufmerksamkeit.
Psyche: Bei Depressionen, Angst, Phobien, nervöser Erschöpfung, Apathie, prämenstruellem Syndrom, schwacher Libido. Der Duft stimmt leicht und beschwingt, gibt ein Gefühl innerer Weite und regt die Phantasie (bei der Visualisation) an.

Anmerkungen

Jasminöl ist ein teures Öl mit exquisitem Duft. Es wird seit Jahrtausenden als feinstoffliches Heilmittel zur Harmonisierung und zur Hautpflege genutzt. Sein blumig-fruchtiger Duft wird von seinem hohen Bezylacetat-Anteil (bis zu 70 Prozent) bestimmt. Der Duft des puren Öls wirkt stark narkotisierend und kann bedenkenlos im Verhältnis 1 : 10 gestreckt werden, ohne von seiner Intensität und Strahlkraft viel einzubüßen. Der Duft der verschiedenen Jasminarten ist sehr intensiv, blumig-süß und hat äußerst starke Wirkungen auf die Psyche: Er löst Ängste, hilft bei starken Depressionen oder Spannungszuständen und erotisiert in geringsten Dosierungen. Ein Tropfen im Badewasser oder in der Duftlampe ist völlig ausreichend.

Fälschungen des wertvollen Öls sind häufig auf dem Markt. Achten Sie auf den Preis! Reines, echtes Öl kann nicht preiswert sein – man braucht eine Million Blüten für ein Kilogramm Jasminöl.

Wegen seines wunderbaren Duftes eignet es sich gut für alle Parfüms, Massage- und Bademischungen. Jasminöl ist ein wichtiges Öl für Frauen beziehungsweise Mütter.

Einschränkung
Keine Einnahme.

Johanniskraut
(*Hypericum perforatum*)
Herkunft: Europa.
Gewinnung: Destillation der Blüten.
Merkmale: Dünnflüssig, klar bis gelblich.
Duft: Krautig, heuig, süßlich.
Duftnote: Herznote.
Duftintensität: Mittel.
Qualität: Yang.
Element: Erde.

Ätherische Öle von A bis Z 177

Eigenschaften
Antidepressiv, beruhigend, stärkend, wundheilend.

Anwendungen
Körper: Bei Menstruationsstörungen, körperlicher Erschöpfung, während des Klimateriums, bei schlechter Wundheilung.
Psyche: Bei innerer Unruhe, leichten Depressionen, Melancholie, emotionaler Erschöpfung.

Anmerkungen
Ungestreckt ist es ein teures Öl mit valiumähnlicher, angenehm beruhigender und warmer Wirkung. Ein Tropfen auf die Zunge aufgetragen, läßt seine Ausstrahlung bis ins Gehirn wirken, ohne unangenehm zu stimulieren. Es ist keine Toxizität des Öls bekannt. Ich würde dieses kostbare Öl bei starker Aufregung in normaler Dosierung in der Duftlampe oder für die Massage anwenden. In Hautölen reichen bereits wenige Tropfen zur Wundheilung.

Einschränkung
Auf der Haut kann es (auch in Hautölen) bei starker Ultraviolettstrahlung phototoxische Reaktionen auslösen.

Kakao
(*Theobroma cacao*)
Herkunft: Mittelamerika, Südamerika.
Gewinnung: Extraktion der Samen (»Kakaobohnen«).
Merkmale: Dünnflüssig, rotbraun.
Duft: Kräftig, süßlich, leicht bitter, »typisch Kakao«.
Duftnote: Herznote.
Duftintensität: Mittel.

Anmerkungen
Der Weingeistextrakt aus der Kakaobohne eignet sich für sinnliche oder entspannende Duftmischungen. Er kann natürlich auch, äußerst gering dosiert, in der Aromaküche eingesetzt werden.

Einschränkung
Keine Einnahme.

Kalmus

(*Acorus calamus*)
Herkunft: Indien, Osteuropa, USA.
Gewinnung: Destillation der Rhizome.
Merkmale: Dünnflüssig, hell bis gelblich.
Duft: Bitter, erdig, aromatisch.
Duftnote: Fußnote.
Duftintensität: Mittel.
Qualität: Yang.
Element: Erde.
Eigenschaften
Stärkend, magenwirksam.
Anwendungen
Körper: Bei Schwächezuständen.
Psyche: Stabilisierend, stärkend.
Anmerkungen
Das Öl wird zur Aromatisierung alkoholischer Getränke und als Duftbaustein für Parfüms genutzt.
Einschränkungen
Indisches Öl ist durch den Inhaltsstoff Asaron der Sorte Jammu (enthält bis zu 96 Prozent) stark toxisch, indisches Kaschmir-Kalmusöl und europäisches Öl sind (mit einem Asaron-Anteil von 15 Prozent) schwach toxisch, und amerikanisches Öl (es weist kein Asaron auf) ist nichttoxisch. Wenn die Herkunft unbekannt ist, sollte das Öl auf jeden Fall gemieden werden. Weder eine Einnahme noch eine langfristige äußerliche, hochdosierte Anwendung sollte erfolgen. Nur Therapeuten dürfen es einsetzen.

Kamille, Blaue

(*Matricaria recutita* = *Matricaria chamomilla* –
auch: Deutsche Kamille, Echte Kamille)
Herkunft: Ungarn, Deutschland.
Gewinnung: Destillation der Blüten.
Merkmale: Mittelflüssig, tiefblau bis blaugrün und bräunlich.

Ätherische Öle von A bis Z 179

Duft: Krautig, durchdringend süß.
Duftnote: Fußnote.
Duftintensität: Stark.
Qualität: Yin.
Element: Wasser.

Eigenschaften und Anwendungen
Grundsätzlich wie das Öl der *Römischen Kamille*. Wirkt stark entzündungshemmend, regt die Produktion weißer Blutkörperchen an.
Haut/Haar: Bei Verletzungen, zur Wundheilung, bei Entzündungen und Geschwüren.
Psyche: Auf psychischer Ebene hat der Duft des Öls – nach anfänglicher Stimulation – eine stark entspannende Wirkung, vor allem bei nervösen Depressionen, seelischer Unruhe und Schmerz. Der Duft kann das Gefühl der Loslösung vom physischen Körper (einer kosmischen Erfahrung) vermitteln und ist daher sehr hilfreich bei Phantasiereisen, Trancen und Hypnose. Sehr empfehlenswert ist sein Einsatz bei ängstlichem Festhalten am Alten und bei Egozentrik.

Anmerkungen
Die Blaue Kamille unterscheidet sich von der *Römischen* und der *Wilden Kamille* durch einen höheren Azulen-Anteil, der das Öl nach der Destillation blau färbt. Es ist aufgrund des Azulens besonders entzündungshemmend (für die Haut) und geschwürheilend. Diese Wirkung der Blauen Kamille wird nur noch vom *Immortellenöl* übertroffen. Der Duft ist sehr intensiv und durchdringend, daher in Duftmischungen äußerst sparsam und vorsichtig einzusetzen, da er alle anderen Düfte übertönen kann.

Kamille, Römische
(*Chamaemelum nobile, Anthemis nobilis* –
auch: Gelbe Kamille)
Herkunft: England, Frankreich, Osteuropa.
Gewinnung: Destillation der Blüten und der ganzen Pflanze.

180   *Die ätherischen Öle und Aquarome*

Merkmale: Leicht dickflüssig, gelblich bis grünlich.
Duft: Heuig, krautig, würzig (*Anthemis nobilis*).
Duftnote: Herznote.
Duftintensität: Mittel.
Qualität: Yin.
Element: Wasser.

Eigenschaften

Entzündungshemmend, krampflösend, beruhigend, magenwirksam, schmerzlindernd, harntreibend, fiebersenkend,
tonisierend, gefäßverengend, entspannend, menstruationsfördernd.

Anwendungen

Körper: Bei Bindehautentzündung, Gerstenkorn, brennenden oder müden Augen, Kopfschmerzen, Zahnschmerzen,
»Zahnen« (der Kleinkinder), Ohrenschmerzen, Migräne,
Nervenschmerzen, Verdauungsstörungen, Gastritis, Magen-
und Darmkrämpfen, Durchfall, Erbrechen, Magenschmerzen, Blähungen, Menstruationsschmerzen (Krämpfe), Nie-
renentzündung, Harnsteinen, Scheidenkatarrh, Gelbsucht,
Würmern, Rheuma, Fieber, Anämie, Nervosität, Streß, Ein-
schlafproblemen.
Haut/Haar: Allgemeine Hautpflege aller Hauttypen, beson-
ders für trockene, empfindliche Haut und rauhe, spröde
Haut (zur Handpflege), ebenso bei Hautjucken, Abszessen,
Hautallergien, Hautentzündungen, Hautschmerzen, Akne,
Brand- und Schnittwunden (zur Wundheilung und Vernar-
bung), Ausschlag. Es dient der allgemeinen Haarpflege, bei
Schorf der Kopfhaut, als Aufheller für blondes Haar.
Psyche: Bei Ängsten, Depressionen, Furcht, Aufregung,
Hysterie. Der Duft stimmt sanft und ausgeglichen. Auf milde
Weise fördert Kamillenöl die Beruhigung von Geist und Kör-
per und glättet die Wogen aufgepeitschter Emotionen.

Anmerkungen

Zur Klärung der Bezeichnungen: Im Handel können Sie
unterscheiden zwischen der *Römischen* (gelben) *Kamille*

Ätherische Öle von A bis Z 181

und der *Wilden, Marokkanischen Kamille* (*Chamaemelum ormensis, Anthemis mixta*). Deren Öl duftet fruchtiger und ist preiswerter als das der Römischen Kamille. Beide Öle sind in ihren Wirkungen ähnlich und recht teuer. Alle Kamillenöle stellen »Besänftiger« für Körper, Geist und Seele dar. Sie sind typische Entspannungsmittel und in hoher Verdünnung auch für Kleinkinder geeignet.

Kamillenöl ist ein Universalöl bei vielen Schmerzzuständen und gehört in die Aroma-Hausapotheke. Es eignet sich besonders für die äußerliche Behandlung von Entzündungen, da es nicht nur die Bakterien, sondern auch die von ihnen produzierten toxischen Stoffe neutralisiert. Daher ist Kamillenöl bei akuter Sinusitis oder bronchialer Infektion besonders wirksam (durch Inhalation, Wickel oder Einreibung).

Kamille, Wilde siehe Kamille, Römische

Kampfer
(*Cinnamomum camphora*)
Herkunft: Japan, China, Indien.
Gewinnung: Destillation des Holzes.
Merkmale: Dünnflüssig, klar (weißes Kampferöl).
Duft: Eukalyptusartig, medizinisch, sehr scharf.
Duftnote: Kopfnote.
Duftintensität: Schwach.
Qualität: Yin.
Element: Luft.

Eigenschaften
Herzstärkend, anregend und beruhigend (Herz, Atmung, Kreislauf), kühlend und wärmend, antiseptisch, schmerzlindernd, krampflösend, blutdruckerhöhend, windtreibend, schweißtreibend, harntreibend, menstruationsfördernd.

Anwendungen
Körper: Bei allgemeiner Schwäche, Herzschwäche, Herz-

rhythmusstörungen, psychosomatischen Leiden, nervösen Leiden, Bronchitis, Erkältung, Fieber, Lungenentzündung, Magen- und Darmbeschwerden, Erbrechen, Rheuma, Gicht, schwacher Harnproduktion, Pilzinfektionen, Reizzuständen der Geschlechtsorgane, Verstauchungen, Prellungen, Bluterguß, Schlafproblemen, Ohnmacht.

Haut/Haar: Wärmt und kühlt die Haut, wirkt ausgleichend bei Hitze und Kälte, ist hilfreich bei Wunden, Verbrennungen, Akne, Geschwüren, zur allgemeinen Hautpflege, bei schwachem Hautstoffwechsel, fetter Haut, zur Hautreinigung.

Geist: Bei mentaler Erschöpfung, Verwirrung, Unklarheit, Konzentrationsschwäche.

Psyche: Das Öl wirkt anregend bei Depressionen, beruhigend bei Überreiztheit oder einem Schock.

Anmerkungen

Es handelt sich um ein sehr wertvolles Öl bei Herzschwäche und psychosomatischen Leiden, das für die äußerliche Anwendung gering dosiert werden muß. Kampferöl verhindert das Wachstum von *Aspergillus flavus* und *Aspergillus sulphureus*, *Curvularia* und *Fusarium* (toxischen Pilzen, die sich bei der Lagerung von Lebensmitteln entwickeln). Auch *Penicillium citrinum*, der Schimmelpilz auf Zitronen, wird durch Kampferöl abgetötet – und das schon bei einer Verdünnung im Verhältnis von 4 : 1000. Das Öl wirkt wie viele synthetische Konservierungsmittel. Das braune und das gelbe Kampferöl sind stark toxisch und sollten gänzlich gemieden werden.

Einschränkungen

Bei zu hoher Dosierung für eine innerliche Anwendung oder bei äußerlichem langfristigem Gebrauch – selbst bei geringer Dosierung – entfaltet es eine toxische Wirkung. Kontraindiziert ist es bei Schwangerschaft, Epilepsie und homöopathischer Behandlung. Es irritiert und reizt sensitive Haut; starke Dosierung führt zu Hautrötung.

Ätherische Öle von A bis Z　　　　　183

Kardamom
(Elettaria cardamomum)
Herkunft: USA, Indien, Südamerika.
Gewinnung: Destillation der Früchte.
Merkmale: Dünnflüssig, hell.
Duft: Würzig, frisch, holzig, leichte Eukalyptusnote.
Duftnote: Herznote.
Duftintensität: Schwach.
Qualität: Yang.
Element: Feuer.

Eigenschaften
Verdauungsfördernd und -regulierend, magenstärkend, tonisierend, antiseptisch, krampflösend, harntreibend, aphrodisierend.

Anwendungen
Körper: Bei Verdauungsstörungen, Appetitmangel, schwachem Magen, Sodbrennen, Erbrechen, Übelkeit, Blähungen, Koliken, Spasmen, Unterleibsschmerzen, körperlichen Schwächezustände, Husten, Impotenz.
Geist: Bei mentaler Erschöpfung, starker Verwirrung, klärt die Gedanken.

Anmerkungen
Erfrischendes, anregendes Badeöl. Wichtiger Bestandteil orientalischer Duftmischungen.

Einschränkungen
Kontraindiziert bei Schwangerschaft. Hautreizend schon bei geringer Dosierung.

Karottensamen
(Daucus carota)
Herkunft: Polen, Ungarn, Frankreich.
Gewinnung: Destillation der (oft fälschlich auch als »Samen« bezeichneten) Früchte.
Merkmale: Dünnflüssig, gelblichorange.

Duft: Waldig, erdig.
Duftnote: Fußnote.
Duftintensität: Mittel.
Qualität: Yang.
Element: Erde.

Eigenschaften
Tonisierend, menstruationsfördernd, innerlich reinigend, hautnährend und hautpflegend, zytophylaktisch, leicht aphrodisierend.

Anwendungen
Körper: Bei Leberinfektionen, Gallenblasenschwäche, zu schwacher oder schmerzhafter Menstruation, schwachem Lymphfluß, Milzschwäche, Nervosität.
Haut/Haar: Das Öl eignet sich zur allgemeinen Hautpflege, besonders bei reifer, fettiger oder sehr trockener Haut, bei Akne, Schuppenflechte, Vernarbung, Falten, trockenem Haar und als Hautschutzöl.

Anmerkungen
Das Öl hat einen leicht animalischen, aphrodisierenden Duft als Hintergrund. Es ist ein ausgezeichneter Fond für Duftmischungen mit Düften von Hölzern und Gewürzen. Als Hautpflegeöl genügen schon wenige Tropfen in der Hautcreme. Es enthält keine Karotine und färbt die Haut nicht.

Einschränkungen
Es ist kontraindiziert bei Schwangerschaft und ruft auf der Haut – in einem Hautöl aufgetragen – bei starker Ultraviolettstrahlung phototoxische Reaktionen hervor.

Kiefer
(*Pinus sylvestris*)
Herkunft: Rußland, ehemaliges Jugoslawien, Alpenländer.
Gewinnung: Destillation der Nadeln.
Merkmale: Dünnflüssig, klar.
Duft: Waldig, frisch.

Ätherische Öle von A bis Z 185

Duftnote: Kopfnote.
Duftintensität: Schwach.
Qualität: Yin.
Element: Luft.
Eigenschaften
Entzündungshemmend, antiseptisch, schleimlösend, durchblutungsfördernd.
Anwendungen
Körper: Bei Entzündungen der Atemorgane, Harnwege, Gallenblase und Leber, bei Grippe, Nebennierenunterfunktion, Gallensteinen, Schmerzen der Gedärme.
Geist: Bei Verwirrung, Unklarheit.
Psyche: Als Schutzöl gegen negative Einflüsse.
Anmerkungen
Wertvolles Saunaöl. Kiefernöl ist gut für die Luftreinigung von Publikumsräumen und als Schutz vor Infektionskrankheiten einsetzbar.

Knoblauch
(Allium sativum)
Herkunft: Europa, vor allem Mittelmeerländer.
Gewinnung: Destillation oder Pressung der Zwiebel.
Merkmale: Mittelflüssig, gelblich.
Duft: Durchdringend, stechend, »typisch Knoblauch«.
Duftnote: Fußnote.
Duftintensität: Stark.
Qualität: Yang.
Element: Erde.
Eigenschaften
Stark antiseptisch, pilztötend, antibakteriell, antiviral, entgiftend, blutreinigend, krampflösend, blutdruckregulierend, herzstärkend, blähungswidrig, darmreinigend, appetitanregend, fiebersenkend, harntreibend.
Anwendungen
Körper: Bei allgemeiner Schwäche, Infektionen, Erkältung,

Bronchitis, Asthma, Verdauungsstörungen, Blähungen, Appetitmangel, Darmparasiten (auch Würmern), Kreislaufschwäche, Harnsteinen, Nierensteinen, schwacher Harnproduktion, Blaseninfektion, hohem Cholesterinspiegel, Rheuma, Gicht, Arthritis, Gonorrhöe, Krebs, Aids (als begleitende Therapie).

Haut/Haar: Günstigen Einfluß hat das Öl auch auf Hühneraugen, Warzen, Schwielen, Geschwüre, Krätze, kalte Abszesse, Insektenstiche.

Anmerkungen
Das Öl wird selten über den nichtpharmazeutischen Handel angeboten, ist jedoch in Apotheken meistens zu erhalten. Das destillierte Öl enthält die antiviral wirkenden Stoffe Allicin oder Ajoen nicht. Sein Duft ist sehr stark – daher die Flasche gut verschließen! Nicht mit anderen ätherischen Ölen lagern. Für die Aromaküche (etwa zu Kräuteressig, Marinaden, Kräuterölen) äußerst gering dosieren.

Koriander
(*Coriandrum sativum*)
Herkunft: Indien, Türkei, Osteuropa.
Gewinnung: Destillation der Früchte.
Merkmale: Dünnflüssig, klar bis gelblich.
Duft: Pfeffrig, würzig, frisch, grün.
Duftnote: Kopfnote.
Duftintensität: Stark.
Qualität: Yang.
Element: Feuer.

Eigenschaften
Körperlich anregend, magenstärkend, appetitanregend, verdauungsfördernd, tonisierend, krampflösend, schmerzlindernd, sanft wärmend, aphrodisierend.

Anwendungen
Körper: Bei körperlichen Schwächezuständen, Verdauungsstörungen, Magen- oder Darmkrämpfen, Blähungen, Appe-

Ätherische Öle von A bis Z 187

titmangel, Nervenschmerzen, Rheuma, Impotenz oder Frigidität, Nervosität.
Geist: Bei nervöser, geistiger Erschöpfung. Es weckt schöpferische Fähigkeiten.

Anmerkungen
Koriander liefert in Verbindung mit Nadelhölzern einen idealen Duft für Arbeitsräume. Wegen des intensiven, eigenwilligen Duftes muß das Öl dabei gering beziehungsweise vorsichtig dosiert werden.

Einschränkungen
Kontraindiziert ist es bei Schwangerschaft. Bei hoher Dosierung reizt es die Haut.

Kreuzkümmel
(*Cuminum cyminum*)
Herkunft: Mittlerer Osten, Zypern, Sizilien, China, Indien.
Gewinnung: Destillation der zerkleinerten Früchte.
Merkmale: Dünnflüssig, bräunlichgelb.
Duft: Stark würzig, pudrig.
Duftnote: Kopfnote.
Duftintensität: Schwach.
Qualität: Yang.
Elemente: Feuer und Erde.

Eigenschaften
Verdauungsfördernd, magenstärkend, krampflösend, appetitanregend, aphrodisierend, wärmend.

Anwendungen
Körper: Bei Verdauungsstörungen, Magen- und Darmkrämpfen, Blähungen, Durchfall, Herz- und Kreislaufschwäche, Impotenz oder Frigidität.

Anmerkungen
Kreuzkümmel ist verwandt mit *Koriander*, Bestandteil der bekannten Currys. Er wird in der indischen Küche eingesetzt. Sein Duft verstärkt Iris- und Ambranoten in Parfüms.

Kümmel (*Carum carvi*)
Herkunft: Indien, Pakistan, Rußland, Polen, Ungarn, Deutschland.
Gewinnung: Destillation der Früchte.
Merkmale: Dünnflüssig, klar.
Duft: Würzig, frisch, »typisch Kümmel«.
Duftnote: Herznote.
Duftintensität: Mittel.
Qualität: Yang.
Element: Feuer.

Eigenschaften
Körperlich anregend, herzberuhigend, magenstärkend, verdauungsfördernd, krampflösend, blähungswidrig, harntreibend, menstruationsfördernd, milchtreibend, aphrodisierend.

Anwendungen
Körper: Bei nervösen Verdauungsstörungen, Magenkrämpfen, Blähungen, Appetitmangel, Schluckauf, Verstopfung, trägem Darm, Herzrasen oder Herzflattern, schmerzhafter, verspäteter oder schwacher Menstruation, Impotenz oder Frigidität.

Einschränkungen
Kontraindiziert bei Schwangerschaft. Hautreizend bei hoher Dosierung.

Labdanum
(*Cistus labdaniferus*)
Herkunft: Zypern, Kreta, Frankreich, Spanien.
Gewinnung: Destillation des Harzes von *Cistus labdaniferus* (siehe *Cistrose*).
Merkmale: Dünnflüssig, gelblich.
Duft: Leder-, ambra-, moosartig, süßlich, heuig.
Duftnote: Herznote.

Ätherische Öle von A bis Z 189

Duftintensität: Mittel.
Qualität: Yang.
Element: Erde.

Anwendungen
Körper: Es wirkt heilsam bei Geschwüren der Haut.
Psyche: Bei innerer Unruhe und Zerrissenheit, Wurzellosigkeit, Oberflächlichkeit.

Anmerkungen
Das Öl ist Bestandteil des Chypre-Duftes. Sein Duft verbindet sich bestens mit Blütendüften und gibt ihnen Stabilität. Ladanum liefert seit alters her einen klassischen Duft für Meditation und Zentrierung.

Latschenkiefer
(*Pinus mugo, Pinus montana*)
Herkunft: Alpenländer.
Gewinnung: Destillation
der Nadeln.
Merkmale: Dünnflüssig, klar.
Duft: Balsamisch, frisch,
waldig.
Duftnote: Kopfnote.
Duftintensität: Schwach.
Qualität: Yin.
Element: Luft.

Eigenschaften
Antiseptisch, schleimlösend, tonisierend, lufterfrischend.

Anwendungen
Körper: Bei Infektionen der Atemwege, Erkältung, Heiserkeit, Muskelverspannung.
Geist: Bei mentaler Erschöpfung, Verwirrung.

Anmerkungen
Latschenkiefernöl ist ein gutes Sauna- und Inhalationsöl. Es ist hilfreich für die Luftreinigung und Luftdesinfektion bei Infektionskrankheiten.

Lavandin

(*Lavandula hybrida*, *Lavandula fragrans*)

Lavandin ist eine Züchtung (Hybride). Der Duft des Lavandinöls gleicht dem des gewöhnlichen *Lavendelöls*, besitzt aber eine deutliche Kampfernote und ist frischer.

Die Pflanze hat mehr Blüten, liefert daher auch mehr ätherisches Öl, das jedoch weniger Ester und dafür mehr Kampfer enthält. Die beste Qualität (»Lavandin super«) enthält etwa 6 Prozent Kampfer und bis zu 50 Prozent Ester. Diese und die preiswerteren Qualitäten (»Lavandin grosso« mit 30 Prozent Ester und 5 Prozent Kampfer sowie »Lavandin abrialis« mit 30 Prozent Ester und 9 Prozent Kampfer) finden weiten Einsatz in Putzmitteln, Waschmitteln und Kosmetika. Lavandinöl hat nicht so viele verschiedene Inhaltsstoffe wie die Öle der Ausgangspflanzen der Züchtung und verfügt daher nicht über die gleichen Wirkungen.

Als antiseptischer und angenehm duftender Zusatz ist das Öl in der Waschmaschine und in Putzmitteln verwendbar. Es ist deutlich preiswerter als Lavendelöl.

Lavendel

(*Lavandula angustifolia* ssp. *angustifolia* = *Lavandula officinalis* = *Lavandula vera*)

Herkunft: Frankreich, ehemaliges Jugoslawien, England, Griechenland, USA. Gewinnung: Destillation des Blütenstandes.
Merkmale: Dünnflüssig, klar bis bläulich.
Duft: Frisch, kräuterartig, blumig, herb, »typisch Lavendel«. Leicht bis stark kampferartig und unterschiedlich

Ätherische Öle von A bis Z 191

bei den verschiedenen Sorten und Qualitäten.
Duftnote: Herznote.
Duftintensität: Mittel.
Qualität: Yin und Yang ausgeglichen.
Element: Luft.

Eigenschaften

Nervenstärkend, beruhigend, schlaffördernd, die Herztätigkeit regulierend, schmerzlindernd, hautpflegend, zytophylaktisch, antiseptisch, krampflösend, harntreibend, schweißtreibend, tonisierend, den Gallenfluß anregend, entgiftend, entzündungshemmend, desodorierend, leicht anaphrodisierend.

Anwendungen

Körper: Bei Augenentzündung, Bindehautentzündung, Kopf- oder Ohrenschmerzen (Fieberkopfschmerz), Migräne, Asthma, Bronchitis, Keuchhusten, Grippe, Aphthen, Kehlkopfentzündung, Halsentzündung, Herzklopfen oder Herzrasen, Verdauungsstörungen, Blähungen, Durchfall, Übelkeit, Gallensteinen, schmerzhafter oder schwacher Menstruation, Blasenkatarrh, Gonorrhöe, Leukorrhöe, Infektion mit *Candida albicans* oder *Monilia*, Bluthochdruck, Koliken, Rheuma, Muskelkater, Zerrungen, Verstauchung, Leukozystose, Lebensmittelvergiftung, eitrigen Prozessen, Sonnenstich, Schwangerschaftsstörungen, Nervosität, Einschlafproblemen, Streß.
Haut/Haar: Ebenso eignet es sich zur Hautpflege für alle Hauttypen, zur Förderung der Zellerneuerung, bei schwachem Hauttonus, Abszessen, Akne, Fisteln, Ekzemen, Geschwüren, Warzen, Furunkeln, Krätze, Läusen, Cellulite, Hautentzündungen, Juckreiz, Wunden, Verbrennungen, zur besseren Vernarbung, bei Fußpilz und zu starker Schweißproduktion.
Geist: Bei Unklarheit, Verwirrung, Sorgen, Alpträumen.
Psyche: Bei Depressionen, Überreiztheit, Anspannung, sein Duft glättet die Wogen der Emotionen. Es ist ein Duft zum Abschalten, ebenso bei sexueller Anspannung.

192   *Die ätherischen Öle und Aquarome*

Anmerkungen

Zur Unterscheidung der verschiedenen Lavendelöl-Qualitäten:
»Normales« Lavendelöl wächst in Lagen bis 800 Meter und hat
eine sehr leichte Duftnote sowie etwa zwei Prozent Kampfer.
Als »Lavendel extra« bezeichnet man eine besonders gute Qualität des »normalen« Lavendelöls, das einen hohen Ester-Gehalt
hat. »Lavendel fein« hat einen sehr feinen Duft, einen sehr
hohen Ester-Gehalt und kaum Kampfer. Die Pflanze, die dieses
Öl liefert, wächst in über 800 Meter Höhe, meist wild und wird
daher auch oft als Wildsammlung angeboten.

Das schlechthin universale Heilöl finden Sie im Lavendelöl. Es ist nicht nur preiswert, sondern verfügt über ein fast
unerschöpfliches Wirkungsspektrum. Durch seine vielen
Inhaltsstoffe (über zweihundert), die immer noch nicht
gänzlich erfaßt und bekannt sind, eignet es sich ganz besonders für Mischungen, da es die Wirkungen anderer Öle zu
verstärken scheint. Lassen Sie sich nicht von sehr preiswer-
ten Angeboten locken, man bietet Ihnen wahrscheinlich
Lavandinöl (siehe dort) an.

Das Öl hat primär eine erfrischende, erneuernde, harmonisierende und beruhigende Wirkung auf den gesamten
Menschen: auf Körper, Geist und Seele. Sein Duft verlagert
die Energie des Geistes in die rechte fühlende Gehirnhälfte.

Lavendelöl ist weder toxisch noch hautreizend. Es ist ein
gutes Kinderheilöl, da es eine sanfte Wirkung hat. Das Öl
eignet sich zur Reinigung der Raumluft (bei Küchendünsten
oder Rauch) und zum Ausgleichen einer schlechten Atmosphäre.

Schopflavendel
(*Lavandula stoechas*)

Diese Art hat viel Kampfer und wird selten angeboten. Der
Duft des Öls ist leicht muffig und herb. Das Öl ist stark
infektionshemmend und eignet sich zur Luftreinigung.
Schopflavendelöl ist hilfreich bei Nervosität und stärkt das

Ätherische Öle von A bis Z 193

Herz. Es wird auch bei rheumatischen Beschwerden und Durchblutungsstörungen empfohlen.

Speiklavendel
(Lavandula latifolia, Lavandula spica)
Speiklavendel (auch »Spiklavendel« und »Spanischer Lavendel« genannt) enthält bis zu 15 Prozent Kampfer und duftet daher deutlich anders als der gewöhnliche Lavendel. Die Pflanze produziert dreimal mehr Öl als *Lavandula officinalis*. Das Öl eignet sich besonders bei Erkrankungen der Atemwege. Speiklavendelöl hat eine deutliche Wirkung bei mentaler Erschöpfung und ist herz-, magen- und gehirnstärkend. Es wirkt wärmend und körperlich stärkend. Außerdem ist das Öl gut bei Verspannungen und Nervenschmerzen.

Lemongrass
(Cymbopogon citratus, Cymbopogon flexuosus)
Herkunft: Indien (»Indisches Verbenaöl«, *Cymbopogon flexuosus*) Sri Lanka, Madagaskar, Afrika, Haiti, Jamaika, Guatemala (*Cymbopogon citratus*).
Gewinnung: Destillation der Blätter.
Merkmale: Dünnflüssig, gelblich.
Duft: Intensiv, frisch, zitronig (*Cymbopogon citratus*) oder krautig (*Cymbopogon flexuosus*).
Duftnote: Kopfnote.
Duftintensität: Stark.
Qualität: Yang.
Element: Luft.
Eigenschaften
Antiseptisch, antibakteriell, anregend, desinfizierend, schmerzstillend, fördert die Blutgerinnung, desodorierend, erfrischend.
Anwendungen
Körper: Bei Erkältung, Grippe, Kopfschmerz, Migräne, Magenschmerzen, Muskelschmerzen, Rheuma, Bindege-

webssschwäche, schwachem Unterfettgewebe (besonders der Brust), Vergiftung, schwachem Immunsystem, Blutungen, Lymphstau, Ödemen, Verstauchung, Quetschung.

Geist: Bei Konzentrationsschwäche, Verwirrung, mentaler Erschöpfung.

Psyche: Bei Lethargie, negativer Stimmung.

Anmerkungen

Lemongrasöl ist ein ausgezeichnetes Lufterfrischungs- und Luftreinigungsöl in der Duftlampe oder im Verdunster. Es desinfiziert in hoher Verdünnung im Wisch- und Putzwasser und verhindert das Wachstum des Schimmelpilzes *Aspergillus niger*. In dieser Hinsicht übertrifft Lemongrasöl das *Kampferöl* bei weitem.

Seine Wirkung auf den Geist ist intensiv und schnell: Jegliche Müdigkeit verfliegt sofort. Durch seine Wirkstoffmischung von Myrcene, Neral, Citronellal und Geranial ist Lemongras ein stark schmerzlinderndes Mittel (die brasilianische Urbevölkerung kennt diesen Zusammenhang seit langem).

Einschränkungen

Das Öl kann sensitive Haut irritieren, es ist sehr aggressiv. Pures Öl greift Kunststoffe an.

Weitere Arten von Lemongras siehe *Citronella*.

Limette

(*Citrus aurantii folia*)

Herkunft: Mexiko, karibischer Raum (»Key-Limette«); Persien, Florida, Tahiti (»Tahiti-Limette«).

Gewinnung: Kaltpressung der Fruchtschale oder Destillation des Saftes.

Merkmale: Dünnflüssig, gelblich.

Duft: Zitronig, frisch, herb – nach Coca-Cola. Kaltgepreßtes Öl riecht spritziger als das aus der Destillation gewonnene.

Duftnote: Kopfnote.

Duftintensität: Schwach.
Qualität: Yin.
Element: Luft.
Eigenschaften
Antiseptisch, antiviral, antidepressiv, verdauungsför-
dernd, magenstärkend, diuretisch, hautstraffend, desodo-
rierend.
Anwendungen
Körper: Bei Verdauungsproblemen, Blähungen, Bindege-
websschwäche, Wasserstau, Müdigkeit.
Haut/Haar: Hautstraffung.
Geist: Bei mentaler Erschöpfung, Kreativitätsmangel.
Psyche: Bei Depressionen, Lethargie, Teilnahmslosigkeit.
Anmerkungen
Limettenöl ist ein gutes Öl für Duschgels und Sportöle. Er-
frischt und desinfiziert die Raumluft, wirkt also gegen die
Übertragung von Infektionskrankheiten.
Einschränkungen
Es kann sensitive Haut irritieren. Gelangt kaltgepreßtes Öl
auf die Haut, ruft es phototoxische Reaktionen hervor.

Linaloeholz
(*Bursera penicillala*, *Bursera delpechiana*)
Herkunft: Mexiko.
Gewinnung: Destillation der Rinde und des Holzes.
Merkmale: Dünnflüssig, gelblich.
Duft: Rosig, frisch.
Duftnote: Herznote.
Duftintensität: Schwach.
Qualität: Yin.
Element: Wasser.
Anmerkung
Linaloe-Öl bietet einen Ersatz für das bisher benutzte
Rosenholzöl (siehe *Rosenholzbaum*).

Litsea (May Chang)
(*Litsea cubeba*)
Herkunft: China, Taiwan.
Gewinnung: Destillation der Früchte, Blätter und Rinde.
Merkmale: Dünnflüssig, gelblich.
Duft: Frisch, zitronig.
Duftnote: Kopfnote.
Duftintensität: Stark.
Qualität: Yin.
Element: Luft.
Eigenschaften
Tonisierend, antiseptisch, pilztötend, herzwirksam, erfrischend, luftreinigend, mental anregend.
Anwendungen
Körper: Bei Muskel- und Bindegewebsschwäche, Pilzinfektion, einem Tumor, chronischem Asthma, Bluthochdruck, Herzkranzgefäßerkrankungen, Herzrhythmusstörungen.
Geist: Bei mentaler Erschöpfung, Konzentrationsmangel.
Anmerkungen
Litsea-Öl ist ein sehr gutes Öl für die Luftreinigung und Lufterfrischung (vor allem in Küche und Bad). Es hat nachweislich Erfolg bei der Behandlung von Tumoren, und zwar durch seinen hohen Citral-Anteil (etwa 73 Prozent). In hoher Verdünnung wirkt das Öl gegen den Schimmelpilz *Aspergillus niger*.
Einschränkungen
Das Öl ist stark hautreizend. Pures Öl ist sehr aggressiv und greift Kunststoffe an.

Lorbeer
(*Laurus nobilis*)
Herkunft: Balkan, Türkei.
Gewinnung: Destillation der Blätter.
Merkmale: Dünnflüssig, klar.
Duft: Kräftig, eukalyptusähnlich.

Ätherische Öle von A bis Z 197

Duftnote: Kopfnote.
Duftintensität: Schwach.
Qualität: Yang.
Element: Luft.
Eigenschaften
Magenstärkend, verdauungsfördernd, appetitanregend, mental klärend.
Anwendungen
Körper: Bei Verdauungsproblemen, Blähungen, Appetitmangel, Magenschwäche.
Geist: Bei Unklarheit, Verwirrung; es öffnet das »Dritte Auge«, unterstützt hellseherische Fähigkeiten.

Majoran
(*Majorana hortensis, Origanum majorana*)
Herkunft: Mittelmeerraum, Indien.
Gewinnung: Destillation der Blätter und Blüten.
Merkmale: Dünnflüssig, klar.
Duft: Grün, krautig, frisch, süß.
Duftnote: Herznote.
Duftintensität: Schwach.
Qualität: Yang.
Element: Wasser.
Eigenschaften
Beruhigend, nervenstärkend, krampflösend, verdauungsfördernd, menstruationsfördernd, wärmend, antiseptisch, schleimlösend, schmerzlindernd, herzstärkend, blutdrucksenkend, tonisierend, anaphrodisierend.
Anwendungen
Körper: Bei Kopfschmerzen, Migräne, Erkältung, Asthma, Verdauungsstörungen, Magen- oder Darmkrämpfen, Blähungen, Verstopfung, Bluthochdruck, Kältegefühl, schmerzhafter oder ausbleibender Menstruation, Leukorrhöe, Nervosität, Einschlafproblemen.
Haut/Haar: Es fördert die Wundheilung bei Hautverletzungen.

Psyche: Bei seelischen Leiden, Sorgen, Kummer, Unruhe, Unausgeglichenheit, einem starken Sexualtrieb.

Anmerkungen

Majoranöl kann in gewöhnlicher Dosierung sehr tief entspannen und zum völligen »Abschalten« führen. Daher ist das Öl sehr wertvoll, wenn das Nervensystem »überreizt«, der Blutdruck hoch ist und eine Entspannung unmöglich erscheint (bei extremem Streß verbunden mit Appetitmangel und Einschlaf- sowie Durchschlafproblemen). Als Einschlafhilfe genommen kann Majoran intensive Träume zur Folge haben, die aber nicht sexuellen Inhalts sind. Das Öl wirkt wärmend in Körperölen und im Bad.

Einschränkungen

Kontraindiziert ist es bei Schwangerschaft, toxisch bei Einnahme hoher Dosen oder bei langfristiger äußerlicher Anwendung in normaler Dosierung. Für die Raumbeduftung mit Hilfe einer Duftlampe und für die Massage ist es nicht bedenklich.

Mandarine

(*Citrus deliciosa, Citrus madurensis*)
Herkunft: Mittelmeerraum, Brasilien
Gewinnung: Kaltpressung der Fruchtschalen.
Merkmale: Dünnflüssig, sattes Gelb bis Rotbraun (aus Italien) oder leichtes Grün (aus Brasilien).
Duft: Süß, fruchtig.
Duftnote: Kopfnote.
Duftintensität: Mittel.
Qualität: Yang.
Element: Wasser.

Eigenschaften

Antidepressiv, entspannend, magenstärkend, verdauungsfördernd, appetitanregend, krampflösend.

Anwendungen

Körper: Bei Magen-, Darm- oder Gallenschwäche, Appetit-

Ätherische Öle von A bis Z 199

mangel, Verdauungsproblemen, Muskelverspannung, Nervosität, Streß.
Psyche: Bei emotionaler Verletzung, Lethargie, Depressionen, Angstzustände, prämenstruellem Syndrom, Ärger, innerer Unruhe, Trauer.

Anmerkungen
Der Duft wird von Kindern sehr geschätzt. Das Öl eignet sich besonders für Massagen bei verspannten Muskeln und leichten Depressionen.

Einschränkungen
In Hautölen ruft es bei starker Ultraviolettstrahlung phototoxische Reaktionen hervor. Es wirkt leicht hautreizend.

Mandarinenholz
(*Cinnamomum suitok*)
Herkunft: Indonesien.
Gewinnung: Destillation des Holzes.
Merkmale: Dünnflüssig, gelblich.
Duft: Holzig, fruchtig, zimtartig.

Anmerkungen
Das Öl hat nichts mit dem von der Zitrusfrucht gemeinsam. Der Baum ist mit dem Zimtbaum verwandt, und das Öl enthält, wie das *Zimtöl*, Eugenol, aber kein Zimtaldehyd. Sein Duft stimuliert bei mentalen, das Öl selbst bei körperlichen Schwächezuständen.

Melisse
(*Melissa officinalis*)
Herkunft: Mittelmeerraum.
Gewinnung: Destillation der Blütenknospen und Blätter.
Merkmale: Dünnflüssig, klar bis gelblich.
Duft: Frisch, zitronig, hell.
Duftnote: Herznote.
Duftintensität: Stark.

Qualität: Yin und Yang ausgeglichen.

Element: Luft.

Eigenschaften

Tonisierend, antidepressiv, nervenstärkend, herzstärkend, gehirnstärkend, blutdrucksenkend, krampflösend, schweißtreibend, verdauungsfördernd, fiebersenkend, uteruswirksam, menstruationsfördernd.

Anwendungen

Körper: Bei allgemeiner körperlicher Schwäche, Kopfschmerz, Migräne, Erkältung, Fieber, Asthma, Herzklopfen oder Herzrasen, Verdauungsstörungen, Übelkeit, Erbrechen, Magen- oder Darmkrämpfen, Durchfall, Würmern, schmerzhafter, ausbleibender, schwacher Menstruation, Bluthochdruck, Gebärmutterleiden, Wetterfühligkeit, Nervosität, Nervenschwäche, einem Nervenzusammenbruch, Einschlafproblemen.

Haut/Haar: Bei Herpes, Neuralgie, Hautallergien, Insektenstichen.

Geist: Bei mentaler Erschöpfung, Verwirrung, Konzentrationsschwäche, Kreativitätsmangel.

Psyche: Bei Depressionen, Melancholie, Traurigkeit, Schock, Panik, Lethargie.

Anmerkungen

Das Öl der echten Melisse, von der die Ausbeute nur 0,05 Prozent beträgt, ist sehr teuer und zeichnet sich durch einen warmen Unterton aus. Es ist sehr duftintensiv, Sie benötigen daher nur sehr wenig Öl, um einen Raum zu beduften. Aufgrund seines hohen Citral-Anteils (Citronellal 20 Prozent, Neral 14 Prozent) ist Melissenöl ein stark pilztötendes und antiseptisches Öl. Es gleicht in dieser Hinsicht dem *Lemongrasöl* und dem *Litsea-Öl*. Melissenöl wirkt kühlend bei einem Bad und in einer Kompresse (und ist daher gut bei Fieber).

Das im Handel benannte »Zitronenmelissenöl« wird entweder durch das gemeinsame Destillieren von Melisse mit

Ätherische Öle von A bis Z

Citronella oder Lemongras gewonnen oder durch das Strecken des Melissenöls mit Citronellaöl. Dadurch erhält man eine sehr viel preiswertere Essenz, die oft als »Melissenöl« angeboten wird. Sie duftet spritziger, schärfer und weniger warm.

Auch das Öl von *Citronella* oder von *Katzenminze* (siehe Minzen) wird von weniger qualitätsbewußten Händlern als Melissenöl angeboten. Achten Sie auf den Preis, und Sie werden den Unterschied erkennen – reines Melissenöl kostet wesentlich mehr.

Einschränkungen
Kontraindiziert ist es bei Schwangerschaft und homöopathischer Behandlung. Es kann sensitive Haut irritieren.

Mimose
(*Acacia decurrens*)
Herkunft: Mittelmeerraum, Marokko.
Gewinnung: Extraktion der Blüten.
Merkmale: Pastös, gelb.
Duft: Gelb, warm, blumig, bananenartig.
Duftnote: Fußnote.
Duftintensität: Stark.
Qualität: Yang.
Element: Wasser.

Eigenschaften
Entzündungshemmend, beruhigend, hautnährend, blutreinigend, Leber und Galle stärkend.

Anwendungen
Haut/Haar: Hilfreich bei einer Hautentzündung und bei trockener Haut.
Psyche: Bei Unruhe, Angstzuständen, Trauer, Sorgen, Verschlossenheit, seelischer Verhärtung.

Einschränkung
Keine Einnahme.

Minzen
Herkunft: Verschiedene.
Gewinnung: Destillation des ganzen Krautes.
Merkmal: Dünnflüssig, klar.
Duft: Verschiedene, meist frisch, mentholartig, stechend.
Duftnote: Kopfnote.
Duftintesität: Stark.
Qualität: Yang.
Element: Luft.

Ackerminze
(*Mentha arvensis*)
Herkunft: Verschieden.
Übrige Angaben wie bei Pfefferminze.
Anmerkungen
Mentha arvensis, die Ackerminze (auch »Japan-Minze« und »Kornminze« genannt), hat einen deutlich höheren Menthol-Anteil (bis zu 90 Prozent) als die Pfefferminze. Dadurch ist der Duft des Öls frischer, schärfer, und seine schleimlösende Wirkung auf die Atemwege und mentale Anregung stärker. Es ist preiswerter als das Öl von *Mentha piperita*.

Bergamotte-Minze
(*Mentha piperita var., Metha citrata*)
Herkunft: Frankreich.
Anmerkungen
Das Öl zeichnet sich durch seine für Minzen unüblichen Inhaltsstoffe Linalool und Linalylazetat aus. Sein Duft ist fruchtig, leicht zitronig, minzig. Seine Wirkungen dürften ähnlich, aber schwächer als die des *Pfefferminzöls* sein. Es ist ein relativ neues Öl, über das noch keine Erfahrungen vorliegen.

Ätherische Öle von A bis Z 203

Katzenminze
(*Nepeta cataria*)
Das Öl dieser Pflanze ist kein Minzöl, sondern eher ein *Melissenöl*. Weitere Namen für die Pflanze sind »Steinmelisse« oder »Lemonikraut«. Es duftet zitronig, melissenartig. Es wirkt ähnlich wie *Melissenöl* und kann daher sehr gut zum Strecken des echten *Melissenöls* genommen werden.

Krauseminze (Spearmint)
(*Mentha spicata* – auch: Grüne Minze,
Speerminze = englisch »spearmint«)
Herkunft: Frankreich, China, USA.
Übrige Angaben siehe Pfefferminze.
Anwendungen
Wie *Pfefferminzöl*, hat aber keine starken mentalen Wirkungen.
Einschränkungen
Siehe Pfefferminze.
Anmerkungen
Das Öl hat einen deutlich süßlicheren und erfrischenderen Duft als das der anderen Minzen. Der Name »Spearmint« ist in den fünfziger Jahren durch das amerikanische Kaugummi, das mit dem Öl aromatisiert wurde, weltbekannt geworden. Das Öl zeichnet sich durch einen Carvon-Anteil aus, durch den es neurotoxisch wirkt.

Pfefferminze
(*Mentha piperita*)
Herkunft: Die besten Qualitäten des Pfefferminzöls kommen aus England, als sogenanntes »Mitcham-Öl«. Ansonsten wird das Öl im übrigen Europa und in den USA hergestellt.
Gewinnung: Destillation des ganzen Krautes.
Merkmale: Dünnflüssig, klar.
Duft: Frisch, mentholartig stechend.
Duftnote: Kopfnote.
Duftintensität: Stark.

204   *Die ätherischen Öle und Aquarome*

Qualität: Yang.
Element: Luft.

Eigenschaften

Antiseptisch, schleimlösend, magenstärkend, schmerzlindernd, fiebersenkend, gewebefestigend, entzündungshemmend, windtreibend, schweißtreibend, menstruationsfördernd, entgiftend, wirkt auf Galle und Leber.

Anwendungen

Körper: Bei Schwindel, Ohnmacht, Schock, Zittern, Kopfschmerz, Migräne, Nervenschmerzen, Lähmungserscheinungen, Zahnschmerzen, Schnupfen, Erkältung, Grippe, Bronchitis, Asthma, Husten, Fieber, Sinusitis, Verdauungsstörungen, Durchfall, Blähungen, Koliken, Übelkeit, Erbrechen, Würmern, Gallensteinen, Herzrhythmusstörungen (nervöser Ursache), schwacher oder schmerzhafter Menstruation, Schwangerschaftsleiden, Reisekrankheit, bei Vergiftung, bei Schlaflosigkeit (hohe Dosierung nehmen), Mundgeruch, Zahnfleischschwund.
Haut/Haar: Günstig für die Hautreinigung, bei Akne, fetter Haut, unreiner Haut, Pickeln, Mitessern, Hautentzündungen, Hautjucken, Krätze, Schuppen, Haarausfall, Kopfhautjucken und stellt ein gutes Hauttonikum dar.
Geist: Bei mentaler Erschöpfung, Gedächtnisschwäche, Konzentrationsmangel, Verwirrung, Schock, Entschlußunfähigkeit.

Anmerkungen

Pfefferminzöl wirkt sehr kühlend als Badezusatz und in Körperölen (das ist angenehm bei Fieber oder Sonnenbrand). Es sorgt für den Heiß-kalt-Effekt (heißes Wasser fühlt sich kühl an). Das Öl ist sehr insektenfeindlich und vertreibt Ungeziefer, Mäuse und Ratten. Günstig ist zu diesem Zweck, es mit Eukalyptus zu kombinieren.

Einschränkungen

Kontraindiziert ist es bei Schwangerschaft, Heuschnupfen und homöopatischer Behandlung. Für Kinder ist es nicht

Ätherische Öle von A bis Z 205

geeignet. Magen- und Darmschleimhautreizung sowie Schwindel erfolgen bei einer Überdosis. (Auch in der Duftlampe sollte man es gering dosieren!) Es ist sehr hautreizend und aggressiv – für Bad und Hautöle vorsichtig dosieren.

Poleiminze (Pennyroyal)
(Hedeoma pulegioides = Mentha pulegium)
Herkunft: Spanien, Nordafrika, ehemaliges Jugoslawien, USA.

Eigenschaften
Schweißtreibend, menstruationsfördernd, schmerzlindernd, krampflösend, antiseptisch, uteruswirksam, schleimlösend, verdauungsfördernd, stark insektenfeindlich.

Anwendungen
Körper: Kopfschmerzen, Zahnschmerzen, Blähungen, Fieber, Erkrankungen der Atemwege, Husten, Keuchhusten, Asthma, Bronchitis, Erkältung, Blähungen, Gallensteine, Gastritis, Leukorrhöe, Spasmen, Erbrechen, Mundgeschwüren, ausbleibender Menstruation.
Haut/Haar: Bei Hautreizung und Hautentzündung sowie Insektenstichen ist es ebenfalls hilfreich.
Geist: Bei Konzentrationsschwäche, Verwirrung.

Anmerkungen
Das Öl zeichnet sich durch einen sehr hohen Anteil (bis zu 90 Prozent) von nervenschädigenden (neurotoxischen) Ketonen (Pulegon) aus. Es duftet frisch, mentholartig, etwas scharf. Es sollte nur in geringsten Mengen äußerlich angewandt werden.

Einschränkungen
Kontraindiziert ist es bei Schwangerschaft, Nervenschwäche, Epilepsie, homöopathischer Behandlung. Für Kinder eignet es sich nicht. Es ist stark toxisch – keine Einnahme, keine hochdosierte äußerliche Anwendung, keine langfristige Anwendung! Das Öl sollte nur von Therapeuten eingesetzt werden.

Wasserminze
(*Mentha aquatica*)
Herkunft: Verschieden.
Das Öl unterscheidet sich von dem der *Pfefferminze* durch einen milderen Duft.
Übrige Angaben siehe *Pfefferminze*.
Anwendungen
Siehe *Pfefferminze*. Wasserminze ist aber sanfter und nicht so hautreizend; sehr gut für Bäder, für die Massage und zur Aromatisierung von Getränken geeignet.
Einschränkungen
Siehe *Pfefferminze*.

Moschuskörner
(*Abelmoschus moschatus, Hibiscus abelmoschus* – auch: Bisameibisch)
Herkunft: Süd- und Mittelamerika.
Gewinnung: Destillation der Samenkörner.
Merkmale: Mittelflüssig, gelblich.
Duft: Animalisch, warm, manchmal süßlich.
Duftnote: Fußnote.
Duftintensität: Stark.
Qualität: Yang.
Element: Erde.
Anwendungen
Für schwere, aphrodisierende Parfüms, Entspannungsöle, Meditationsmischungen.
Anmerkungen
Moschuskörneröl liefert den pflanzlichen Ersatz für Moschus, das Sekret des Moschushirschen. Das Öl riecht pur oft sehr animalisch und streng und entwickelt erst verdünnt seine sinnliche, warme und süße Seite. Es wurde in früherer Zeit zur Heilung und Stärkung der feinstofflichen Körper genutzt. Aufgrund seines durchdringenden Duftes ist es für Duftmischungen sehr vorsichtig zu dosieren. Neben seiner aphrodi-

sierenden Wirkung – die jedoch nicht bei allen Menschen auftritt – hat es einen sehr ausgleichenden und harmonisierenden Effekt. Es beruhigt den geschäftigen Geist und lenkt die Energie in den unteren Körperbereich. (Vielleicht liegt darin seine »aphrodisierende« Wirkung begründet?) Jedenfalls ist es auch ein hilfreiches Öl bei Streß und damit verbundener Impotenz.

Muskatellersalbei
(*Salvia sclarea*)
Herkunft: Frankreich, Deutschland, Balkan, Spanien, Marokko.
Gewinnung: Destillation des oberen Teils der blühenden Pflanze.
Merkmale: Dünnflüssig, gelblich.
Duft: Heuig, süß, herb, würzig, leicht urinös.
Duftnote: Herznote.
Duftintensität: Mittel.
Qualität: Yin.

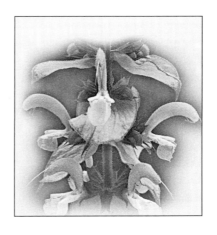

Elemente: Luft, Wasser und Erde!

Eigenschaften
Beruhigend, entspannend, euphorisierend, stimmungsaufhellend, tonisierend (Nerven, Magen, Uterus), krampflösend, fördert die Östrogenproduktion, wirkt antiseptisch, blutdrucksenkend, menstruationsfördernd, menstruationsregulierend, wehenunterstützend, desodorierend, adstringierend, aphrodisierend.

Anwendungen
Körper: Bei Augenentzündung, Halsentzündung, Nervenleiden, Verdauungsstörungen, Blähungen, Magen- und Darmkrämpfen, Nierenleiden, Bluthochdruck, ausbleibender, verspäteter, schmerzhafter, krampfartiger Menstrua-

tion, Erkrankungen des Uterus, im Klimakterium (bei Hitzewellen, Schweißausbrüchen, hormonellen Veränderungen), Leukorrhöe, Impotenz oder Frigidität, Unfruchtbarkeit, prämenstruellem Syndrom.

Haut/Haar: Es dient der allgemeinen Hautpflege, hilft bei wäßriger und entzündeter Haut, Furunkeln, Geschwüren, starker Schweißproduktion, Schuppen, Haarausfall und eignet sich zur allgemeinen Haarpflege.

Geist: Bei mentaler Erschöpfung, Kreativitätsmangel, »Engstirnigkeit«, negativem Denken, mentalen Blockaden, Alpträumen. Es ist gut für geleitete Traumreisen, Trancen und die Hypnosetherapie.

Psyche: Bei schweren, chronischen oder leichten Depressionen, Melancholie, Trauer, Angst vor dem Neuen und Unbekannten, Schwellenangst, Phobien, emotionalen Spannungszuständen.

Anmerkungen

Der Duft des Muskatellersalbei-Öls ist gewöhnungsbedürftig. Er stößt anfänglich oft auf Ablehnung oder verwirrt. Es ist ein idealer Duft, um die Kreativität zu wecken oder zu steigern. Das Öl zeichnet sich durch eine stark psychische, hypnotische und euphorisierende Wirkung aus. Ein oder zwei Tropfen auf die Stirn oder Schläfen eingerieben, dadurch über einen längeren Zeitraum über die Nase wahrgenommen, verursachen bei vielen Menschen ein Gefühl der Zentrierung und Erdung.

Muskatellersalbei-Öl unterstützt sehr bei Schwäche beziehungsweise Störungen des Uterus, Beschwerden im Klimakterium und bei prämenstruellem Syndrom – ist also ein wichtiges »Frauenöl«, das die Östrogenproduktion anregt. Sein geringer Anteil an Sclareol läßt es ambraähnlich duften und erzeugt somit eine aphrodisierende Wirkung. In Massage- oder Badeöle eingearbeitet, führt es zu einer tiefen Entspannung. Es erdet, ohne eine Schweregefühl zu vermitteln, da es starke Anteile des Elements Luft hat. Ich habe mit

Ätherische Öle von A bis Z 209

ihm viele Erfolge bei schwerer, chronischer Depression, Lebensunlust oder emotionaler Zerrissenheit erzielt, da es bereits in gewöhnlicher Dosierung euphorisierend und zentrierend wirkt.

Einschränkungen
Nicht in Verbindung mit Alkohol einnehmen oder benutzen. Der Duft ist leicht halluzinogen.

Muskat
(*Myristica fragrans*)
Herkunft: Indonesien, Antillen.
Gewinnung: Destillation der Samen, der Samenhülle (Muskatblüte = Macis) oder der ganzen Früchte.
Merkmale: Dünnflüssig, klar.
Duft: Würzig, herb, »typisch Muskat«.
Duftnote: Herznote.
Duftintensität: Mittel.
Qualität: Yang.
Element: Erde.

Eigenschaften
Körperlich und mental anregend, menstruationsfördernd, verdauungsfördernd, antiseptisch, wärmend.

Anwendungen
Körper: Bei körperlicher Erschöpfung, Verdauungsstörungen, Rheuma (als Massageöl), bei Muskelschmerzen, Muskelkater, Hexenschuß, Blähungen, Verdauungsstörungen, Darminfektion, chronischem Durchfall, Herzschwäche, ausbleibender Menstruation.
Geist: Bei mentaler Erschöpfung, Trägheit, Lethargie, Verwirrung.
Psyche: Bei Depressionen, Apathie. Es intensiviert die Traumtätigkeit, verleiht Träumen Farbe.

Anmerkungen
Das weniger oft angebotene Macisöl duftet feiner und hat weniger Myristicin. Myristicin, im Samenöl bis 15 Prozent ent-

halten, kann bei hoher Dosierung zu Rauschzuständen führen.

Muskat ist eine uralte Droge, die in richtiger Dosierung tiefe Entspannung und geistige Klarheit (klare Sicht) bewirken kann. Hochverdünntes Muskatöl (im Verhältnis 1 : 50) läßt sich Speisen – als Gewürz – zugeben. Vom Gebrauch des Öls zur Aromatisierung von Weinen oder Branntweinen möchte ich abraten, da Öl und Alkohol eine brisante Mischung mit heftigen Wirkungen bilden können.

Einschränkungen

Das Öl ist toxisch; nur sehr geringe Mengen sind einnehmbar – höchstens 1 Tropfen pro Tag. Auch äußerlich soll man es nicht in großen Mengen langfristig anwenden. Bei der Einnahme von 5 Gramm (etwa 100 Tropfen) durch einen Erwachsenen hat es tödliche Wirkung. Kontraindiziert ist es bei Schwangerschaft und Kindern.

Myrrhe
(*Commiphora abyssinica*)
Herkunft: Somalia, Jemen.
Gewinnung: Destillation des Baumharzes.
Merkmale: Mittelflüssig, gelbrot.
Duft: Bitter, warm, würzig, sauer.
Duftnote: Fußnote.
Duftintensität: Stark.
Qualität: Yang.
Element: Feuer.

Eigenschaften

Wundheilend, schleimlösend, die Lungentätigkeit anregend, nervenberuhigend, antiseptisch, adstringierend, verdauungsfördernd, menstruationsfördernd, wehenunterstützend.

Anwendungen

Körper: Bei Mundschleimhautentzündung, Mundgeschwüren, Schnupfen, Husten, Heiserkeit, Bronchitis, Erkältung, Verdauungsstörungen, Blähungen, Durchfall, Appetitmangel,

Ätherische Öle von A bis Z 211

Eisenmangel, ausbleibender Menstruation, in der Geburtshilfe, bei Hämorrhoiden, Leukorrhöe, eitrigen Prozessen.
Haut/Haar: Das Myrrhenöl eignet sich gut zur Pflege alternder Haut (von Falten, Runzeln, Krähenfüßen), zur Wundheilung, bei Geschwüren der Haut, Hautpilz, zur Hautkühlung.
Geist: Bei mentaler Verwirrung, Sorgen.
Psyche: Bei Überreiztheit, emotionaler Verwirrung, starker Bindung an Materielles.

Anmerkungen
Myrrhenöl spendet den traditionellen Duft für tiefe Entspannung, »innere Reinigung«, Abkehr vom Weltlichen, Meditation (er synchronisiert die Gehirnhälften). Einst (nach der Bibel) war Myrrhe dem Weihrauch und Gold gleichwertig.

Einschränkung
Kontraindiziert ist es bei Schwangerschaft.

Myrte (*Myrtus communis*)
Herkunft: Mittelmeerraum, Nordafrika.
Gewinnung: Destillation der jungen Blätter, Zweige und Blüten.
Merkmale: Dünnflüssig, klar.
Duft: Frisch, eukalyptusartig, krautig.
Duftnote: Kopfnote.
Duftintensität: Mittel.
Qualität: Yang.
Element: Luft.

Eigenschaften
Antiseptisch, antibakteriell, schleimlösend, gewebefestigend, adstringierend, desodorierend, den Adrenalinspiegel senkend.

Anwendungen
Körper: Bei einem schwachen Immunsystem, Darminfektion, Harnwegsinfektion, Lungentuberkulose, Stirnhöhleneiterung, Ohrenentzündung, Schnupfen, Grippe, Bronchitis, Asthma, Keuchhusten, Milzschwäche, Milzirritation, Hämorrhoiden.
Haut/Haar: Bei fetter und entzündeter Haut, als Hauttonikum, zur Hautreinigung, bei Brandwunden, zur allgemeinen Wundheilung, bei Geschwüren der Haut, Fisteln, Akne.
Geist: Bei mentaler Verwirrung, Ziellosigkeit, Sorgen, eingeschränkter Sichtweise, zu starker Bindung an Materielles.
Psyche: Bei starker Erregung, Todesangst, Verzweiflung, Anspannung, Festhalten am Vergangenen und Angst vor einer Veränderung.

Anmerkungen
Gut ist das Öl für die Desinfektion und Reinigung der Raumluft einsetzbar. Als wertvolles Meditationsöl dient es zur Loslösung vom Materiellen, Öffnung für Spiritualität und Reinigung von negativen Schwingungen (Aurareinigung).

Narde
(*Nardostachys jatamansi*)
Herkunft: Indien, Nepal.
Gewinnung: Destillation der Wurzeln.
Merkmale: Dünnflüssig, grünlichbraun.
Duft: Bitter, erdig, herb.
Duftnote: Fußnote.
Duftintensität: Stark.
Qualität: Yang.
Element: Erde.

Eigenschaften
Beruhigend, ausgleichend (Gehirn, Herz, Nervensystem), regenerierend, hautpflegend.

Anwendungen
Körper: Bei Herzrhythmusstörungen, Schlafstörungen, Nervosität, Streß.
Haut/Haar: Allgemeine Hautpflege, bei Hautfunktionsstörungen, alternder Haut, zur Wundheilung.
Geist: Bei mentaler Verwirrung.
Psyche: Bei innerer Unruhe, Reizbarkeit, Anspannung.
Anmerkungen
Der außergewöhnliche Duft des indischen Nardenöls, der manchmal sehr herb sein kann, läßt sich oft erst in hoher Verdünnung (mit Jojobaöl) genießen. Es ist ein sehr erdender, nach innen führender Duft – ideal für die Meditation und Tiefenentspannung. Bereits 2 Tropfen auf 50 Gramm Hautcreme wirken hautpflegend und helfen vor allem reifer Haut.

Narzisse
(*Narcissus poeticus, Narcissus tazetta, Narcissus jonquilla*)
Herkunft: Frankreich, Holland, Marokko.
Gewinnung: Extraktion der Blüten (Absolue).
Merkmale: Dickflüssig, grünlichgelb.
Duft: Schwer, süß, erdig, intensiv.
Duftnote: Fußnote.
Duftintensität: Stark.
Qualität: Yin.   Element: Wasser.

Eigenschaften
Beruhigend, entspannend, aphrodisierend.
Anwendungen
Geist: Bei Phantasie- und Kreativitätsmangel, enger Sichtweise.

214   *Die ätherischen Öle und Aquarome*

Psyche: Bei mangelnder Selbstliebe, seelisch-emotionaler Verhärtung, Trauer, Kummer, Verschlossenheit, Hysterie.

Anmerkungen

Das Öl gilt als traditionelles Heilmittel für die verletzte Seele und bei einem schweren Trauma. Der Duft des Narzissenöls bewirkt Imagination, Inspiration und Erfindungsreichtum, gepaart mit einer leichten Euphorie. Es ist ein Öl für die Künstler, die Phantasten, die Querdenker und die spirituellen Sucher nach Einsicht.

Das Öl beruhigt das Nervensystem und öffnet damit für Lebensfreude und auch Sexualität – liefert also einen sehr anregenden Duft in Streßsituationen. Die Araber sahen in ihm ein Heilöl für sexuelle Störungen.

Einschränkungen

Keine Einnahme. Leicht narkotischer Duft, wenn nicht gestreckt.

Nelke

(Syzygium aromaticum, Eugenia caryophyllata)
Herkunft: Madagaskar, Molukken, Indonesien, Tansania, Sri Lanka, sonstige Tropen.
Gewinnung: Destillation der Blätter (Nelkenblätteröl), Stiele (Nelkenstielöl) oder Blütenknospen (Nelkenknospenöl).
Merkmale: Dünnflüssig, klar.
Duft: Stark würzig, eugenolartig, krautig.
Duftnote: Herznote.
Duftintensität: Mittel
Qualität: Yang bei Männern, Yin bei Frauen.
Element: Feuer.

Eigenschaften

Stark antiseptisch, körperlich stimulierend und stärkend, krampflösend, schmerzlindernd, menstruationsfördernd, wehenanregend, blähungswidrig.

Anwendungen

Körper: Bei Zahnschmerzen, Zahnfleischschwellungen,

Ätherische Öle von A bis Z 215

Rekonvaleszenz, ausbleibender Menstruation, Verdauungsstörungen, Durchfall, Blähungen, Ansteckungsgefahr.
Haut/Haar: Bei Warzen, Hornhaut, Hautabschürfungen, Kratzern, Hautkrebs (für eine begleitende Therapie), Krätze, eitrigen Wunden, Insektenstichen, in einer Aftershave-Lotion.
Geist: Bei mentaler Erschöpfung, Konzentrationsschwäche.

Anmerkungen
Das teurere Knospenöl duftet wärmer und süßer als das preiswertere, trockener und krautiger duftende Blätteröl. Beide Öle sind in ihren Wirkungen gleich. Ihre Düfte dürften jeden Menschen an eine Zahnarztbehandlung erinnern, da es reichlich Eugenol enthält (Eugenol ist eine schmerzstillende Substanz). Das Nelkenöl wirkt stärker schmerzstillend im Zahn- und Kieferbereich als das isolierte Eugenol.
Das Öl hilft in Verbindung mit Aloe vera, die Nebenwirkungen der Röntgenstrahlung zu minimieren.
Das Öl ist stark insektenfeindlich und desinfiziert die Raumluft. In der Duftlampe verbreitet das Öl einen wärmenden Duft für den Winterabend.

Einschränkungen
Das Öl wird als toxisch eingestuft und ist daher nicht einnehmbar. Auf der Haut wirkt das Nelkenknospenöl stark reizend bis ätzend und darf daher nur äußerst gering dosiert werden. Das Nelkenblätteröl ist nicht hautreizend.
Kontraindiziert bei Schwangerschaft. Nicht für Kinder.

Neroli
(*Citrus aurantium, Citrus bigaradia*)
Herkunft: Italien, Frankreich, Spanien.
Gewinnung: Destillation oder Extraktion (für das Absolue) der Blüten des Bitterorangenbaumes.
Merkmale: Dünnflüssig, grünlich.
Duft: Warm, süß, etwas holzig. Das Absolue duftet voller und süßer als das Destillat.

Duftnote: Herznote.
Duftintensität: Mittel bis stark.
Qualität: Yin und Yang ausgeglichen.
Element: Wasser.

Eigenschaften
Beruhigend, entspannend, angstlösend, antidepressiv, die Herztätigkeit regulierend, hautpflegend, hautregenerierend, krampflösend, leicht aphrodisierend.

Anwendungen
Körper: Bei Herzrhythmusstörungen, Herzklopfen oder Herzrasen, Einschlafproblemen, Nervosität, nervösen Spannungs- und Krampfzuständen, prämenstruellem Syndrom.
Haut/Haar: Es pflegt alle Hauttypen, ist hilfreich für die Zellerneuerung, Wundheilung, bei geplatzten Äderchen.
Psyche: Bei Depressionen, Dunkelheitsdepression (im Winter), seelischer Enge, Verzweiflung, Angst, phobischen Anfällen, Schock, Panik, Ärger, Kummer, mangelndem Selbstvertrauen, sexueller Unlust. Bildet ein Schutzöl für die Seele. Stärkt die Aura.

Anmerkungen
Neroli ist ein kostbares Öl aus den Blüten des Bitterorangenbaumes, der auch *Petitgrainöl* (aus den Blättern, Zweigen und unreifen Früchten) und bitteres *Pomeranzenschalenöl* (aus der Fruchtschale) liefert. (Auch von anderen Zitruspflanzen wird *Petitgrainöl* gewonnen.) Somit ergeben diese drei Öle eine harmonische Duftmischung.

Das Öl ist bedeutsam wegen seiner stimmungsaufhellenden und stabilisierenden Wirkungen auf die Psyche. Ich setze es gerne bei seelischer Instabilität und zur Stärkung der schwachen Aura als Schutzöl gegen Außeneinflüsse ein. Es gleicht starkes Yang und Yin aus.

Das Öl eignet sich sehr gut für die Hautpflege, denn es reizt die Haut nicht. Aufgrund seines blütigen Duftes mit holzigem Hintergrund ist *Neroli* für Naturparfüms und Duftmischungen mit Ölen von Blüten und Hölzern geeignet. Das

Ätherische Öle von A bis Z 217

Absolue ist wegen seines sehr starken Duftes sparsam einzusetzen oder grundsätzlich im Verhältnis 1 : 10 zu strecken.

Niauli
(Melaleuca viridiflora)
Herkunft: Australien.
Gewinnung: Destillation der jungen Blätter und Zweigspitzen.
Merkmale: Dünnflüssig, klar.
Duft: Frisch, kühl, eukalyptusartig, kampfrig.
Duftnote: Kopfnote.
Duftintensität: Schwach.
Qualität: Yin.
Element: Luft.
Eigenschaften
Antiseptisch, antibakteriell, schleimlösend, infektionshemmend, hautregenerierend.
Anwendungen
Für den Körper: Bei allen Infektionen (besonders der Atemwege), Unterfunktion der Nebennierenrinde, Keimdrüsenstörung, Herpes.
Haut/Haar: Zur Hautreinigung, Wundreinigung, bei Hautunreinheiten, Verbrennungen, Akne oder Furunkeln leistet es wertvolle Dienste.
Geist: Bei mentaler Verwirrung und Erschöpfung.
Anmerkungen
Niauliöl ähnelt *Cajeputöl* und *Tea-Tree-Öl*, ist aber hautverträglicher und nicht so vielseitig wirksam wie *Tea-Tree-Öl*.

Opoponax
(Opoponax chironium)
Herkunft: Somalia.
Gewinnung: Extraktion und anschließende Destillation des Baumharzes.
Merkmale: Dünnflüssig, gelblich.
Duft: Warm, balsamisch, würzig.

Duftnote: Herznote.
Duftintensität: Mittel.
Qualität: Yang.
Element: Erde.

Anmerkungen
Es hat einen entspannenden Duft, der sich gut als Fixator oder Fond in Naturparfüms und als Ergänzung in Meditationsmischungen eignet. Ein Tropfen Opoponaxöl kann einer Duftmischung die fehlende Tiefe geben. Das Öl soll auch eine hautpflegende Wirkung, ähnlich *Myrrhenöl*, haben.

Orange
(*Citrus sinensis*)
Herkunft: USA, Mittelmeerraum, Brasilien.
Gewinnung: Pressen der Fruchtschale.
Merkmale: Dünnflüssig, gelblichrot.
Duft: Spritzig, warm, süß, »sonnig«.
Duftnote: Kopfnote.
Duftintensität: Schwach.
Qualität: Yin.
Elemente: Luft und Wasser.

Eigenschaften
Beruhigend, stimmungsaufhellend, antidepressiv, krampflösend, hautpflegend, östrogenartig.

Anwendungen
Körper: Bei Verdauungsstörungen, Blähungen, Magen- oder Darmkrämpfen, Durchfall, Verstopfung, Parodontose, zur Harmonisierung der Hypophyse und des sympathischen Nervensystems.
Haut/Haar: Läßt sich zur allgemeinen Hautpflege, bei trockener, rauher Haut und Cellulite einsetzen.
Psyche: Bei Depressionen, Angst, negativer oder gereizter Stimmung, bei innerer Unruhe, Engegefühl.

Anmerkungen
Die wichtigste Eigenschaft des Öls liegt in seinem auswei-

tenden Effekt auf Organismus und Psyche durch die Entspannung der glatten Muskulatur. Bereits der Duft vermittelt das Gefühl der Ausdehnung und Entspannung auf allen Ebenen. Der sehr weibliche, warme Duft gleicht den Lichtmangel in der Winterzeit (Dunkelheitsdepression) aus. Das Öl wirkt stimulierend auf die Zirbeldrüse und ausgleichend auf die Hypophyse. Es regt möglicherweise die Produktion der (stimmungsaufhellenden) Enkephaline an.

Orangenduft ist ein bei Kindern beliebter Duft, der nervöse Wesen entspannt und einschlafen läßt. Er reinigt auch die Luft sehr gut, zum Beispiel Küchendünste, ohne an Reinigungsmittel zu erinnern.

Einschränkungen
Ruft, in Hautöle eingearbeitet, auf der Haut bei starker Ultraviolettstrahlung phototoxische Reaktionen hervor.

Oregano
(Wilder Majoran)
(*Origanum vulgare*)

Herkunft: Mittelmeerraum, besonders Spanien, Mexiko.
Gewinnung: Destillation der Blüten und Blätter.
Merkmale: Dünnflüssig, klar.
Duft: Herb, würzig.
Duftnote: Herznote.
Duftintensität: Mittel.
Qualität: Yang.
Elemente: Erde (Psyche) und Feuer (Körper).
Eigenschaften
Antiseptisch, antibakteriell, magenstärkend, tonisierend, durchblutungsfördernd, krampflösend, menstruationsfördernd, appetitanregend.

Anwendungen

Körper: Bei körperlichen Schwächezuständen, Asthma, Bronchitis, Keuchhusten, Tuberkulose, Verdauungsstörungen, Blähungen, Appetitmangel, inneren Infektionen, ausbleibender Menstruation, Rheuma, Adrenalinmangel.

Haut/Haar: Bei Abszeß, Cellulite oder Lausbefall läßt es sich ebenfalls einsetzen.

Einschränkungen

Bei Einnahme in hoher Dosierung oder langfristiger äußerlicher Anwendung wird Oregano als toxisch eingestuft. Deshalb sollte das Öl gering dosiert und nicht regelmäßig benutzt werden. Kontraindiziert ist es bei Schwangerschaft. Es kann die Haut und die Schleimhäute irritieren. Als Ersatz ist das mildere *Majoranöl* zu empfehlen.

Palmarosa

(*Cymbopogon martinii*)

Herkunft: Indien, Brasilien, Indonesien.

Gewinnung: Destillation des Grases.

Merkmale: Dünnflüssig, gelblichklar.

Duft: Rosig, grasig.

Duftnote: Herznote.

Duftintensität: Mittel.

Qualität: Yin.

Element: Wasser.

Eigenschaften

Hautpflegend, harmonisierend (Psyche), antiseptisch, hauttonisierend, schweißregulierend.

Anwendungen

Körper: Zur allgemeinen Hautpflege, bei trockener Haut, starker Schweißproduktion, starkem Körpergeruch.

Psyche: Bei Melancholie, leichten Depressionen.

Anmerkungen

Das Öl wirkt gut desodorierend und ist preiswert. Es eignet

Ätherische Öle von A bis Z 221

sich gut zum Strecken des reinen *Rosenöls* und der Kreation lieblicher Duftmischungen.

Pampelmuse und Grapefruit
(*Citrus maxima, Citrus paradisi*)
Herkunft: Israel, Mittelmeerraum, USA.
Gewinnung: Pressen der Fruchtschale.
Merkmale: Dünnflüssig, hellgelb.
Duft: Frisch, zitronig, leicht bitter.
Duftnote: Kopfnote.
Duftintensität: Schwach.
Qualität: Yin.
Element: Luft.

Eigenschaften
Entspannend, euphorisierend, antibakteriell, tonisierend, stärkend.

Anwendungen
Körper: Bei Gallenschwäche, Blasenerkrankungen, Appetitmangel, Magersucht.
Haut/Haar: Zur Hautstraffung, bei Herpes, Hautstörungen, Cellulite.
Psyche: Bei Depressionen, Angst, negativen Stimmungen, Antriebslosigkeit, mangelndem Selbstwertgefühl.

Anmerkungen
Der Duft von Pampelmusenöl und Grapefruitöl vermittelt zwischen dem von *Zitronen-* und *Orangenöl* – sie haben etwas von allen Düften, ohne zu zitronig oder süß zu erscheinen. Die Öle regen die Ausschüttung der euphorisierenden Endorphine an und sind bei starken Stimmungstiefs und Depressionen besonders hilfreich.

Sie eignen sich zur Konservierung von Süßspeisen, Marmeladen und Gelees, da sich der Geschmack mit dem vieler anderer Früchte verträgt.

Die Öle (in der Duftlampe) sind gut gegen Küchendünste, sie harmonisieren die Raumatmosphäre. Auf der Haut wirken sie leicht kühlend (das ist bei der Verwendung für die Massage zu beachten!).

Einschränkung
Wenn sie, in ein Hautöl gemischt, auf die Haut gelangen, rufen sie bei starker Ultraviolettstrahlung phototoxische Reaktionen hervor.

Patchouli

(*Pogestemon cablin, Pogestemon patchouli*)
Herkunft: Indonesien, China, Madagaskar, Philippinen, Brasilien, Afrika.
Gewinnung: Destillation der fermentierten Blätter.
Merkmale: Mittelflüssig, rötlichdunkelbraun.
Duft: Moosig, erdig, muffig, holzig.
Duftnote: Fußnote.
Duftintensität: Stark.
Qualität: Yang.
Element: Erde.

Eigenschaften
Beruhigend, aphrodisierend, entzündungshemmend, antiseptisch, tonisierend, hautpflegend, wundheilend.

Anwendungen
Körper: Bei Kopfschmerzen, Erkältung, Schwindel, Magenschmerzen, Nervosität (hier bedarf es hoher Dosierung), einer Vaginalpilzinfektion, Impotenz oder Frigidität.
Haut/Haar: Bewährt auch gegen Ekzeme, Akne, Hautpilz, bei wäßriger, rauher, rissiger Haut, bei Schorf, zur Wundheilung, für die Pflege reiferer Haut, zur Unterstützung der Zellerneuerung, gegen Schuppen.
Psyche: Bei Angst, Unsicherheit, Selbstzweifel, innerer Unruhe, schwacher Libido; stärkt das Hara.

Anmerkungen
Das Patchouli gehörte zu den dominierenden Düften der »Flower-Power-Zeit« und wird alle, die diese Ära erlebten, daran erinnern. Je nachdem, wie Sie sie empfan-

Ätherische Öle von A bis Z

den, werden Sie den Duft mögen oder gänzlich ablehnen.

Das Öl duftet stark muffig, erdig und »gruftig«. Daher ist eine hohe Verdünnung angeraten, um seinen aphrodisierenden und beruhigenden Einfluß genießen zu können. Es wirkt in geringer Dosierung anregend, in hoher Dosierung entspannend auf das Nervensystem.

Als hautpflegendes Öl für die reife Haut – in Verbindung mit *Jasminöl* oder *Neroliöl* (zur »Verpackung« des Duftes) bietet es nicht nur Pflege, sondern auch Erneuerung und Heilung der Haut.

Das Öl ist bestens zur Komposition schwerer Naturparfüms und aphrodisierender Mischungen geeignet. Sein Duft hält sich lange – Patschuli ist daher gut für die Beduftung der Wäsche und Schränke.

Pennyroyal siehe Poleiminze (unter Minzen)

Petersiliensamen
(*Petroselinum crispum*, *Petroselinum hortense*, *Petroselinum sativum*)
Herkunft: Europa, Balkan, Israel.
Gewinnung: Destillation der Früchte (im Handel aber meist »Petersiliensamenöl« genannt).
Merkmale: Dünnflüssig, gelblichklar.
Duft: Krautig, herb, würzig.
Duftnote: Kopfnote.
Duftintensität: Schwach.
Qualität: Yang.
Element: Erde.
Eigenschaften
Körperlich anregend, tonisierend, uteruswirksam, leberstärkend, milzstärkend, harntreibend, abführend, regt die Milchdrüsentätigkeit an, blutbildend, gefäßverengend, menstruationsfördernd.

224   *Die ätherischen Öle und Aquarome*

Anwendungen
Körper: Bei Erkrankungen von Leber, Milz, Blase, Harnwegen, Gebärmutter und Gallenblase, Gallensteinen, Gonorrhöe, Syphilis, Krebs, Bluterguß, übermäßiger Milchproduktion, Blutarmut, schmerzhafter oder ausbleibender Menstruation.
Haut/Haar: Bei fetter, unreiner Haut, Cellulite, geplatzten Äderchen läßt es sich gleichfalls einsetzen.

Anmerkungen
Petersilienöl wird so selten angeboten, daß es nahezu nur von Therapeuten genutzt wird.

Einschränkungen
Das Öl enthält bedenklich viel Apiol und wird als toxisch eingestuft. Keine Einnahme, da nierenschädigend und stark abortiv (keine Vermutung, sondern Erfahrung). Es ist äußerlich gering zu dosieren und nicht langfristig anzuwenden. Kontraindiziert ist es bei Schwangerschaft. Petersilienöl ist hautreizend und ruft bei starker Ultraviolettstrahlung phototoxische Reaktionen hervor.

Petitgrainöl siehe Neroli

Pfeffer
(Piper nigrum)
Herkunft: Borneo, Indonesien, Madagaskar, Indien.
Gewinnung: Destillation der getrockneten Früchte.
Merkmale: Dünnflüssig, klar.
Duft: Pfeffrig, würzig.
Duftnote: Kopfnote.
Duftintensität: Sehr schwach.
Qualität: Yang.
Element: Feuer.

Eigenschaften
Verdauungsfördernd, magenstärkend, wärmend, krampflösend, fiebersenkend, kreislaufanregend, aphrodisierend.

Ätherische Öle von A bis Z

Anwendungen
Körper: Bei Kreislaufschwäche, Schnupfen, Erkältung, Grippe, Fieber, Husten, Halsentzündung, Verdauungsstörungen, Blähungen, Durchfall, Übelkeit, Erbrechen, Verstopfung, Sodbrennen, Appetitmangel, Lebensmittelvergiftung, Muskelschwäche, Muskelschmerzen (»Muskelkater«), Rheuma, Kältegefühl, Impotenz oder Frigidität.

Anmerkungen
Pfefferöl ist ein selten angewendetes Öl der Aromatherapie. Es ist für Massagen und Bäder bei Muskelschwäche und Muskelschmerzen sowie Kältezuständen nutzbar. Es muß jedoch sehr gering dosiert werden, da es die Haut reizt. Als Würzöl für Speisen ist es nur bedingt geeignet, da es extrem hoch verdünnt werden muß. In der Duftlampe erfüllt es einen guten Zweck, um die Raumluft »wärmer« zu gestalten.

Einschränkungen
Vermutet wird eine Toxizität des Öls bei Einnahme in hoher Dosierung. Gering dosieren in Bad und Körperöl, da hautreizend. Nicht für Kinder anwenden.

Pfefferkraut siehe Bohnenkraut

Rose
(*Rosa damascena*, *Rosa centifolia* und *Rosa gallica*)
Herkunft: Bulgarien, Türkei, Marokko, Südfrankreich.
Gewinnung: Extraktion für das Absolue oder Destillation der Blütenblätter.
Merkmale: Dickflüssig bis fest (bei 17 bis 23 Grad Celsius), gelblich.

Duft: Süß, blütig, schwer (*Rosa damascena*), frisch, leicht (*Rosa centifolia, Rosa gallica*).
Duftnote: Fußnote.
Duftintensität: Stark.
Qualität: Yin.
Element: Wasser.

Eigenschaften

Antidepressiv, entspannend, beruhigend, menstruationsregulierend, aphrodisierend, hautpflegend, antiseptisch, tonisierend (Herz, Magen, Gebärmutter), krampflösend, gefäßverengend, abführend, entzündungshemmend, blutstillend, blutreinigend.

Anwendungen

Körper: Bei Augen- oder Bindehautentzündung, Kopfschmerzen, Übelkeit, Erbrechen, Verstopfung, Leberstörungen, Herzschmerzen, Herzrhythmusstörungen, unregelmäßiger, zu langer oder mit zu hohem Blutverlust verbundener Menstruation, Gebärmutterleiden (reinigend, stärkend), Sterilität, Sexualstörungen, Leukorrhöe, Blutungen, Störungen der weiblichen Fortpflanzungsorgane, Schwangerschaftsleiden, Nervosität, Schlaflosigkeit, prämenstruellem Syndrom.

Haut/Haar: Rosenöl eignet sich für die Pflege aller Hauttypen, besonders der trockenen, empfindlichen und alternden Haut, es fördert die Zellerneuerung und dient als Hauttonikum. Es pflegt (und heilt) die (wunde) Haut von Kleinkindern.

Psyche: Bei Depressionen (auch Wochenbettdepression), Kummer, Leid, negativer Stimmungslage, Ängsten, Blockaden, innerer Verhärtung, mangelnder Liebesfähigkeit, Liebeskummer, Introvertiertheit, blockiertem Herzchakra.

Anmerkungen

Rosenöl ist eines der wertvollsten, teuersten und schönsten Öle mit vornehmlich heilsamen Wirkungen für Frauen und auf die Psyche – sein Duft gilt als die »Mutter der Düfte«. Er

Ätherische Öle von A bis Z 227

braucht nicht beschrieben zu werden, ist aber bei jeder Rosensorte anders. Sein Inhaltsstoff β-Damascenon zählt zu den geruchstärksten organischen Verbindungen.

Mit mehr als vierhundert chemischen Verbindungen ist es eines der komplexesten ätherischen Öle. Viele der Verbindungen sind bis heute nicht identifiziert, daher läßt sich ein naturgetreues Rosenöl synthetisch kaum herstellen, doch finden sich auf dem Markt aufgrund seiner Beliebtheit viele verfälschte Öle (mit Citronellol, Geraniol, Citronellylazetat und anderen Komponenten). Aufgrund ihres sehr rosenähnlichen Duftes können hervorragende Falsifikate nicht erkannt werden. Besonders bei diesem Öl ist man auf einen vertrauenswürdigen Lieferanten angewiesen.

Für ein Kilogramm Rosenöl benötigt man etwa fünftausend Kilogramm Blütenblätter, was seinen Preis rechtfertigt. Durch die Öffnung der Märkte des Ostens dringen wohl immer mehr preiswerte Öle nach Westeuropa, die unter dem üblichen Wert des Rosenöls angeboten werden, um den Bauern das Überleben zu sichern. Wenn Sie die Wahl zwischen einem Destillat oder Absolue haben, lassen Sie Ihre Nase entscheiden. Die Absolues duften deutlich wahrnehmbar schwerer und tiefgründiger als die Destillate. Absolues haben nach meiner Erfahrung auch eine stärkere Wirkung auf die Psyche.

Rosendüfte stimulieren die Ausschüttung von Endorphinen, die uns ein Gefühl der Entspannung bis Euphorie vermitteln. Darüber hinaus ist der Duft der Rose derjenige, der unsere Liebesfähigkeit anspricht, unser Herz öffnet und dessen Verletzungen heilen hilft.

Sie können Ihr wertvolles Rosenöl mit *Geranienöl* (von *Pelargonium graveolens*, der »Rosengeranie«, *Linaloe-Öl* oder *Palmarosaöl* strecken, um eine größere Menge Rosenduft zu erhalten. Oder Sie strecken 1 Milliliter Rosenöl mit 9 Milliliter Jojobaöl.

Auch in Hautölen und Cremes sind geringste Mengen

(2 bis 5 Tropfen auf 50 Gramm) ausreichend für gute Wirkungen. Für Kleinkinder bietet sich Rosenöl (mit Mandelöl oder Jojobaöl vermischt – 2 Tropfen auf 50 Milliliter) als Hautöl an, um ein Wundwerden zu verhindern. Die üblichen Entzündungen und Infektionen bleiben dann aus.

Für die therapeutische Behandlung in Form der Einnahme empfehle ich, auf das Aquarom auszuweichen.

Die Nutzung des durch Destillation gewonnenen Rosenöls als Aromaspender in der Küche ist bedenkenlos – eröffnet es doch viele Möglichkeiten.

Rosenholz
(*Aniba roseodora*)
Herkunft: Amazonasgebiet.
Gewinnung: Destillation der Rinde und des Holzes.
Merkmale: Dünnflüssig, gelblich.
Duft: Rosig, frisch.
Duftnote: Herznote.
Duftintensität: Mittel.
Qualität: Yin.
Element: Wasser.
Eigenschaften
Entspannend, hautpflegend, desodorierend, antibakteriell, bindegewebsstärkend.
Anmerkungen
Aufgrund der starken Dezimierung des Baumes wird *Linaloeholz*- oder *Ho-Blätteröl* empfohlen. Das Öl hat den gleichen rosigen Duft und wirkt ähnlich entspannend und hautpflegend.

Rosmarin
(*Rosmarinus officinalis*)
Herkunft: Tunesien, Marokko (Eukalyptol-Typ), Spanien, Italien (Kampfer-Borneol-Typ).

Ätherische Öle von A bis Z 229

Gewinnung: Destillation der Blätter.
Merkmale: Dünnflüssig, klar.
Duft: Frisch, krautig, eukalyptusartig oder kampfrig.
Duftnote: Kopfnote.
Duftintensität: Mittel.
Qualität: Yang.
Elemente: Feuer (Körper) und Luft (Geist).

Eigenschaften

Anregend, nervenstärkend, wärmend, antiseptisch, krampflösend, gewebefestigend, herzstärkend, verdauungsfördernd, windtreibend, schweißtreibend, adstringierend,
harnflußsteigernd (entwässernd), schmerzlindernd, blutdruckerhöhend.

Anwendungen

Körper: Bei Augentrübung, Kopfschmerzen, Migräne,
Grippe, Schnupfen, Husten, Keuchhusten, Bronchitis,
Asthma, Herzrhythmusstörungen, Herzschwäche, Verdauungsstörungen, Blähungen, Durchfall, Dickdarmentzün-
dung, Gallensteinen, Gallenblasenentzündung, Leberentzündung, Gelbsucht, niedrigem Blutdruck, hohem Blut-
cholesterinspiegel, Nervenleiden, Rheuma, Gicht, allgemeiner körperlicher Schwäche, Schwindelanfällen, Bewußtlo-
sigkeit.

Haut/Haar: Empfehlenswert auch gegen Haarausfall oder
Schuppen, zur Haarpflege und Farbauffrischung von dunk-
lem Haar, zur Wundheilung, allgemeinen Hautpflege, bei
Krätze, Cellulite.

Geist: Bei mentaler Erschöpfung, Gedächtnisschwäche,
Konzentrationsmangel, Verwirrung – es ist ein »Intelligenz-
öl«.

Anmerkungen

Rosmarinöl ist ein wichtiges Öl für die Aroma-Hausapotheke. Rosmarin gilt als der klassische Muntermacher
für Körper und Geist. Es regt allgemein körperlich an
und stärkt vor allem die Nerven. Einige Tropfen Rosma-

rinöl im morgendlichen Duschgel oder in der Bodylotion stimulieren Sie nachhaltig. Kompressen mit Rosmarinöl helfen bei Kopfschmerz und Migräne (jedoch nicht bei Bluthochdruck). Als Mittel zur Herzstärkung habe ich mit diesem Öl gute Erfahrungen gesammelt. Reiben Sie lediglich 3 Tropfen in die Haut über der Herzregion – besonders wenn Sie zu niedrigem Blutdruck tendieren.

Als Hautöl wirkt Rosmarinöl angenehm belebend und gibt der Haut Komplexität und frisches Aussehen, da es die Durchblutung fördert. Für die kurartige Einnahme wegen innerlicher Funktionsstörungen empfehle ich, das Aquarom zu nehmen.

Optimistische Berichte liegen für die Behandlung von Epilepsie vor, jedoch sollte dies erfahrenen Therapeuten vorbehalten sein.

Einschränkungen
Kontraindiziert bei Bluthochdruck. Nicht in großen Mengen während der Schwangerschaft anwenden. Wirkt sehr anregend im abendlichen Bad. Nierenschädigende Wirkung bei Einnahme hoher Dosen des Öls wird vermutet.

Salbei
(*Salvia officinalis* und *Salvia lavandulifolia*)
Herkunft: Ehemaliges Jugoslawien (Adriaraum), Bulgarien, Indien, Spanien.
Gewinnung: Destillation. der Blüten und Blätter.
Merkmale: Dünnflüssig, klar.
Duft: Frisch, krautig, kampferartig (bei Salbeiöl aus Spanien).

Ätherische Öle von A bis Z   231

Duftnote: Kopfnote.
Duftintensität: Mittel.
Qualität: Yin.
Element: Luft.

Eigenschaften

Allgemein anregend, stärkend, krampflösend, uteruswirksam, antiseptisch, die Östrogenproduktion anregend, magenstärkend, regt die Nebennierentätigkeit an, steigert die Andrenalinausschüttung, entschlackend, blutdruckerhöhend, adstringierend, schweißregulierend, fiebersenkend.

Anwendungen

Körper: Bei Zahnfleischentzündung, Zahnschmerzen, Mundschleimhautentzündung, Kopfschmerzen, Halsentzündung, Kehlkopfentzündung, Bronchitis, Asthma, Lungenerkrankungen, träger Verdauung, Leberschwäche, Erkrankungen der Harnwege, Appetitmangel, Lähmungserscheinungen, Schlaganfall, schwacher oder ausbleibender Menstruation, Unfruchtbarkeit (Frauen), Östrogenmangel, Beschwerden im Klimakterium, Schweißausbrüchen, Schwächezuständen, zur Zahnfleischpflege, bei Mundgeschwüren, Leukorrhöe, Insektenstichen.

Haut/Haar: Ebenso bei trockener Haut, Durchblutungsschwäche, zur Hautstraffung, Wundheilung, bei Ekzemen, Haarausfall.

Geist: Bei Konzentrationsschwäche.

Anmerkungen

Salbei ist ein wertvolles Öl zur Linderung von Klimateriumsbeschwerden, vor allem wegen seiner die Östrogenproduktion anregenden und schweißregulierenden Wirkung, darf aber nicht innerlich hochdosiert oder langfristig äußerlich in hoher Dosierung angewendet werden. Normale Dosierungen im Bad, bei der Massage oder in Körperölen sind nicht bedenklich. Zur Inhalation eignet es sich sehr gut bei akuten Infektionen der Atemwege. Als Hautöl ist es bei trockener Haut, die gleichzeitig gestrafft wird, zu empfehlen.

Der dalmatinische Salbei hat einen hohen Thujon-Anteil (bis zu 50 Prozent) und ist stark toxisch. Das preiswertere spanische Salbeiöl von *Salvia lavandulifolia* enthält mehr Kampfer und Eukalyptol und weniger Thujon. Es ist nicht so stark toxisch. Heilberufe werden diesen Salbei bevorzugen. Schließlich kann für kurartige Behandlungen das Aquarom genommen werden. Man kennt etwa 450 verschiedene Salbei-Arten.

Einschränkungen

Höchstens drei Tropfen täglich bei Einnahme. Kontraindiziert bei Epilepsie. Kann schon in geringsten Mengen epileptische Anfälle auslösen.

Sandelholz
(*Santalum album*)

Herkunft: Ostindien, Mysore.

Gewinnung: Destillation des Holzes.

Merkmale: Dickflüssig, gelblich. Bei niedrigen Temperaturen wird das Öl fest.

Duft: Exotisch, süß, holzig, harzig, leicht zitronig.

Duftnote: Fußnote.

Duftintensität: Stark bis mittel.

Qualität: Yang mit leichtem Yin.

Element: Erde.

Eigenschaften

Hautpflegend, schleimlösend, aphrodisierend, beruhigend, entspannend, antiseptisch, krampflösend, windtreibend, harntreibend, schweißregulierend, entzündungshemmend.

Anwendungen

Körper: Bei Schnupfen, Bronchitis, Husten, Kehlkopfentzündung, Verdauungsstörungen, Durchfall, Blähungen, Übelkeit, Erbrechen, Sodbrennen, Harnwegserkrankungen, Blasenentzündung, eitrigen Prozessen, Ausfluß, Irritationen und Entzündungen der männlichen Geschlechtsorgane, Gonorrhöe, Leukorrhöe, Progesteronmangel,

Ätherische Öle von A bis Z 233

Unfruchtbarkeit, Nervosität, Streß, Schlaflosigkeit, Impotenz oder Frigidität.

Haut/Haar: Sandelholzöl eignet sich zur Pflege aller Hauttypen, besonders der trockenen und der unreinen Haut und hat sich bei Akne, Hautentzündung und Hautjucken bewährt.

Psyche: Bei Depressionen, Angst, fehlender Erdung.

Anmerkungen

Sandelholz ist ein umfassender Duft, der holzige, blumige und zitronige Noten in sich vereinigt. Im Osten ist Sandelholzöl als klassisches Meditationsöl bekannt, das zentriert und entspannt. Ich schätze es, da es eine Verbindung von erstem und siebtem Chakra herstellt. Es lenkt die Energie in das Wurzelchakra und in das Kronenchakra, was den Zustand des Ganz-Seins erzeugt. Sandelholzöl eignet sich besonders für die feinstoffliche Therapie.

Auf körperlicher Ebene empfiehlt es sich vor allem für Kehlkopfentzündungen (zur Inhalation), bei Nervosität und trockener Haut. Aufgrund seiner nervenberuhigenden und aphrodisierenden Wirkungen und da es die Energie in die rechte Gehirnhälfte verlagert, ist das Öl ein gutes Antistreßöl.

Sandelholz ist ursprünglich eine »Herrennote«, die aber unter Frauen immer mehr Zuspruch findet. Das ist für mich nicht verwunderlich, da das Öl männliche und weibliche Qualitäten aufweist. Es mischt sich ausgezeichnet mit allen Holz- und Blütendüften. Nicht zu verwechseln mit »Westindischem Sandelholzöl«, dem *Amyrisöl* (siehe *Amyris*).

Santolina

(*Santolina chamaecyparissus* – auch: Heiligenkraut)
Herkunft: Mittelmeerraum.
Gewinnung: Destillation der Blüten.
Merkmale: Gelblich, dickflüssig.
Duft: Warm, blumig-krautig.

Duftnote: Herznote.
Duftintensität: Mittel.
Qualität: Yin.
Elemente: Wasser und Erde.

Eigenschaften
Entspannend, entkrampfend, wurmtreibend, wärmend.

Anwendungen
Bis auf die sehr angenehm entspannenden Wirkungen in Bädern und beim Gebrauch in der Duftlampe sind bisher keine therapeutischen Anwendungen bekannt. Das Öl mischt sich sehr gut mit *Kamillenöl* und dem Öl anderer Blüten, es eignet sich als Duftkomponente für Winterdüfte und wärmende Massageöle.

Sassafras
(*Ocotea cymbarum*)
Herkunft: Brasilien, USA.
Gewinnung: Destillation der Wurzelrinde.
Merkmale: Dünnflüssig, klar.
Duft: Frisch, »grün«.
Duftnote: Herznote.

Eigenschaften
Allgemein anregend und stärkend, schweißtreibend, menstruationsfördernd.

Anwendungen
Körper: Bei allgemeiner körperlicher Schwäche, Blähungen, Rheuma, Gicht, Menstruation (fördernd, schmerzlindernd), Syphilis, Fieber, zur Rekonvaleszenz.
Haut/Haar: Allgemein bei Hautkrankheiten und Hautreizungen.
Geist: Bei mentaler Erschöpfung, Trägheit, Konzentrationsschwäche.

Einschränkungen
Kontraindiziert ist es bei Schwangerschaft. Es kann sensitive Haut irritieren. Das Öl ist stark toxisch (es enthält etwa

80 Prozent Safrol), deshalb keine Einnahme, keine langfristige äußerliche Anwendung. Nicht für Kinder anwenden. Nur erfahrene Therapeuten sollten Sassafrasöl einsetzen und nur in Notfällen. Sollte Laien im Laden nicht angeboten werden.

Schafgarbe
(*Achillea millefolium*)
Herkunft: Italien, ehemaliges Jugoslawien, Bulgarien, Ungarn, Rußland, Frankreich.
Gewinnung: Destillation der Blüten.
Merkmale: Dünnflüssig, blaugrün.
Duft: Süß-krautig, warm, harzig.
Duftnote: Herznote.
Duftintensität: Mittel.

Qualität: Yin.
Element: Wasser.

Eigenschaften
Allgemein tonisierend, uteruswirksam, krampflösend, antiseptisch, adstringierend, gefäßtonisierend, blutreinigend, harntreibend, blähungswidrig, entzündungshemmend, menstruationsregulierend.

Anwendungen
Körper: Bei körperlichen Schwächezuständen, Kopfschmerzen, während der Rekonvaleszenz, bei Krämpfen (speziell in Unterleib, von Magen, Darm, Galle), Magen- oder Darmschleimhautentzündung, während des Klimakteriums, bei ausbleibender oder schwacher Menstruation, Gebärmuttererkrankungen, Unterleibsentzündungen (Frauen), Zysten, Endometriose, Vaginitis, Durchblutungsstörungen, hormonellen Störungen (Frauen), prämenstruellem Syndrom, Ein-

schlafproblemen, Nervosität, Streß, Neuralgien, Hämorrhoiden, Blasen- und Nierenschwäche.
Haut/Haar: Eine entzündete, empfindliche Haut, Wunden, Geschwüre, Krampfadern, Ekzeme, geringer Haarwuchs und gereizte Kopfhaut lassen sich damit behandeln.
Geist: Bei Verwirrung, Ziellosigkeit, mangelnder Intuition, regt das sechste Chakra an.
Psyche: Bei Anspannung, leichten Depressionen, innerer Enge.

Anmerkungen
Die Schafgarbe ist ein klassisches Frauenheilmittel und harmonisiert das weibliche Hormonsystem. Ihr Öl hat einen hohen Azulen-Anteil und ist daher stark entzündungshemmend. Mischungen ätherischer Öle für die Behandlung von Frauenbeschwerden und Funktionsstörungen des Unterleibs ohne Schafgarbenöl sind kaum vorstellbar. Das Öl gehört unbedingt in die Aroma-Hausapotheke der Frau.

Es hat einen sehr angenehm süßlich-krautigen Duft. Ich schätze es für die feinstoffliche Arbeit zur Konzentration auf das »Dritte Auge« bei Verwirrung, scheinbar unlösbaren Problemen und fehlender Klarheit. Natürlich bietet es sich als Zugabe für Meditationsöle an.

Einschränkungen
Bei empfindlicher Haut ruft es – in einem Hautöl aufgetragen – bei starker Ultraviolettstrahlung phototoxische Reaktionen hervor.

Spearmint siehe Krauseminze

Speikenarde siehe Narde

Sternanis
(*Illicium verum*)
Herkunft: China und Hinterindien, Japan, Philippinen.
Merkmale: Dünnflüssig, farblos.
Übrige Angaben siehe *Anis*.

Ätherische Öle von A bis Z 237

Anmerkungen

Das Sternanisöl ist preiswerter als *Anisöl* (siehe *Anis*) und wird gerne als Streckmittel für *Fenchelöl* genommen. Es erstarrt bereits bei etwa 14 Grad Celsius.

Einschränkungen

Siehe *Anis*.

Styrax

(*Liquidambar orientalis*)

Herkunft: Türkei.

Gewinnung: Destillation des Gummiharzes (Styrax) des Baums (Amberbaums).

Merkmale: Dünnflüssig, klar.

Duft: Balsamisch-süß, warm, blumig bis zimtartig mit leichter Gumminote.

Duftnote: Fußnote.

Duftintensität: Stark.

Qualität: Yang.

Element: Erde.

Anmerkungen

Styrax ist ein Balsam für die Seele. Es hat einen sehr beruhigenden, erdenden Duft zum »Abschalten« und für die Meditation. Das Öl harmonisiert bei starken psychischen Spannungen, erotisiert leicht und glättet die nervliche Anspannung. Das Harz wurde schon im alten Ägypten benutzt, damit die Trägerinnen des Duftes begehrenswert erschienen. Das Öl ist ein klassischer Fixator für Duftmischungen beziehungsweise Parfüms.

Ich empfehle das Öl für die feinstoffliche Therapie bei Verunreinigungen oder Schwäche der Aura. Aufgrund seiner leicht aphrodisierenden und entspannenden Wirkung hilft das Öl bei einem schwachem Sexchakra, also gestörter Sexualität, sein Duft ebenso bei Streßsituationen und damit verbundener Schlaflosigkeit und Impotenz.

Styrax ist ein langanhaltender Duft, der Kleider und Schränke angenehm riechen läßt. Es mischt sich ausgezeichnet mit allen Holz- und Blütennoten, *Labdanum*, *Benzoe* und *Weihrauch*.

Tagetes
(*Tagetes patula* und *Tagetes minuta, Tagetes glandulifera*)
Herkunft: Italien, Spanien, Südafrika, Brasilien.
Gewinnung: Destillation der blühenden Pflanze.
Merkmale: Dünnflüssig, gelblich.
Duft: Betörend süß, fruchtig, krautig.
Duftnote: Herznote.
Duftintensität: Mittel.
Qualität: Yang mit Yin.
Elemente: Wasser und Erde.
Eigenschaften
Antiseptisch, beruhigend, harmonisierend.
Anwendungen
Körper: Zur allgemeinen Hautpflege.
Psyche: Bei innerer Unruhe, Anspannung, Reizbarkeit, Verschlossenheit.
Anmerkungen
Es sind keine aromatherapeutischen Anwendungen bekannt. Das Öl eignet sich besonders für entspannende Duftmischungen für Bäder und Massagen. Hohe Dosierungen in der Duftlampe können leicht narkotisch wirken. Tagesöl mischt sich ausgezeichnet mit blumigen Noten und duftet teilweise extrem süß. Daher sollte es beim Mischen vorsichtig dosiert werden.
Einschränkung
Hautreizend.

Ätherische Öle von A bis Z 239

Tangerine
(*Citrus tangerina, Citrus spatafora*)
Sie ist gleichsam die amerikanische Variante der ostasiatischen *Mandarine*. Duft und Wirkungen siehe *Mandarine* und *Orange*.

Tanne
(*Abies alba, Abies grandis* und *Abies balsamea* –
Edeltanne oder Weißtanne, Riesentanne und Balsamtanne)
Herkunft: Kanada, Frankreich, Österreich.
Gewinnung: Destillation der Zapfen, Nadeln und Zweige.
Merkmale: Dünnflüssig, klar.
Duft: Frisch, würzig, waldig. Je nach Art oder Herkunft des Baumes leicht unterschiedlich. Das Öl der Riesentanne (*Abies grandis*) und das der Douglasie (*Pseudotsuga menziesii*) duftet, anders als die übrigen Tannenöle, weich, balsamisch-süß und frisch.
Duftnote: Kopfnote.
Duftintensität: Schwach bis mittel.
Qualität: Yang.
Element: Luft.
Eigenschaften
Antiseptisch, schleimlösend, durchblutungsfördernd.
Anwendungen
Körper: Bei Erkältung, Muskelverspannung, Atemwegserkrankung.
Anmerkungen
Aus den verschiedensten Arten werden die leicht unterschiedlich duftenden Öle gewonnen, die ähnliche Wirkungen haben. Alle Tannendüfte eignen sich sehr für die Ionisierung, Reinigung und Erfrischung der Raumluft.
Alle Tannenöle sind sehr gute Öle für die Sauna. Sie sind hilfreich bei Infektionsgefahr durch Krankheitserreger in der Raumluft und für die Duftlampe, den Verdunster oder den Zerstäuber geeignet.

Tea-Tree (Teebaum)
(*Melaleuca alternifolia*)
Herkunft: Australien.
Gewinnung: Destillation der Blätter und jungen Zweige.
Merkmale: Dünnflüssig, klar.
Duft: Medizinisch, frisch, würzig.
Duftnote: Kopfnote.
Duftintensität: Schwach.
Qualität: Yang.
Elemente: Luft, Erde und Feuer.

Eigenschaften
Infektionshemmend, antiseptisch, antibakteriell, antiviral, pilztötend, wundheilend, allgemein anregend, schmerzstillend, entzündungshemmend.

Anwendungen
Körper: Bei Schmerzen (besonders Haut-, Hals-, Ohrenschmerzen), Stirnhöhleneiterung, Kehlkopfentzündung, Eiterungen allgemein (auflösende Wirkung), Infektionen der Harnwege, des Darmes, der Atemwege und der Vagina (*Candida albicans, Paronchyia* und *Monilia*), Mundschleimhautentzündung, Fußpilz (*Tinea*), Zahnfleischschwund, geschwächtem Immunsystem, Krebs oder Aids (als begleitende Therapie), Herpes, Mundgeschwüren, zur Neutralisierung von Strahlungsüberschuß.
Haut/Haar: Bei unreiner Haut, Abszeß, für die Wundheilung, bei Akne, Pickeln, Hautpilz, Flechten, Insektenstichen, Warzen, Geschwüren, Sonnenbrand, zur Hautreinigung, bei Juckreiz, Haarausfall, Schuppen, Schuppenflechte.
Geist: Bei mentaler Erschöpfung.

Anmerkungen
Tea-Tree-Öl ist ein wichtiges Heilöl für die Aroma-Hausapotheke. Es ist unentbehrlich zur unterstützenden Behandlung bei allen Infektionskrankheiten und bei einem schwachen Immunsystem. Es ist mit *Niauliöl* und *Cajeputöl* ver-

Ätherische Öle von A bis Z 241

wandt und wird oft damit verwechselt. Das Öl ist nicht toxisch und nur gering hautreizend bei sehr empfindlicher Haut.

Tea-Tree-Öl kann in Lotionen, Salben, Cremes, als Badezusatz und in Massageölen auch hochdosiert angewendet werden. Bei Einnahme hoher Dosen entstehen Nebenwirkungen: Diarrhöe mit entschlackender, reinigender Wirkung. Bei Schmerzen kann man das Öl pur auftragen. Bei Ohrenschmerzen empfiehlt es sich, je 1 Tropfen auf einem Wattebausch in jedes Ohr zu geben. Bei Halsschmerzen mit dem Öl gurgeln. Insektenstiche und Wunden können mit purem Öl bestrichen werden. Bei einer Infektion durch *Candida albicans* war Tea-Tree-Öl bei kurartiger Anwendung oral in hoher Verdünnung sehr erfolgreich. Bei Scheideninfektionen und -irritationen haben sich ebenfalls gute Erfolge eingestellt, indem Tea-Tree-Öl auf die Binden getropft oder in Spülungen eingesetzt wurde. Das Öl hilft in Verbindung mit Aloe vera, die Nebenwirkungen der Röntgenstrahlung zu mindern.

Tea-Tree-Öl ist ein guter Haushaltsreiniger (1 Milliliter auf 5 Liter Wasser). Als natürliches Mittel gegen Flöhe bei Haustieren (1 Milliliter auf 20 Liter Wasser) hat es sich bewährt. Ebenso ist es ameisenfeindlich (im Verhältnis 1 : 10 mit Wasser verdünnt), ohne die Insekten zu töten.

Terpentin

Stammpflanzen: Verschiedene Kiefernarten.
Herkunft: Nordamerika, Rußland, Europa.
Gewinnung: Destillation des Harzes (Terpentins) von Kiefern (manchmal auch anderen Nadelhölzern).
Merkmale: Dünnflüssig, klar.
Duft: Frisch, harzig, leicht medizinisch.
Duftnote: Kopfnote.
Duftintensität: Mittel.
Qualität: Yang.
Element: Erde.

242   *Die ätherischen Öle und Aquarome*

Eigenschaften
Antiseptisch, blutstillend, krampflösend, wundheilend.
Anwendungen
Körper: Bei Bronchitis, Tuberkulose, Infektionen des
Urogenitaltraktes, Weißfluß, Darmkrämpfen, Blähungen,
Würmern, Gallensteinen, Neuralgien, Gicht, Rheuma,
Ischias.
Haut/Haar: Ebenso für die Wundheilung, bei Krätze und
bei Läusen.
Anmerkungen
Vom Handel selten angebotenes Öl. Außer von VALNET und
PENOEL keine Anwendungen berichtet.

Thuja (Lebensbaum)
(*Thuja occidentalis*)
Herkunft: USA, Kanada.
Gewinnung: Destillation der Blätter und Zweigspitzen.
Merkmale: Dünnflüssig, klar.
Duft: Frisch, würzig, harzig.
Duftnote: Kopfnote.
Duftintensität: Mittel.
Qualität: Yang.
Elemente: Luft und Feuer.
Eigenschaften
Schleimlösend, harntreibend, schweißtreibend, entzün-
dungshemmend.
Anwendungen
Körper: Bei Blasenentzündung, Prostatavergrößerung,
Rheuma, Würmern, Krebs, zur Prophylaxe gegen
Geschlechtskrankheiten, bei Genitalentzündung, Feigwar-
zen, Polypen, Gebärmutterentzündung, Eierstockentzün-
dung, Zysten, Fibromen, Warzen.
Einschränkungen
Es handelt sich um ein stark toxisches Öl, das nur von erfah-
renen Therapeuten angewendet und nicht zum allgemeinen

Ätherische Öle von A bis Z

Verkauf angeboten werden sollte. Das Öl darf nicht eingenommen werden. Es ist nierenschädigend. Kinder dürfen damit nicht behandelt werden.
Es ist kontraindiziert bei Epilepsie und Schwangerschaft. Thuja kann starke Krämpfe auslösen. Auch für den äußerlichen Gebrauch ist es gering zu dosieren!

Thymian
(*Thymus vulgaris*,
Thymus serpyllum
– Gartenthymian und
Feldthymian oder
Quendel)
Herkunft: Spanien,
Portugal, Marokko.
Gewinnung: Destillation
der Blüten und Blätter.
Merkmale: Dünnflüssig,
klar.

Duft: Scharf, würzig bis kräuterartig – je nach Art und Chemotyp verschieden.
Duftnote: Kopfnote.
Duftintensität: Stark.
Qualität: Yang.
Elemente: Feuer und Luft.

Eigenschaften
Allgemein anregend, antiseptisch, infektionshemmend, krampflösend, schleimlösend, nervenstärkend, harntreibend, schweißtreibend, blutdruckerhöhend, abwehrsteigernd.

Anwendungen
Körper: Bei schwachem Immunsystem, körperlicher Erschöpfung, Keuchhusten, Bronchitis, Tuberkulose, Asthma, Erkältung, Grippe, Stirnhöhlenkatarrh, Aphthen, Halsentzündung, Angina, Kreislaufstörungen, Darminfektionen, Infektionen der Harnwege, Würmern, ausbleiben-

der Menstruation, Rheuma, Gicht, Arthritis, Leukorrhöe, Mangel an weißen Blutkörperchen, Impotenz oder Frigidität, Schwäche männlicher Fortpflanzungsorgane, Mangel an Geschlechtshormonen.

Haut/Haar: Hilfreich ist es auch bei fetter, unreiner Haut, Akne, für die Mund- und Zahnfleischpflege, zur Wundheilung, bei Furunkeln, Krätze, Läusen, Seborrhöe, Schweißdrüsenabszessen, zur Hautentgiftung und Hautklärung.

Geist: Bei mentaler Erschöpfung oder Müdigkeit, Konzentrationsmangel, Lethargie.

Anmerkungen

Thymian ist eine alte Heilpflanze, deren Hauptwirkung in der Stärkung des Körpers, besonders des Immunsystems, liegt. Das Öl ist infektionshemmend und hat einen starken Bezug zu den Atemwegen, auf die es am stärksten wirkt. Alterserscheinungen, wie Gicht, Arthritis und Rheuma, sowie allgemeine Schwächezustände werden durch Bäder und Massagen mit Thymian gut behandelt. Als Hautöl fördert es die Entgiftung der Haut.

Wegen seiner Aggressivität dürfen bei den Anwendungen nur geringste Mengen genommen werden. So sind 2 Tropfen für eine Inhalation bereits völlig ausreichend. Die verschiedenen Arten und Chemotypen des Thymians haben aufgrund ihrer unterschiedlichen Zusammensetzung von Inhaltsstoffen verschieden dominante Wirkungen: *Thymus zygis* hat einen hohen Anteil an Thymol und Carvacrol, dadurch hat das Öl stark antibakterielle und infektionshemmende, aber auch sehr aggressive und hautreizende Eigenschaften. *Thymus serpyllum* enthält viel Citral, duftet daher auch zitroniger und ist stark schmerzlindernd, antiseptisch und hautreizend. Das Öl mit viel Linalool duftet blumiger, frischer und ist stark antiseptisch, mittelstark hautreizend. Das Öl von der Thymianart, die reichlich Geraniol aufweist, hat insgesamt mildere Wirkungen als alle anderen und ist dafür nur schwach hautreizend.

Ätherische Öle von A bis Z 245

Einschränkungen
Kontraindiziert ist Thymianöl bei Schwangerschaft und
Bluthochdruck. Es ist, wie erwähnt, stark bis schwach haut-
reizend und toxisch bei Einnahme hoher Dosen. Man sollte
es äußerlich nicht langfristig anwenden (es schädigt die
Leber).

Tolubalsam
(*Myroxylon balsamum*)
Herkunft: Tolu (Kolumbien), Venezuela, Brasilien, Antillen.
Gewinnung: Alkoholextrakt aus dem Baumharz.
Merkmale: Dünnflüssig, dunkel.
Duft: Hyanzinthenartig, vanilleartig, zimtig, süß.
Duftnote: Fußnote.
Duftintensität: Mittel.
Qualität: Yin und Yang ausgeglichen.
Element: Erde.
Anmerkungen
Das Öl verbreitet einen beruhigenden, entspannenden und
erdenden Duft. Es ist gut bei Gefühlskälte, Aufregung,
Stimmungstiefs und Streß und eignet sich besonders als
Fixativ für Duftmischungen. Es harmoniert gut mit *Tonkaöl*,
Vanilleöl, *Zimtöl* und anderen Ölen von Blüten und Höl-
zern.
Einschränkung
Keine Einnahme!

Tonkabohne
(*Dipteryx odorata*, *Dipteryx oppositifolia*)
Herkunft: Südamerika.
Gewinnung: Extraktion der Samen (»Bohnen«).
Merkmale: Pastös, ebenso flüssig, wenn in Jojobaöl bezie-
hungsweise Alkohol gelöst, dunkelbraun.
Duft: Warm, süß, heuig, karamelartig.
Duftnote: Fußnote.

Duftintensität: Stark.
Qualität: Yang.
Element: Erde.

Anmerkungen

Tonkaöl hat einen ganz besonderen Duft, der sich bei Stimmungstiefs, Melancholie, Anspannungen, inneren Verhärtungen und tiefer Traurigkeit eignet. Das Öl hat in Verbindung mit Blütendüften auch eine sehr subtil erotisierende Note. Mit *Muskatellersalbei-Öl* und *Immortellenöl* gemischt ist es ideal für Traumreisen, Hypnosen und die Tiefenentspannung.

Das feste Tonkaöl kann, in warmem Jojobaöl oder Weingeist gelöst, gleichfalls in Duftlampen eingesetzt werden.

Einschränkung

Keine Einnahme!

Tuberose

(*Polianthes tuberosa*)

Herkunft: Frankreich, Italien, Spanien, Marokko, Indien, China, Malaysia.
Gewinnung: Enfleurage oder Extraktion der Blüten.
Merkmale: Dünnflüssig, klar bis gelblich.
Duft: Betäubend süß, orangenartig, blütig.
Duftnote: Fußnote.
Duftintensität: Sehr stark.
Qualität: Yin.
Element: Wasser.

Anmerkungen

Tuberosenöl beherbergt einen der teuersten Düfte mit starker Duftintensität. Bereits ein einziger Tropfen im Badewasser oder in der Duftlampe genügt, um Sie in einen völlig anderen Zustand zu versetzen: Sie fühlen sich sinnlich, entspannt, selbstzufrieden, weltvergessen ... Außerdem ist das Öl eine kostbare Zutat zu orientalischen, schweren Parfüms mit starker Ausstrahlung.

Einschränkung
Keine Einnahme!

Vanille
(*Vanilla planifolia*)
Herkunft: Réunion, Komoren, Madagaskar, Mexiko.
Gewinnung: Extraktion der Schoten und anschließende Lösung in Alkohol.
Merkmale: Dünnflüssig, gelblich.
Duft: »Typisch Vanille«, warm, süß, balsamisch (der Alkoholgeruch verfliegt rasch).
Duftnote: Fußnote.
Duftintensität: Stark.
Qualität: Yin.
Element: Wasser.

Anmerkungen
Das Öl stellt eine interessante Komponente für Duftmischungen dar und gilt bei Kindern als beliebter Duft für die Duftlampe. Es wirkt entspannend und beruhigend bei Streß und Aufregung, stimmungsaufhellend und mental anregend bei Erschöpfung und Lethargie. Vanilleöl ist ideal zum Aromatisieren von Speisen anstelle des synthetischen Vanillin.

Veilchen
(*Viola odorata*)
Herkunft: Mittlerer Osten, Frankreich, Italien.
Gewinnung: Extraktion der Blätter.
Merkmale: Dünnflüssig, klar.
Duft: Süß, waldig, laubartig, grün.
Duftnote: Fußnote.
Duftintensität: Mittel.
Qualität: Yin.

248   *Die ätherischen Öle und Aquarome*

Elemente: Wasser und Erde.
Eigenschaften
Nervenstärkend, beruhigend.
Anwendungen
Körper: Bei Kopfschmerz, Erkältung, Husten, Keuchhu-
sten, Halsentzündung, Bronchitis, Blähungen, Verstop-
fung, inneren Geschwüren, Krebs, Nervosität.
Haut/Haar: Bei Hautentzündungen.
Psyche: Bei innerer Unruhe, Schwellenängsten, Zukunfts-
ängsten, seelischer Verhärtung.
Anmerkungen
Echtes Veilchenöl ist selten zu finden und sehr teuer. Von
therapeutischen Anwendungen wird selten berichtet. Das
Öl hilft vor allem bei der psychotherapeutischen Arbeit, und
zwar indem es Verhärtungen aufweicht und Ängste auflöst.
Einschränkung
Keine Einnahme.

Vetiver
(*Vetiveria zizanoides*)
Herkunft: Madagaskar.
Gewinnung: Destillation der Wurzeln.
Merkmale: Dickflüssig, dunkel, rotbraun.
Duft: Erdig, waldig, herb, moosig.
Duftnote: Fußnote.
Duftintensität: Stark.
Qualität: Yang (Psyche) und Yin (Körper).
Element: Erde.
Eigenschaften
Beruhigend, entspannend, nervenstärkend, östrogenartig,
aphrodisierend, hautpflegend.
Anwendungen
Körper: Bei Streß, starker Nervosität, Nervenschwäche
(stärkt das vegetative Nervensystem), Unfruchtbarkeit (es
wirkt empfängnisfördernd), regt die Durchblutung des

Ätherische Öle von A bis Z 249

Unterleibs an, bei zu saurem Scheidenmilieu, Östrogenmangel, Dickdarminfektionen und Dickdarmvergiftung, nervösem Darm.
Haut/Haare: Bei Hautfunktionsstörungen, alternder und trockener Haut.
Psyche: Bei Unsicherheit, mangelndem Selbstvertrauen, Entwurzelung, innerer Unruhe, Spannungszuständen, Angst. Es reguliert alle Chakras und stärkt das erste Chakra.

Anmerkungen
Vetiveröl ist ein stabilisierendes und zentrierendes Öl mit entspannender Wirkung auf die Psyche. Es gibt Halt bei Zerrissenheit und mangelndem Selbstvertrauen. Ich schätze es sehr für die Vermittlung von Tiefe und Erdhaftigkeit. Zusammen mit *Immortellenöl* und *Muskatellersalbei-Öl* kann es helfen, tiefe Schichten zu erreichen und unbewußte Muster oder Glaubenssätze bewußt und fühlbar zu machen. Im Hinblick auf das Feinstoffliche hat es große Bedeutung für das erste und zweite Chakra. In Verbindung mit *Sandelholzöl* und *Zedernholzöl* kann der Duft tief entspannen und Ängste lösen. Sein Duft ist allerdings gewöhnungsbedürftig und stößt anfänglich oft auf Ablehnung.

Seine Wirkungen auf körperlicher Ebene sind vor allem auf den Unterleib konzentriert – auf alles, was tief und unten sitzt – und ähnelt damit den Wirkungen auf die Psyche. So beeinflußt Vetiveröl auch die unteren Hautschichten regulierend und bietet sich vor allem zur Pflege der reifen Haut an. In bezug auf die Vagina sind seine Anwendungen umstritten: Einerseits soll es das Scheidenmilieu ausgleichen, wenn es zu sauer ist, andererseits wird berichtet, daß es wichtige Bakterien dieses Milieus angreift.

Wacholder
(*Juniperus communis*)
Herkunft: Frankreich, Griechenland, ehemaliges Jugoslawien.
Gewinnung: Destillation der Früchte.

Merkmale: Dünnflüssig, klar.
Duft: Würzig, grün, aromatisch.
Duftnote: Kopfnote.
Qualität: Yang.
Elemente: Feuer und Luft.

Eigenschaften

Antiseptisch, allgemein tonisierend und kräftigend, harntreibend, nervenstärkend, nierenwirksam, krampflösend, gewebefestigend und verengend, adstringierend, entgiftend, infektionshemmend, abführend, magenstärkend, verdauungsanregend, blutreinigend, tonisierend, aphrodisierend.

Anwendungen

Körper: Bei allgemeiner körperlicher Schwäche, Kehlkopfentzündung, Husten, Verdauungsstörungen, Verstopfung, Blähungen, Koliken, Magen- oder Darmkrämpfen, Nierensteinen, Leberentzündung, Blasenkatarrh, Würmern, zu starkem Harnfluß, Harnwegsentzündungen, Harnwegsinfektionen, schmerzhaftem Urinieren, Ausfluß, Blutvergiftung, ausbleibender oder schmerzhafter Menstruation, Erektionsschwäche, Spasmen, Rheuma, Gicht, Hämorrhoiden, Nervosität, Nervenschwäche.

Haut/Haar: Wacholderöl aktiviert einen trägen Stoffwechsel, ist günstig für die Hautpflege (wirkt hautstraffend und entgiftend), für die Hautreinigung, bei Hautentzündung, Wunden, zur Wundreinigung, bei Hautverletzungen, Akne, Ekzemen, Schuppenflechte, Hautgeschwüren, Cellulite.

Geist: Bei mentaler Erschöpfung, die mit Nervosität verbunden ist, bei Unklarheit, Ziellosigkeit.

Psyche: Bei Angst, Sorgen, Kummer, Schwächegefühl, negativer Stimmung, zur Reinigung der Aura.

Anmerkungen

Wacholder ist eine alte Heilpflanze, der man die Fähigkeit zur Vertreibung der bösen Geister nachsagt. Das beruht wohl auf seiner Wirkung bei der Desinfektion in der Raumluft und Harmonisierung der Schwingungen. Wacholderöl

Ätherische Öle von A bis Z 251

eignet sich deshalb sehr gut, um Räume im Hinblick auf die Schwingungen dessen, was dort geschah (etwa bei Neubezug einer Wohnung), oder der Person, die sich dort aufhielt, zu neutralisieren. Ich schätze es als Reinigungsmittel für die Aura, wenn sich zu viele Außeneinflüsse festgesetzt haben.

Auf mentaler Ebene stärkt es die Geisteskraft und Konzentration. Besonders bei Ziellosigkeit der Gedanken hilft Wacholderöl, wieder »klar« zu werden.

Auf körperlicher Ebene hat Wacholderöl großen Einfluß auf Heilungsvorgänge im Urogenitaltrakt. Auch Altersbeschwerden und Schwächezustände werden mit Wacholderöl gut behandelt. Das Öl wirkt klärend auf die Haut und ist für Gesichtsdampfbäder zu empfehlen. Auch bei Cellulite hat es gute Wirkungen.

Einschränkung
Kontraindiziert bei Schwangerschaft.

Weihrauch

(*Boswellia sacra, Boswellia carterii* und andere *Boswellia*-Arten)
Herkunft: Jemen, Somalia.
Gewinnung: Destillation des Baumharzes.
Merkmale: Dünnflüssig, klar bis gelblich.
Duft: Harzig, rauchig.
Duftnote: Fußnote.
Duftintensität: Stark.
Qualität: Yang.
Elemente: Feuer und Erde.

Eigenschaften
Entzündungshemmend, uteruswirksam, beruhigend, hautpflegend, gefäßverengend, antiseptisch, adstringierend, verdauungsfördernd, harntreibend, subtil aphrodisierend.

Anwendungen
Körper: Bei Bronchitis, Husten, Schnupfen, Verdauungsstörungen, Infektionen der Harnwege, der Blase oder der

Nieren, bei Leberstau, akuter Lebervergiftung, Gebärmutterleiden, Blutungen, Leukorrhöe, Gonorrhöe, Spermatorrhöe, zu langer oder zu starker Menstruation.

Haut/Haar: Es eignet sich zur Pflege der reiferen Haut (wirkt verjüngend), bei rauher, spröder Haut, bei Falten, für die Zellerneuerung und die Wundheilung bei Verletzungen.

Geist: Bei Verwirrung, Sorgen, unruhigem Geist.

Psyche: Bei Angst, emotionaler Verwirrung, Überreaktionen.

Anmerkungen

Weihrauch, einst mit Gold aufgewogen, ist der Duft der Besinnung und Innenschau. Der Duft erdet und gibt gleichzeitig kosmische Einsicht. Es ist ein traditioneller Duft für die Meditation, er verbindet das Grobe und Feinstoffliche.

Das Öl wird für die Pflege der reifen Haut empfohlen, da es zytopylaktisch und heilend wirkt. Für Frauen hat es Bedeutung bei Gebärmutterleiden und Blutungen, da es blutstillend wirkt.

Das indische Weihrauchöl (aus dem Harz der Art *Boswellia serrata* gewonnen) ist in Indien als Antirheumatikum und Hilfe bei Fettleibigkeit bekannt. Ursache ist die Boswellinsäure. Ein Nachweis, daß diese auch im sogenannten »Aden-Öl« oder »Erithrea-Öl« enthalten ist, konnte noch nicht erbracht werden.

Einschränkung

Kontraindiziert bei Schwangerschaft.

Wintergrün
(*Gaultheria procumbens*)
Wintergrünöl ist absolut toxisch. Nicht verwenden.

Ylang-Ylang
(*Cananga odorata*)
Herkunft: Komoren, Madagaskar, Haiti, Réunion, Philippinen, Indonesien (Java).

Ätherische Öle von A bis Z 253

Gewinnung: Destillation der Blüten.
Merkmale: Dünnflüssig, gelblich.
Duft: Betörend süß, intensiv, blütig, schwer bis spritzig-scharf.
Duftnote: Fußnote.
Duftintensität: Sehr stark.
Qualität: Yin.
Element: Wasser.

Eigenschaften
Senkt den Adrenalinspiegel, herzberuhigend, atmungsberuhigend, blutdrucksenkend, aphrodisierend, antiseptisch, hautpflegend.

Anwendungen
Körper: Bei Bluthochdruck, Herzrasen oder Herzklopfen, Dyspnoe (Anhalten der Luft im Schlaf), Hyperventilation, Schlaflosigkeit, Nervosität, Impotenz oder Frigidität.
Haut/Haar: Bewährt hat es sich ebenso für die allgemeine Hautpflege, bei spröder, rauher Haut, zur Unterstützung der Zellerneuerung.
Psyche: Bei Aggressivität, Angst, Depressionen, Genußunfähigkeit, Liebesunfähigkeit.

Anmerkungen
Durch verschieden lange Destillation werden Qualitätsabstufungen erzielt: Die 24stündige Destillation ergibt das »Ylang-Ylang complet«, das weich und mild duftet und am teuersten ist. Bei kürzeren Destillationszeiten entsteht »Ylang-Ylang extra«, »Ylang-Ylang I«, »Ylang-Ylang II« und »Ylang-Ylang III«. Die Öle duften von »extra« nach »III« zunehmend scharf und werden immer preiswerter.

Ylang-Ylang-Öl hat einen betörenden bis narkotisierenden Duft, wenn es nicht gestreckt oder in geringer Dosierung angewendet wird. Es regt die Ausschüttung stimmungsaufhellender Endorphine an und eignet sich daher gut gegen Depressionen und Stimmungstiefs. Ich schätze es, weil sein Duft während der Massage, im Bad und bereits wenn er aus der Duftlampe strömt, eine völlige Veränderung des psychischen Zustands hin zur Entspannung bis zur Auflösung bewirken kann. Der Duft stärkt den Sinn für Schönheit und Zärtlichkeit.

Das Öl beeinflußt den Adrenalinspiegel, wirkt ebenfalls blutdrucksenkend, aphrodisierend und ist daher als Antistreßöl sehr geeignet – für Männer sollte es hierfür mit holzigen Noten gemischt werden, um der männlichen Duftkonditionierung zu entsprechen.

Ylang-Ylang ist ein langanhaltender Duft und eignet sich zur Beduftung von Wäsche und Schränken.

Ysop
(*Hyssopus officinalis*)
Herkunft: Mittelmeerraum, Indien.
Gewinnung: Destillation der Blütenknospen.
Merkmale: Dünnflüssig, klar.
Duft: Krautig, scharf, kampfrig-süß.
Duftnote: Herznote. Duftintensität: Mittel.
Qualität: Yin.
Element: Luft.

Eigenschaften
Blutdruckregulierend, allgemein kräftigend, schleimlösend, lungenwirksam, nervenstärkend, anregend, antiseptisch, appetitanregend, krampflösend, fiebersenkend, magenstärkend, harntreibend.

Anwendungen
Körper: Bei Erkältung, Schnupfen, Asthma, Grippe, Bronchitis, Keuchhusten, Atemnot, Tuberkulose, Entzündungen im Hals- oder Mundbereich, Ohrenentzündung, Fieber, Verdauungsstörungen, Würmern, Blähungen, Appetitmangel, Leukorrhöe, Kreislaufstörungen, Blutdruckschwankungen, ausbleibender Menstruation, für die Rekonvaleszenz.
Haut/Haar: Hilfreich ist es auch bei Hautentzündungen,

Ätherische Öle von A bis Z   255

Wunden, Hautverletzungen, Prellungen, Quetschungen, Ekzemen, Herpes.
Geist: Bei mentaler Erschöpfung, Konzentrationsschwäche, Verwirrung, Kreativitätsmangel.

Anmerkungen
Ysopöl eignet sich besonders für Inhalationen bei Atemwegserkrankungen. Ich empfehle es außerdem für die Reinigung der Raumatmosphäre von negativen Schwingungen (gut ist die Verbindung mit *Wacholderöl* und *Salbei-Öl*). Sein Duft öffnet dem Geist neue Dimensionen. Ysopöl findet sich daher auch in meinen Meditationsmischungen. Es hat einen Bezug zum sechsten und siebten Chakra.

Einschränkungen
Kontraindiziert bei Bluthochdruck, Schwangerschaft und Epilepsie. Keine Einnahme, da toxisch. Nicht für Kinder. Das Öl ist vorsichtshalber von Laien nicht anzuwenden.

Zeder
(*Cedrus atlantica, Cedrus deodara* und *Cedrus brevifolia* – Atlas-Zeder, Himalaya-Zeder und Zypern-Zeder)
Herkunft: Marokko, Algerien, Südfrankreich (Atlas-Zeder); Himalaya (Himalaya-Zeder); Zypern (Zypern-Zeder)
Gewinnung: Destillation der Holzspäne oder des Sägemehls.
Merkmale: Dünnflüssig, gelblich.
Duft: Verschieden, je nach Herkunft – holzig, herb, nach »Bleistift« oder »Zigarrenkiste«, leicht kampfrig.
Duftnote: Fußnote.
Duftintensität: Mittel.
Qualität: Yin.
Element: Erde.

Eigenschaften
Hautpflegend, schleimlösend, beruhigend, blasenwirksam, haarstärkend, harntreibend, antiseptisch, adstringierend,

verdauungsfördernd, den Lymphfluß anregend, insektenfeindlich, leicht aphrodisierend.

Anwendungen

Körper: Bei Schnupfen, Bronchitis, Harnwegsinfektionen, Blasenentzündung, Blasenschmerzen, Nierenbeckenentzündung, Nervosität, Nervenschmerzen, Gonorrhöe.

Haut/Haar: Es eignet sich für die allgemeine Hautpflege, bei fetter Haut, Hautentzündung, Akne, Schuppenflechte, Hautjucken, Ekzemen, für die allgemeine Haarpflege, bei fettem Haar, feinem Haar, Schuppen.

Psyche: Bei Depressionen, Angst, Irritationen, mangelnder Zentrierung, Ärger, Aggression.

Anmerkungen

Als »echte« Zeder gilt die Libanon-Zeder (*Cedrus libani*), die allerdings nur noch in einigen Parks der Welt steht, aber nicht als Rohstoff für ätherische Öle dienen kann. Verwandte dieser stolzen Bäume findet man in Marokko, Algerien und Südfrankreich. Die Himalaya-Zeder und die Zypern-Zeder gehören ebenfalls dazu. Die Zeder wird der Baum der Weisheit, des Wissens und der Gerechtigkeit genannt (im *Gilgamesch-Epos*).

Die nicht echten Zedernholzöle von den *Wacholder*arten *Juniperus virginiana* aus Virginia (USA) und *Juniperus mexicana* aus Texas (USA) duften nicht nur herber, sondern sind aufgrund ihrer Inhaltsstoffe als leicht menstruationsfördernd und bei hoher Einnahmedosis als toxisch eingestuft. Diese Öle sind während der Schwangerschaft völlig zu meiden und auch bei Epilepsie kontraindiziert.

Zedernholzöl, das von Arten der Gattung *Cedrus* stammt, empfiehlt sich besonders durch seinen zentrierenden und beruhigenden Einfluß. Es mischt sich sehr gut mit allen anderen Holzölen. Überhaupt scheint es seine vielfältigen Wirkungen – bis zur subtilen Stimulation der Libido – nur gemeinsam mit anderen Ölen zu erreichen. Seinen aphrodisierenden Effekt entfaltet es mit anderen erotisierenden Ölen

(Blütenölen); mit frisch duftenden Ölen (etwa von Zitrusfrüchten) gemischt, wirkt es hingegen sexuell beruhigend. Diese Doppelwirkung finden Sie auch bei vielen anderen Symptomen, für die Zedernholzöl als Heilmittel angeboten wird. – Sie brauchen das Zedernholzöl nur mit einem oder mehreren Ölen, die zu dem Symptom genannt werden, zu mischen. – Daher werden Sie Zedernholzöl auch oft in Duftmischungen antreffen und selten allein.

Das Schwergewicht der Anwendungen von Zedernholzöl liegt im Bereich der Schleimlösung im Atemwegsbereich und der Infektionshemmung im Blasenbereich. In einem Hautöl ist es angenehm adstringierend und gut für die ölige Haut. Zedernholzöl ist ein bevorzugter Duft für Herrennoten und After-shave-Lotionen. Es wirkt gut gegen Mücken und Motten (auf Duftstreifen oder Duftkissen in Schränken).

Einschränkungen

Kontraindiziert ist es bei Schwangerschaft und Epilepsie (wenn es, wie erwähnt, von *Juniperus virginiana* oder *Juniperus mexicana* stammt). In hoher Dosierung reizt es die Haut.

Zimt und Cassia

(*Cinnamomum ceylanicum*, *Cinnamomum aromaticum*, *Cinnamomum cassia*)

Herkunft: Sri Lanka, China, Südostasien.

Gewinnung: Destillation der Blätter (Blätteröl) oder Rinde (Rindenöl) des Ceylon-Zimtstrauches. Für *Cassiaöl* aus der Rinde (Rindenöl) oder den Blüten (Blütenöl) des chinesischen Cassiabaums.

Merkmale: Dünnflüssig, gelblich.

Duft: Warm, würzig, süßlich (Rindenöl herb).

Duftnote: Fußnote.

Duftintensität: Stark.

Qualität: Yang.

Element: Feuer.

Eigenschaften
Stark antiseptisch, fäulnishemmend (Darm), wärmend, anregend, herz- und nervenstärkend, adstringierend, aphrodisierend, blutstillend, kreislaufanregend, durchblutungsfördernd, krampflösend, menstruationsfördernd.

Anwendungen
Körper: bei allgemeiner körperlicher Schwäche, Erkältung, Grippe, Husten, Bronchitis, Verdauungsstörungen, Magenschwäche, Blähungen, Durchfall, Darmkrämpfen, Darmfäulnis, ausbleibender, schwacher oder schmerzhafter und mit hohem Blutverlust verbundener Menstruation, Muskelverhärtung, Kältegefühl, Blutungen, Impotenz oder Frigidität, Zahnfleischschwund, Zahnfleischbluten, Mundfäule, Nervenschwäche, Herzschwäche.

Haut/Haar: Es regt einen trägen Stoffwechsel an, hilft bei Krätze und gegen Läuse.

Psyche: Bei Gefühlskälte, Anspannung, Angst, Einsamkeit.

Anmerkungen
Cassiablütenöl aus China duftet süßer und schärfer als das von *Cinnamomum ceylanicum*. Zur Bekämpfung von Entzündungen und Infektionen ist Cassiaöl ohne Beimischung anderer Öle einzusetzen, da sich sonst seine Wirkung verringert. Zimtrindenöl ist sehr hautreizend, deshalb sollte man bei äußerlicher Behandlung (für Kosmetik, Bäder) auf das Zimtblätteröl ausweichen!

Zimtöl ist eines der stärksten antiseptisch wirkenden Öle und regt die Durchblutung stark an. Daher eignet es sich für Kältezustände, Kreislaufschwäche und Herzschwäche. Weil es die Durchblutung fördert, wirkt es auf körperlicher Ebene aphrodisierend und kann bei Impotenz helfen.

Als Hautöl ist es bei trägen Hautfunktionen und fahler Gesichtshaut gut, denken Sie jedoch an seinen starken Einfluß, und nehmen Sie sehr wenig Öl (3 Tropfen Zimtrindenöl beziehungsweise 6 Tropfen Zimtblätteröl auf 50 Gramm Creme oder fettes Öl).

Ätherische Öle von A bis Z 259

Zimtöl verbreitet in Räumen im Winter eine warme, entspannte Atmosphäre und desinfiziert die Raumluft.

Einschränkungen
Kontraindiziert bei Schwangerschaft; wirkt außerdem toxisch, deshalb keine Einnahme.

Zirbelkiefer
(*Pinus cembra*)
Herkunft: Alpenländer.
Gewinnung: Destillation der Nadeln und jungen Triebe.
Merkmale: Dünnflüssig, klar.
Duft: Herb, würzig, holzig, balsamisch.
Duftnote: Kopfnote.
Duftintensität: Schwach.
Qualität: Yang.
Element: Luft.

Eigenschaften
Antiseptisch, schleimlösend, belebend.

Anwendungen
Körper: Bei Infektionen der Atemwege, Erkältung, Husten, Raucherhusten, Katarrh, Bronchitis, Muskelverspannung, Rheuma.
Haut/Haar: Haarausfall.
Geist: Bei Konzentrationsschwäche, mentaler Erschöpfung.
Psyche: Bei Angst, schwachem Selbstbewußtsein, mangelndem Durchsetzungswillen, Lethargie.

Anmerkungen
Zirbelkiefernöl eignet sich gut zur unterstützenden Behandlung aller Erkrankungen der Atemwege. Dabei brauchen Sie es lediglich in der Duftlampe hoch zu dosieren, um es gleichsam zu inhalieren.

Das Öl ist wertvoll für die Beduftung von Publikumsräumen, besonders wenn dort geraucht wird. Es ist ein idealer Duft bei Denkarbeit am Arbeitsplatz. Außerdem bietet es sich für die Sauna und Sportmassage an.

Zitrone

(*Citrus limon* = *Citrus limonum*)
Herkunft: Mittelmeerraum, USA.
Gewinnung: Pressen der Fruchtschale.
Merkmale: Dünnflüssig, gelblich.
Duft: Spritzig, frisch.
Duftnote: Kopfnote.
Duftintensität: Schwach
Qualität: Yang.
Element: Luft.

Eigenschaften

Stark antiseptisch, krampflösend, entschlackend, herzstärkend, fiebersenkend, nervenstärkend, harntreibend, blutbildend, blutstillend, entgiftend, entschlackend, lungenstärkend, verdauungsfördernd, blutdrucksenkend, kreislaufanregend, schweißhemmend.

Anwendungen

Körper: Bei allgemeiner körperlicher Schwäche, allen Infektionskrankheiten, Kopfschmerzen, Migräne, Sinusitis, Fieber, Grippe, Asthma, Angina, Verdauungsstörungen, Magengeschwüren, Magenübersäuerung, Erbrechen, Blähungen, Durchfall, Ruhr, Typhus, Würmern, Appetitmangel, Arterienverkalkung, Bluthochdruck, Blutmangel, Bluteindickung, Blutungen, übermäßiger Menstruation, Bluterkrankheit, Leberzirrhose, Leberfunktionsschwäche, Gelbsucht, Rheuma, Gicht, Arthritis, Gonorrhöe, Syphilis, Hämorrhoiden, zur Hormonregulierung durch Beeinflussung der Hypophyse.
Haut/Haar: Bei fetter, verstopfter Haut, Hautstraffung, Hautreinigung, Akne, Pickeln, Flechten, Krampfadern, Cellulite, Furunkeln, Ausschlag, Warzen, eiternden Wunden, Sommersprossen, Talgüberproduktion, Insektenstichen, brüchigen Fingernägeln.
Geist: Bei mentaler Erschöpfung, Konzentrationsschwäche, Verwirrung, Lethargie.

Ätherische Öle 261

Anmerkungen
Ich schätze das Zitronenöl besonders wegen seiner kombinierten Wirkung bei körperlicher und geistiger Schwäche. Das Öl desinfiziert, reinigt und klärt Körper und Geist. Daher empfehle ich es auch für die Aroma-Hausapotheke. Sein Duft läßt Menschen sich selbst deutlich gesünder und wohler einschätzen. Somit führt bereits der Duft über den Geist zu Gesundheit und Wohlbefinden.

Viele Infektionskrankheiten werden beim Ausbruch etwas abgefangen, wenn Sie sich mit Zitronenöl umgeben: aus der Duftlampe, durch Inhalationen, im Bad (gering dosieren!). Gute Wirkungen lassen sich mit Zitronenöl bei Hormonunausgeglichenheiten erzielen, da der Duft regulierend auf die Hypophyse wirkt. Das dürfte besonders für Frauen interessant sein, die auf Hormonschwankungen deutlicher reagieren.

Nichts reinigt die Raumluft selbst von übelsten Gerüchen besser und läßt Räume und Luft einladender, »reiner« und »frischer« erscheinen als Zitronenöl.

Einschränkungen
Gelangt es in einem Hautöl auf die Haut, ruft es bei starker Ultraviolettstrahlung phototoxische Reaktionen hervor. Hautreizend – gering dosieren. Keine hochdosierte oder kurartige Einnahme.

Zwiebel
(Allium cepa)
Herkunft: Europa.
Gewinnung: Destillation der Zwiebel, also nur des unterirdischen Teils der Pflanze.
Merkmale: Dünnflüssig, klar bis gelblich.
Duft: »Typisch Zwiebel«, stechend, durchdringend.
Duftnote: Fußnote.
Duftintensität: Sehr stark.

Qualität: Yang.
Element: Feuer.

Eigenschaften

Allgemein anregend, stark antiseptisch, harntreibend, den Blutzuckerspiegel senken, schleimlösend, hautpflegend, entwässernd, nervenstärkend.

Anwendungen

Körper: Bei allgemeiner körperlicher Schwäche, Stoffwechselstörungen, Flüssigkeitsstau im Körper, Migräne, Infektionen der Atemwege, Grippe, Verdauungsstörungen, Würmern, Durchfall, Drüsenfunktionsstörungen, Infektionen des Urogenitaltrakts, Arteriosklerose, Prostataerkrankungen, Lymphknotenentzündungen, zu hohem Blutzuckerspiegel (Diabetes), Rheuma, Arthritis, Gallensteinen, allgemeinen Alterserscheinungen.
Haut/Haar: Hilft bei Hautentzündungen, Abszessen, Furunkeln, Warzen, Sommersprossen, Nagelbettentzündungen, Insektenstichen.
Geist: Bei mentaler Erschöpfung.

Anmerkungen

Das Öl wird selten im Handel angeboten – im Bedarfsfall in Apotheken nachfragen. Es hat einen sehr intensiven, stechenden Duft, der jegliche Anwendung (außer der Einnahme in Kapseln) unmöglich erscheinen läßt. Die geöffnete Flasche am besten getrennt von anderen Ölen im Kühlschrank aufbewahren.

Zypresse

(*Cupressus sempervirens*)
Herkunft: Mittelmeerraum, Algerien.
Gewinnung: Destillation der schuppenförmigen Blätter und Zweigspitzen.
Merkmale: Dünnflüssig, klar.
Duft: Frisch, würzig, harzig.
Duftnote: Herznote.

Ätherische Öle 263

Duftintensität: Schwach.
Qualität: Yang.
Element: Erde.

Eigenschaften
Blutstillend, gefäßverengend, uteruswirksam, östrogenartig, schleimlösend, antiseptisch, adstringierend, beruhigend, schweißhemmend, leberwirksam, venenstärkend, krampflösend, schmerzlindernd, nervenausgleichend.

Anwendungen
Körper: Bei Zahnfleischbluten, Asthma, Keuchhusten, Krampfhusten, Bluthusten, Grippe, Durchfall, Lebererkrankungen, Pfortaderverstopfung, Menstruation (überlanger, starker Blutung), Eierstockerkrankungen, Beschwerden im Klimakterium, Spasmen, Rheuma, Hämorrhoiden, Krampfadern, Bettnässen, eitrigen Prozessen, Nervosität.
Haut/Haar: Bei fetter Haut, Akne, starker Schweißproduktion, Schweißfüßen, zur Gewebestraffung, bei Cellulite und gegen Schuppen.
Psyche: Bei innerer Unruhe, Gereiztheit, Ziellosigkeit, mangelnder Zentrierung, Melancholie, mangelndem Selbstvertrauen, Hoffnungslosigkeit, Trauer, emotionalem Chaos.

Anmerkungen
Zypressenöl hat den Charakter des Holzes und des Blattes: Erde, Zentrierung und gleichzeitig das Grün der Hoffnung und Leichtigkeit. Sein Duft hilft bei Verlust des Selbstvertrauens, in den dunklen Stunden des Seins, der Trauer.

Auf körperlicher Ebene ist es empfehlenswert wegen seiner beruhigenden Wirkungen auf das Nervensystem, bei Krampfadern, Cellulite und starker Schweißabsonderung. Es mischt sich sehr gut mit anderen Holz- und Blattölen.

Einschränkung
Kontraindiziert bei Epilepsie.

Wichtigste Inhaltsstoffe ätherischer Öle

(Soweit bekannt und gesichert, die Prozentangaben gelten als Höchstwerte)

Ackerminzöl
70–95% Menthol; Pinen, Limonen, Eukalyptol, Carvacrol.

Amyrisöl
Elemol, Eudesmol, Agarofuran.

Angelikawurzelöl
40% Phellanderene, 3% Caryophyllen, Methylbutyrat, Lactone

Anisöl
80–90% *trans*-Anethol, 2% Methylchavicol (Estragol).

Basilikumöl (aus Frankreich)
30–45% Linalool, 25% Methylchavicol (Estragol), 5–7% Fenchylalkohol, 2–6% Eugenol, Citronellol, Kampfer, Cineol.

Basilikumöl (von den Komoren)
80–90% Methylchavicol (Estragol), Rest siehe oben.

Bayöl
35–40% Eugenol, 10–15% Chavicol, 30–35% Myrcene.

Benzoe
60–70% Coniferylbenzoat, 10–20% freie Benzoesäure, 2% Cinnamylbenzoat, 2% Vanillin.

Bergamottöl
30–40% Linalylazetat, 25–45% Terpene (Limonen), 10–20% Linalool, 5% Terpinen, 4% Pinen, Furanocumarine. Verlängerung mit limonenreichem *Orangenöl*, synthetischem Limonenöl oder isoliertem Linaool möglich.

Birkenrindenöl
Betula lenta: 96% Methylsalicylat.

Bohnenkrautöl
40–60% Carvacrol, 5–20% Linalool, 10–20% Cymol, 1–5% Thymol.

Cajeputöl
50–65% Cineol (Eukalyptol), 75% Pinen, 13% Cymen, 10% Terpineol, 5% Limonen, 4% Linalool, 2% Caryophyllen, Geraniol.

Cassia-Öl siehe *Zimtöl*

Cistrosenöl
Phenylpropanate, Cineol, Acetophenon, Fenchon, Thujon, Benzaldehyd, Tageton, Neral, Geranial, Hexenol.

Citronella
25–55% Citronellal, 25–45% Geraniol, 10–15% Citronellol Rosenalkohol), 6% Geranylacetat, Limonene, Linalool, Eugenol, Caryophyllen.

Dillöl
»Extra«, aus dem Kraut: 30–45% Carvon; »Standard«, aus dem Kraut: 25–30% Carvon; aus den Früchten: 40–60% Carvon, 40% Limonen, 5% Phellandren.

Wichtigste Inhaltsstoffe ätherischer Öle

Eichenmoosöl
Phenolcarbonsäureester, Methyl-Orcincarboxylat.

Eisenkrautöl
40% Citral, 15% Limonen, 6% Eukalyptol, 8% Caryophyllen, 6% Rosenalkohole: Nerol, Geraniol, Citronellol.

Elemiöl
Phellandren, Carvon, Pinen, Limonen.

Estragonöl (aus Frankreich)
70% Estragol, Anethol, Myrcen, Pinen. Verlängerung mit *Fenchelöl*, *Basilikumöl* (von den Komoren), *Sternanisöl* oder Phellandren möglich.

Eukalyptusöl
70% 1,8-Cineol (Eukalyptol), 12% Pinen, Borneol, Carvon, Cymen, Limonen. Bei doppelter Destillation (Rektifizierung): bis zu 85% Cineol.

Fenchelöl
bitter (von *Foeniculum vulgare* ssp. *vulgare*): 55–75% *trans*-Anethol (süß), 10–15% Estragol, 12–22% Fenchon (bitter); süß (von *Foeniculum vulgare* var. *dulce*): ohne Fenchon.

Fichtenöl
Bornylazetat, Pinen, Camphen.

Galbanumöl
Sulfide, Pyrazine, Methylmacrolide, Limonen, Myrcen, Camphen.

Geranienöl
Alle Arten: 35–50% Citronellol, 5–15% Geraniol, 10% Isomen-thon, 5–10% Tiglate. Darüber hinaus enthalten die zwei wichtigsten Geranienarten: *Pelargonium graveolens* – Acetaldehyd, Furfural, Citral, Myrcen, Phellandren, Caryophyllen, Sabinen, Terpineol; *Pelargonium odoratissimum* – Citronellol, Geraniol, Linalool, Phenylethylalkohol, Nerol.

Guajakholzöl
85% Guaiol-Sesquiterpenalkohol, Guajoxide.

Hyazinthenöl
Benzylalkohol, Hydrozimtalkohol, Benzylazetat, Zimtaldehyd, Eugenolderivate.

Immortellenöl
50% Nerylazetat, Nerol, Linalool, Eugenol, Carvacrol, Nerolidol, Terpineol, Angelikasäureester, Diketone.

Ingweröl
35–40% Zingiberen, 20% Curcumen, 8% Camphen, 5% Phellandren, 5% Citral.

Irisöl
Myristinsäure, 50% Irone.

Jasminöl
30–70% Benzylazetat, 10–20% Linalool, 3–10% Jasmon, Benzylbenzoat, Phenylazetat, Farnesol, Geraniol, Phytol, Indol, Vanillin und andere. Die Zusammensetzung der Inhaltsstoffe hängt sehr vom Anbaugebiet ab.

Kalmusöl
Indisches: bis zu 96% Asaron; europäisches: bis 10% Asaron; amerika-

nisches: 0% Asaron; ansonsten Pinen, Camphen, Eukalyptol, Sesquiterpene, Asarylaldehyd, *d*-Camphen, Eugenol, Methyleugenol.

Kamillenöl (von Blauer Kamille)
20–50% Bisabolol, 10% Dicykloether, 5% Chamazulen blau, Chamviolin, Farnesen, Nerolidol, Patchoulen, Furfural, Flavone.

Kamillenöl (von Römischer Kamille)
Angelikaester, Tiglinester, Isobuttersäureester.

Kampferöl
80% Kampfer, Borneol, Safrol.

Kardamomöl
25–40% Cineal (Eukalyptol), 35% Terpinylazetat, 10% Limonen, geringe Mengen an Sabinen, Pinen.

Karottensamenöl
50% Carotol, Daucen, Daucol, Geraniol, Caryophyllen, Pinen.

Kiefernöl
80% Monoterpene: Pinen, Caren, Phellandren; 7% Camphen, 5% Myrcen, 5% Bornylazetat.

Korianderöl
Bis zu 70% Linalool, 6% Pinen, Camphen, Phellandren, Campher, Terpinen, Geraniol, Carvon, Limonen, Decylaldehyd.

Krauseminzöl
50% Carvon, 15% Limonen, 7% Phellandren, 5% Menthon, wenig Pinen, Linalool, Cineol, Carveol, Geraniol.

Kreuzkümmelöl
20–30% Cuminaldehyd, 25% Terpinen, 15% Pinen, Anisaldehyd, Farnesol.

Kümmelöl
50–80% Carvon, 30–50% Limonen, Cuminderivate, Carveol.

Ladanumöl
Pinen, Camphen, Phellandren, Nerol, Geraniol, Geranylazetat, Linalool, Eugenol und viele andere.

Latschenkiefernöl
2–60% Phellandren, 25% Camphen, 20% Pinen, 10% Bornylazetat.

Lavandinöl
6% Kampfer, wenige Ester, ansonsten ähnlich dem Lavendelöl. Unterscheidung der Sorten: »Lavandin abrialis« – 30% Ester, 9% Kampfer. »Lavandin super« – 50% Ester, 5% Kampfer. »Lavandin grosso« – 30% Ester, 5% Kampfer.

Lavendelöl
Bis zu 60% Linalylazetat, bis zu 40% Linalool, 5% Terpinol, je 2% Ocimen, Borneol, Phellandren, Limonen, Caryophyllen, Pinen, Geraniol, Camphen, Nerol, Myrcen, Cymen, Cumarin, Lavandulol, Kampfer, Eukalyptol und viele andere.

Lemongrasöl
Von *Cymbopogon flexuosus*: 80% Citral, 0,5% Myrcen; von *Cymbopogon citratus*: 70% Citral, 15–20% Myrcen.

Wichtigste Inhaltsstoffe ätherischer Öle

Limettenöl
Alle Arten: 50% Limonen.

Litsea-Öl
75% Citral, 9% Limonen, 4% Methylheptenon, 3% Myrcen,
2% Linalool, 2% Linalyazetat,
1,5% Geraniol, 1% Nerol,
α-Pinene, Citronellal, Caryophyllen.

Lorbeeröl
30–55% Eukalyptol, bis 10% Eugenol, bis 20% Monoterpene (Pinen).

Majoranöl (süß)
25% Thujanol, 3–6% Ocimen,
5–25% Terpineol, bis zu 19% Geraniol, 10% Linalool, bis zu 5%
Caryophyllen.

Mandarinenöl
80% Limonen, Dimethyl-anthranilat, Dodecenal, Methoxylthymol.

Melissenöl
Von echter Melisse: 50% Citral,
10% Caryophyllen, 3% Citronellal, Geraniol, Linalool, Nerol. Von
Zitronenmelisse: 35% Citronellal,
15% Citral, 10% Geraniol, 15%
Geranylazetat, 1% Caryophyllen.

Minzöle siehe Ackerminzöl, Krauseminzöl, Pfefferminzöl.

Muskatellersalbei-Öl
70% Linalylazetat, 20% Linalool,
Benzylaldehyd, Pinen, Myrcen,
Phellandren, Kampfer, Geraniol,
Sclareol.

Muskatöl
70–90% Monoterpene (Pinen, Sabinen), 15% Myristicin.

Myrrhenöl
Pinen, Limonen, Cumin, Zimtaldehyde, Phenole.

Myrtenöl
30% Eukalyptol, 25% Myrtenazetat, 10% Myrtenol, Pinen, Camphen, Terpineol, Geraniol.

Nardenöl
30% Gurjunen, 30% Patchoulen,
8% Patchoulialkohol, Cineol, Camphen, Nardol, Pinen.

Narzissenöl
Linalool, Benzylalkohol, Benzylazetat, Zimtalkohol, Geraniol, Nerol, Indol, Pfirsichaldehyd und viele
andere.

Nelkenöl
80–90% Eugenol, 10% Caryophyllen.

Neroliöl
30% Linalool, 7% Linalylazetat,
10% Nerol, 4% Phenylethylalkohol, 35% Limonen, Camphen, Pinen, Indol.

Niauliöl
60% Eukalyptol, 30% Terpineol,
10% Pinen.

Opoponaxöl
Bisabolen. Elemene, Santalene, Humulene, Cadinene.

Orangenöl, bitter
90% Limonen, meist Ester (5%).

Orangenöl, süß
90% Limonen, 2% Aldehyde.

Oreganoöl
Beste Qualität: 75% Carvacrol.

Palmarosaöl
80% Geraniol, Faresol, Sesquiterpene.

Pampelmusenöl
Bis zu 90% Terpene (Limonene), 2% Aldehyde.

Patchouliöl
40% Patchoulol, 20% Bulnesen, 16% Guajen, 7% Patchoulen.

Pennyroyalöl (Poleiminzöl)
60–95% Pulegon, Octanol, Menthon.

Petitgrainöl
Von *Citrus aurantium*, Bitterorange: 70% Linalylazetat, 20% Linalool; von *Citrus aurantium*, Orange: 50% Linalylazetat, 25% Linalool, geringfügig Terpineol, Geraniol, Phellandren, Limonen, Pinen, Nerol.

Pfefferminzöl
Aus den USA: 40–60% Menthol, 18% Menthon, 7% Cineol, 3% Menthofuran, 2% Isomenthon, 2% Limonene, 0,8% Pulegon.

Pfefferöl
Von *Piper nigrum:* 20% Sabinen, 20% Limonen, 20% Pinen, 15% Caryophyllen, Thujen, Myrcen, Phellandren, Eukalyptol, 12% Caren.

Rosenholzöl
70% Linalool, 10% Cineol, 2% Geraniol, Terpineol, 1% Citral.

Rosenöl
Von *Rosa damascena:* 40% Citronellol, 16% Paraffine, 14% Geraniol, 7% Nerol, 3% Phenylethylazetat, Rosenalkohole, Roseoxid, Rosenfuran, Neroloxid, Hexanal, β-Damascon, β-Damascenone, Phenylazetate, Butyrate, Veraianate, Capronate, Salicylate; von *Rosa centifolia:* 45–48% Phenylazetat, ansonsten ähnlich wie *Rosa damascena*.

Rosmarinöl
Eukalyptol-Typ (aus Tunesien, Marokko): 40% Cineol, 15% Kampfer, 11% Pinen, 5% Caryophyllen, 6% Borneol. Kampfer-Typ (aus Spanien): 25% Cineol, 30% Kampfer, 25% Pinen, 4% Caryophyllen, 2% Borneol.

Salbei-Öl
Vom Dalmatinischen Salbei: 50% Thujon, 7–20% Kampfer, 7–15% Eukalyptol.

Sandelholzöl
90% Terpenole (Santalol), Geraniol, Citronellol, Santalen, Phenole, Kresole, Fufurylpyrol.

Schafgarbenöl
40% Chamazulen, 18% Kampfer, 12% Sabinen, 10% Eukalyptol, 9% Isoartemisia-Keton, 8% Terpineol, Proazulene, Matricin.

Speiklavendelöl
45% Linalool, 13% Kampfer, kaum Ester, 30% Eukalyptol.

Tagetesöl
Von *Tagetes minuta*, Studentenblu-

Wichtigste Inhaltsstoffe ätherischer Öle

me: 15% Tageton, 5% Ocimen, 17% Aromadendren.

Tannenöl
Von *Abies alba:* 35% Pinen, 25% Camphen, 30% Limonen, 15% Bornylazetat.

Tea-Tree-Öl
Eukalyptol, *p*-Cymen, Terpinen-4-ol, α-Terpineol, Myrtenazetat, Myrtenol, Kampfer, Camphen, Pinen, Borneol, Carvon.

Thujaöl
60% Thujon, Bornylazetat, Pinen, Terpineol, Eukalyptol, Kampfer, Camphen.

Thymianöl
Von *Thymus vulgaris:* 30–75% Thymol/Carvacrol, 2–13% Cineol, 6% Linalylazetat, Linalool; von *Thymus serpyllum:* Citral-Basis.
Chemotypen: Thymol/Carvacrol, Linalool, Geraniol (Pflanzen wächst über 1000 Meter Höhe), α-Terpineol, Thymol-4 (4% Thymol), Eukalyptol (Pflanzen stammen aus Spanien).

Tolubalsamöl
Benzylcinnamat, Benzylbenzoat, Vanillin, Farnesol, Eugenol.

Tonkaöl
Kumarin.

Tuberosenöl
Kokosaldehyd, Pfirsichaldehyd, Benzylalkohol, Eugenol, Farnesol, Geraniol, Nerol, Methylanthranilat, Methylbenzoat und viele andere – es ist sehr komplex.

Vanilleöl
Vanillin, Heliotropin, Bourbonal, Guajakol und andere.

Veilchen(blätter)öl
Jononderivate, Phthalate, Curcumen, Zingiberen, Nonadienal, Nonandiol.

Vetiveröl
13% Vetivon, ansonsten Vetiverol, Vetivenol.

Wacholderöl
85% Pinen, 3% Terpineol, 3% Myrcen, 3% Limonen, Camphen, Borneol, Phellandren.

Weihrauchöl
Von Aden: 30–45% Pinen, 8% Cymen, 6% Verbenon, 1% Octylazetat. Von Erithrea: 4–5% Pinen, 52% Octylazetat, je 0,5% Cymen und Verbenon, 8% Octanal.

Ylang-Ylang-Öl
Linalool, Geraniol, Benzylalkohol, Nerolidol, Terpineol, Farnesol, Farnesen, Benzylsalicylat, Safrol, Eugenol, Menthylbenzoat, Kresol, Methylsalicylat, Caryophyllen, Cadinen.

Ysopöl
40–70% Pinocamphon, 10–20% Pinen, 10–15% Camphen, Caryophyllen.

Zedernholzöl
20–40% Cedrol, Cedren, Cedrenol, Thujon.

Zimtöl
Von *Cinnamomum ceylanicum* – Rindenöl: 65–75% Zimtaldehyd,

5% Eugenol, Benzylalkohol, Benzaldehyd, Cinnamylazetat, Caryophyllen; Blätteröl: 5–7% Zimtaldehyd, 75–90% Eugenol, 6% Caryophyllen, 2% Safrol.

Zirbelkiefernöl
80% Monoterpene: Pinen, Caren,
Phellandren.

Zitronenöl
90% Limonen, 5% Citral, Linalool, Linalylazetat, Geranylazetat,
Citronellal, Terpineol.

Zypressenöl
45% Pinen, 9% Borneol,
6% Terpineol, 6% Limonen,
6% Cedrol.

Wirkungen von Substanzen in ätherischen Ölen

Nachfolgend nenne ich beispielhaft einige bedeutsame Inhaltsstoffe und ihre
Wirkungen. Die Einflüsse der Stoffklassen (zum Beispiel der Aldehyde) sind
sehr generell und differieren bei jedem einzelnen Stoff (Stoffgruppen und
Stoffe folgen gemeinsam in alphabetischer Reihenfolge).

Aldehyde
antiseptisch, antiviral,
entzündungshemmend, beruhigend,
hautreizend.

Alkohole
körperstärkend, das Immunsystem
stabilisierend.

Anethol
sekretionsfördernd.

Apiol
harntreibend, krampflösend,
nervenanregend, toxisch, stark
abortiv.

Asaron
karzinogen, halluzinogen.

Bisabolol
entzündungshemmend.

Bornylazetat
stark krampflösend und leicht
pilztötend.

Carotol
hautpflegend, hautberuhigend.

Carvacrol
anregend, bakterizid, das
Immunsystem stärkend,
leberschädigend bei Einnahme,
hautreizend und leicht toxisch.

Carvon
schleimlösend, gewebebildend,
neurotoxisch, toxisch.

Caryophyllen
antiviral, beruhigend.

Chamazulen
entzündungshemmend.

Wirkungen von Substanzen in ätherischen Ölen 271

Cineole
stark schleimlösend.

Citral (= Neral und Geranial)
antiseptisch, antiviral, antitumoral,
fungizid, entzündungshemmend,
beruhigend, hautreizend.

Citronellal
antiseptisch, antiviral,
entzündungshemmend, beruhigend,
hautreizend.

Ester
stark krampflösend und leicht
pilztötend.

Eugenol
anregend, bakterizid, stimuliert das
Immunsystem, leberschädigend bei
Einnahme, lokalanästhetisch.

Eukalyptol
stark schleimlösend.

Farnesol
bakteriostatisch, hautpflegend,
desodorierend.

Geranial
antiseptisch, antiviral,
entzündungshemmend, beruhigend,
hautreizend.

Geranylazetat
stark krampflösend und leicht
pilztötend.

Kampfer
anregend (Herz, Atmung).

Ketone
schleimlösend, die Gewebebildung
fördernd, neurotoxisch, toxisch.

Linalool
allgemein tonisierend, bakterizid,
antiviral und harntreibend.

Linalooloxid
stark schleimlösend.

Linalylazetat
stark krampflösend und leicht
pilztötend.

Methylchavicol
krampflösend, schleimlösend,
toxisch.

Myrcene
schmerzlindernd,
enkephalinähnlich.

Myristicin
harntreibend, krampflösend,
anregend für die Nerven, abortiv,
toxisch, halluzinogen.

Neral
antiseptisch, antiviral,
entzündungshemmend, beruhigend,
hautreizend.

Nerol
allgemein tonisierend, bakterizid,
antiviral und harntreibend.

Nerolidol
antiseptisch, desinfizierend.

Phenole
anregend, bakterizid,
körperstärkend, stimulieren das
Immunsystem, leberschädigend bei
Einnahme, nicht länger als vier
Wochen anwenden.

Pinocamphon
stärkend und regenerierend, aber

auch chronisch toxisch, nicht länger als vier Wochen anwenden.

Pulegon
schleimlösend, die Gewebebildung fördernd, toxisch.

Safrol
harntreibend, krampflösend, die Nerven anregend, abortiv, karzinogen.

Santalol
allgemein tonisierend, bakterizid, antiviral und harntreibend, desinfizierend (Harnwege).

Terpenalkohole
allgemein tonisierend, bakterizid, antiviral und harntreibend.

Terpene
hormonähnlich, verdauungsanregend.

Thujon
schleimlösend, die Gewebebildung fördernd, toxisch.

Thymol
schleimlösend, leicht chronisch toxisch, nicht länger als vier Wochen anwenden.

Valeranon
beruhigend, krampflösend.

Vetiverol
magenstärkend, blähungstreibend.

Vetiveron
magenstärkend, blähungstreibend.

Zimtaldeyhd
allgemein körperlich stimulierend, hautreizend, Allergie möglich, leicht toxisch.

Zingiberol
magenstärkend, blähungstreibend.

Aquarome – die sanften Schwestern der ätherischen Öle

Aquarome sind duftende Destillationswässer, die durch die Gewinnung ätherischer Öle als »Abfallprodukt« bei der Destillation entstehen. Hier verbinden sich die wasserlöslichen Bestandteile der ätherischen Öle mit dem Wasser und geben ihm die Heilkräfte der Öle.

Bisher waren sie Stiefkinder in der Aromatherapie, ja viele Anwender ätherischer Öle kennen die Bezeichnung »Aquarom« nicht. Der Begriff »Blütenwasser«, der gelegentlich gebraucht wird, mag zu Verwirrung führen, denn nicht nur Blüten werden destilliert. Rosenwasser ist vielen Menschen bekannt, da es einen Namen als Hauttonikum hat. Es kann auch schon von mancher Hausfrau als Zusatz bei der Zubereitung von Desserts oder Marzipan verwendet worden sein. Die Aquarome blicken auf eine lange Tradition zurück, wie man in alten Heilbüchern nachlesen kann. Bei den Persern, Griechen und Ägyptern galten sie schon früh als Heilmittel. Man setzte sie vor allem zur Hautpflege und Gesundheitsvorsorge ein. Dabei wurden destilliertes Wasser, Alkohol und ätherisches Öl lange miteinander verschüttelt. Pfefferminzwasser, das aus 1 Tropfen ätherischem Minzöl und 999 Tropfen warmem Wasser besteht, diente als Erkältungsmittel. Rosenöl – in einer Mischung von 4 Tropfen Rosenöl und 1 Liter Wasser – wurde bei Potenzstörungen empfohlen. Mit diesen Hinweisen habe ich bereits eine Möglichkeit erwähnt, wie Sie ein Aquarom selbst herstellen können.

Die Aquarome enthalten zwar nur geringste Mengen des ätherischen Öls, maximal 0,5 Gramm in 1 Liter, doch übernehmen sie die Schwingungen der Essenz, ähnlich wie bei den Bachblüten-Essenzen. Sie haben also die Energien und Wirkungen der ätherischen Öle, wenn auch in schwächerer Weise. Der Vorteil des Aquaroms liegt in seiner pflegenden, lindernden oder gar heilenden Wirkung, vor allem aber darin, daß seine Anwendung keine Schleimhautreizung, Verbrennung oder Verätzung sowie toxische Gefahren mit sich bringt. Daher eignen sich die sanften Schwestern der ätherischen Öle ausgezeichnet für langfristige Kuranwendungen. Erwarten Sie, wie gesagt, nicht die starke, »durchschlagende« Wirkung wie die der Öle. Die Haltbarkeit der Aquarome ist gering – nach Anbruch der Flasche beträgt sie höchstens drei Monate.

FÜNFTER TEIL
AUSWÄHLEN UND MISCHEN

Die Wahl des richtigen Dufts

Verschiedene Gesichtspunkte können die Wahl von ätherischen Ölen bestimmen. Dabei ist es bedeutsam, ob Sie sich lediglich einen schönen Duft für Ihre Räume wünschen, ein Badeöl, ein Naturparfüm oder eine angenehm duftende Aromakosmetik für Sie selbst zubereiten wollen oder ob Sie als Therapeut die Öle heilerisch anwenden und weitergeben. In diesem Buch werden Ihnen Arbeitsblätter angeboten, die Sie für Ihre Wahl und Mischung nutzen können.

Ihr Lieblingsduft
Was Ihnen gefällt, tut Ihnen gut. Das ist eine alte Erkenntnis, die auch auf Düfte zutrifft. Riechen Sie sich durch die Vielfalt der angebotenen ätherischen Öle, und Sie werden bemerken, daß es nur wenige Öle sind, die Sie momentan stark ansprechen. Diese erste Wahl wird sich im Laufe der Zeit verändern, entsprechend Ihrem körperlichen, geistigen und emotionalen Zustand, so daß Sie nach einer Weile eine stattliche Sammlung von Ölen besitzen. Nutzen Sie jede Gelegenheit, in Fachgeschäften immer wieder »reinzuschnuppern«, vielleicht finden Sie Zugang zu einem Duft, den Sie dem Namen nach bisher nie in Betracht gezogen haben.

Wie Sie Ihren Dufttyp finden
Suchen Sie nach einem Duft, der Ihre Persönlichkeit unterstreicht, dann helfen Ihnen die Einteilungen der Öle beziehungsweise ihrer Düfte nach verschiedenen Kriterien (ent-

276   *Auswählen und mischen*

sprechende Listen finden Sie am Ende des Buches) und den
Stimmungsbildern. Schreiben Sie nach Durchsicht der Listen
die Namen der Öle Ihrer Wahl hier in die freien Felder:

o Yin/Yang (weiblich/männlich) _____

o Element(e) (feurig, luftig, erdig, wäßrig) _____

o Farben (dominante Kleiderfarben) _____

    (oder Haarfarbe) _____

o Sternzeichen (wenn Sie wissen, welches Zeichen Sie dominant sind)

_____

o Kopfnote: spritziger, leichter Duft, allgemein anregend, mental belebend

_____

o Herznote: mittelschwerer Duft, allgemein ausgleichend, gefühlsbetonend

_____

o Fußnote: schwerer Duft, allgemein beruhigend, zentrierend und erdend

_____

Jetzt haben Sie Ihre Auswahl getroffen. Streichen Sie Öle, die Sie nicht
besitzen oder deren Duft Ihnen nicht zusagt. Reduzieren Sie die Anzahl auf
drei bis fünf Öle. Meine Öle sind:

_____

_____

(Sie können diese Vorlage für Ihren Gebrauch kopieren.)

Die Wahl des richtigen Dufts 277

Diese Öle mischen Sie. Was Sie dabei beachten müssen, damit es gut duftet, erfahren Sie noch. Lesen Sie die Beschreibung des Öls, und sehen Sie, ob die dort genannten Symptome oder Befindlichkeiten auf Sie zutreffen. Meistens ist dem so.

Nach der Duftwirkung entscheiden
Stimmungsbild
Abbildung 13 zeigt Ihnen eine Möglichkeit, Düfte einmal aus einer anderen Sicht zu betrachten. Hier handelt es sich um die

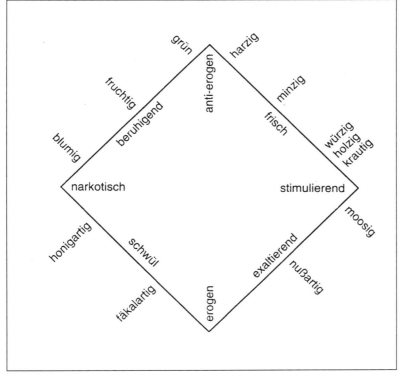

Abb. 13: Duftwirkungsschema
(Quelle: J. Stephan Jellinek, Parfüm – Der Traum im Flakon, Mosaik Verlag)

Stimmungen, die sich durch Düfte auf Sie übertragen können. Wählen Sie zum Beispiel moosige und würzige Düfte, werden Sie stimuliert, durch narkotisch-blumige aber narkotisiert und durch fruchtige grundsätzlich beruhigt. Entscheiden Sie selbst, was für Sie fruchtig und blütig duftet, oder orientieren Sie sich an der Übersicht der Duftarten im Anhang.

Yin oder Yang

Abgesehen von den therapeutischen Wirkungen der Yin oder Yang zugeordneten Öle können Sie die Einteilung im Anhang nutzen, um Ihre geistig-seelische Befindlichkeit durch die Wahl eines entsprechenden Öls zu steuern. »Yin-Öle« verstärken Ihre Weiblichkeit, Empfindsamkeit, Ihr Gefühlsleben, wirken allgemein entspannend und harmonisierend und dämpfen das logisch-pragmatische Denken. »Yang-Öle« verstärken Ihre männliche Seite, Ihr Durchsetzungsvermögen und wirken allgemein stärkend, energetisierend und regen das logische Denken an.

Die Elemente

Die auf die ätherischen Öle jeweils bezogenen Elemente haben einen geistig-seelischen Einfluß, selbst wenn Sie die Öle nur in der Duftlampe oder für Ihr Aromabad nehmen. Das Element Erde wirkt zentrierend, erdend und beruhigend, es lenkt Ihre Energie in den Unterleib – ist also gut für Zeiten der Verunsicherung, Haltlosigkeit und wenn Sie zu »kopfig« sind. Feuer wirkt stärkend, anregend, oftmals erotisierend und gibt Ihnen Selbstvertrauen sowie Durchsetzungsvermögen. Wasser sensibilisiert, öffnet das Herz und spricht Ihr Gefühlsleben an, läßt Sie weich und anpassungsfähig werden. Luft regt den Verstand an, gibt Ihnen Leichtigkeit und vermittelt Ihnen das Gefühl von Weite – es hilft gut bei »engen« Lebenssituationen. (Die Zuordnung der Öle zu den Elementen finden Sie im Anhang.)

Die Wahl des richtigen Dufts

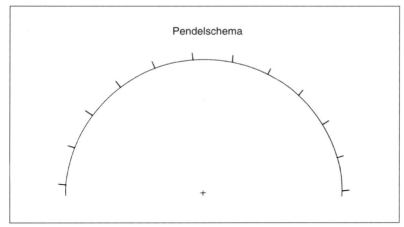

Abb. 14: Pendelschema

Kopfnote, Herznote, Fußnote

Zu jedem beschriebenen Öl ist die jeweilige Duftnote genannt. Diese Beurteilung hilft Ihnen auch, Wirkungen und Lebensdauer eines Öls einzuschätzen. (Eine zusammenfassende Übersicht siehe Anhang.)

Kopfnoten sind meist frische, zitrusartige, sich schnell verflüchtigende Öle mit einer sehr hohen Schwingungsanzahl. Sie entsprechen einer hellen Farbe und wirken vor allem auf die geistige Ebene: mental anregend, erfrischend, belebend, erhellend, raumbildend. Sie sind hilfreich, wenn es in Ihnen oder Ihren Räumen dunkel ist und bei langen Dunkelheitsperioden, in denen Sie zu Lethargie, Depressionen oder Stimmungstiefs tendieren.

Herznoten sind meist blütige, balsamische und sanfte Düfte sich mittelschnell verflüchtigender Öle mit einer mittleren Schwingungsanzahl. Sie entsprechen einer roten, rosa, orangeroten oder blauvioletten Farbe. Herznoten beeinflussen vor allem die Herzebene: Sie öffnen das Herz, erweitern und erleichtern den Zugang zu Ihren feinen Gefühlen, entspannen und harmonisieren die »rohen« Emotionen. Sie sind hilfreich bei Stimmungsschwankungen, Kreativitätsmangel und starker geistig-logischer Tätigkeit und lassen Sie wieder mit Ihrer Intuition in Kontakt kommen.

Fußnoten finden Sie unter den holzigen, schweren, harzigen, warmen Düften, die sich sehr langsam verflüchtigen und eine lange Schwingung (geringe Schwingungsanzahl) haben. Ihnen entsprechen die Farben Braun, Dunkelgrün, Dunkelrot oder Schwarz. Fußnoten wirken erdend, zentrierend, beruhigend und lenken Ihre Energie in den Unterleib, also weit weg vom Kopf. Sie stabilisieren vor allem im psychischen Bereich und geben Ihnen Erdverbundenheit, wenn Sie zu sehr »abgehoben« und in Ihren Gedanken leben.

Entscheidungshilfen
Sie können sich verschiedener Hilfen bedienen, um eine Auswahl zu treffen: meine »Duftkarten« (»Aromatherapie-Karten«, siehe Literaturverzeichnis), die Methode des Pendelns, kinesiologische Tests.

Welches Öl für welches Symptom?

Die Symptomregister im Anhang und Ausführungen im zweiten Teil erlauben Ihnen, schnell die richtigen Öle für ein Symptom zu finden. Sollten Sie noch keine Erfahrung mit den Ölen besitzen, lassen Sie sich von Ihrer Intuition leiten, um aus der Vielzahl von Ölen für einen Zustand das oder die richtigen auszuwählen. Dies gilt für Öle bei körperlichen Symptomen, geistigen und emotionalen Befindlichkeiten.

Dabei können Sie vor dem Problem stehen, mehrere Symptome zu haben oder vorzufinden. Ähnlich der Auswahl Ihres Lieblingsduftes suchen Sie sich für jedes einzelne

Welches Öl für welches Symptom? 281

Symptom die entsprechenden Öle, erhalten so für jedes Symptom eine Mischung, oder Sie versuchen – als den Königsweg –, mit einer Kombination alle Symptome zu behandeln. Setzen Sie dabei die Ursache mehrerer Symptome an die erste Stelle, und reduzieren Sie so die Anzahl der den Symptomen zugeordneten Öle. Beispiel: Streß als Ursache mit seinen Folgeerscheinungen, das sind Verdauungsprobleme, Bluthochdruck oder Schulterverspannungen.

Bei einer ganzheitlichen Betrachtung von Problemen oder Befindlichkeiten wird Ihnen die Aufgabe, für geistige, seelische, emotionale und körperliche Symptome eine Kombination von möglichst wenigen Ölen und Anwendungen zu finden, als unlösbar erscheinen. Zur Entwicklung einer ganzheitlichen Kombination soll Ihnen das folgende Formblatt dienen. Schreiben Sie alle Symptome oder Zustände dort hinein, und suchen Sie nun aus dem Symptomverzeichnis die dort angebotenen Öle aus. Doppelnennungen können Sie sofort streichen, die verbliebenen Öle fügen Sie zu einer Kombination der meistgenannten Öle zusammen. Wenn Sie therapeutisch arbeiten, legen Sie sich für jeden Klienten ein Karteiblatt an und tragen die Mischungen dort ein, damit Sie später wissen, was Sie Ihrem Klienten mitgaben und eine Behandlung gegebenenfalls wiederholen können.

Zwei verschiedene Arbeitsblätter für die Wahl und Dosierung von Ölen, Mischungen und für Anwendungen (im Rahmen der Aromapflege) stehen Ihnen zur Verfügung.

Ganzheitliche Symptom- und Behandlungskombination

Ausgewählte Öle von

Primäre Beschwerden:

1. _____

Sekundäre Beschwerden:

2. _____
3. _____
4. _____

Geistig-seelischer Hintergrund:

_____

Feinstofflicher Hintergrund:

_____

Ergebnis
Auswahl für verschiedene Anwendungen:

1. _____
2. _____
3. _____
4. _____

Ganzheitliche Therapie

Mischung:

_____

Anwendung:

_____

Heimbehandlung:

_____
_____
_____
_____

(Sie können diese Vorlage für Ihren Gebrauch kopieren.)

Welches Öl für welches Symptom? 283

Beispiel für eine ganzheitliche Symptom- und Behandlungskombination:

	Ausgewählte Öle von
Primäre Beschwerden:	
Schwache Durchblutung	*Wacholder, Rosmarin.*
Sekundäre Beschwerden:	
Krampfadern	*Zitrone, Wacholder, Rosmarin, Zypresse.*
Verdauungsbeschwerden	*Lavendel, Minze, Fenchel, Bergamotte.*
Muskelschmerzen	*Lavendel, Kamille, Rosmarin, Zitrone, Tea-Tree, Majoran, Eukalyptus.*
Geistig-seelischer Hintergrund:	
Schwacher Lebenswille, kein Durchsetzungsvermögen (Klarheit und Stärkung)	*Rosmarin, Zitrone, Wacholder.*
Feinstofflicher Hintergrund:	
Schwaches Solarplexuschakra	*Rosmarin, Zitrone, Estragon.*
Auswahl für verschiedene Anwendungen:	
Krampfadern und schwache Durchblutung	*2 Wacholder, 1 Lavendel, 1 Zitrone.*
Verdauungsbeschwerden	*2 Minze, 1 Zitrone.*
Muskelschmerzen	*2 Lavendel, 2 Wacholder, 2 Tea-Tree, 1 Zitrone.*
Ganzheitliche Mischung:	*2 Wacholder, 2 Minze, 1 Zitrone/Lavendel.*
Anwendung:	*Massage mit Mandelöl.*

Heimbehandlung: Aromabad mit 4 Tropfen 3mal wöchentlich; Körperöl für Krampfadern und Muskelschmerzen: 50 Milliliter Mandelöl mit 1 Prozent der Mischung, täglich auftragen (nicht direkt auf Krampfadern).

Auswahl und Dosierung von Heilölen

Symptome: Ätherische Öle/Aquarome:
1. _____

   _____

2. _____

   _____

3. _____

   _____

Ausgewählte Öle oder Aquarome mit Mengenangaben:
Anwendung 1   Anwendung 2   Anwendung 3
_____

_____

_____

Anwendungen und Menge der Tropfen/Milliliter je Anwendung:

❑ Duftlampe   _____
❑ Bad (Badezusatz: _____) _____
❑ Massage   _____
❑ Inhalation   _____
❑ Kompresse
❑ Einnahme: _____ Tropfen, _____× täglich,
                             max. _____ Tage

Fertig gelöst in ❑ Alkohol ❑ dest. Wasser ❑ Glyzerin
Mischungsverhältnis: _____
Homöopathische Dosierung: D _____

Sonstiges:

(Sie können diese Vorlage für Ihren Gebrauch kopieren.)

Welches Öl für welches Symptom? 285

Aromapflege

Hauttypen und Hautzustände:

❏ normal ❏ trocken ❏ wäßrig ❏ fettig
❏ Mischhaut

Ätherische Öle/
Aquarome:

_____

_____

_____

_____

_____

❏ empfindlich ❏ rauh ❏ spröde ❏ verhornt
❏ Infektion, welche? ❏ kalt ❏ warm ❏ heiß
Hautton: ❏ bleich ❏ hell ❏ dunkel
Gewebe: ❏ hart ❏ fest ❏ elastisch
❏ schwammig/wäßrig
Haarfarbe: ❏ weiß ❏ blond ❏ brünett
❏ schwarz
Haarzustand: _____
Besonderheiten: _____

_____

_____

_____

_____

Krankheitssymptom(e) _____

_____

_____

_____

	Basisöl/Trägersubstanz		Ätherische Öle/Aquarome	
	Menge	Bezeichnung	Menge	Bezeichnung
Gesichtsöl:				
Gesichtscreme:				
Körperöl:				
Massageöl:				
Badeöl:				
Maske:				
Kompresse:				
Haarmittel:				
Sonstiges:				

(Sie können diese Vorlage für Ihren Gebrauch kopieren.)

Auf die Mischung kommt es an

Mehrere Öle wählen – Synergien bilden
Als wirkungsvoll haben sich Mischungen aus maximal drei
Ölen für die Behandlung eines Symptoms herausgestellt, da
die Öle einander durch wenn auch nur minimal verschiedene
Inhaltsstoffe ergänzen und gemeinsam eine bessere Wirkung
erzielen können. »Synergie« bedeutet, daß der Gesamteffekt
zweier oder mehrerer Komponenten in gemeinsamer Aktion
größer ist als die Summe ihrer Einzeleffekte. Das hat man bei
ätherischen Ölen und anderen Naturheilmitteln beobachtet.
Ein Vergleich: Zwei Menschen haben verschiedene Erfahrungen und Talente, die einzeln nur eine Reihe von Fähigkeiten ergeben. Würden wir die beiden Personen gleichsam
verschmelzen (was bei harmonischer Teamarbeit, in harmonischen Beziehungen oder Gemeinwesen oft geschieht),
könnte das neue Wesen wesentlich effektiver sein, da sich
unvorhersehbare Kombinationen, Verstärkungen oder Er-
gänzungen der Erfahrungen und Fähigkeiten ergeben. Das
Resultat wäre nicht 1 + 1 + 1 = 3, sondern vielleicht 15.
Aus zahlreichen Studien ist bekannt, daß Kombinationen
von Ölen eine deutliche Steigerung der Wirkungen erbrach-
ten: Die Mischungen waren zum Beispiel konzentrations-
fördernder, antibakterieller, schmerzlindernder. Die Erfahrung zeigte, daß bei einer Kombination bis zu fünf Ölen eine
Wirkungssteigerung erfolgt, darüber hinaus aber ein gegen-
teiliger Effekt erzielt wird. Ein gutes Beispiel ist ein harmonisch zusammengestelltes Parfüm – es duftet insgesamt
ansprechender als seine einzelnen Bestandteile, die wir unter
Umständen als unangenehm ablehnen würden.
  Bei Mischungen ergibt sich eine weitere Nebenerschei-
nung: Öle können ihre Wirkungen durch Kombination mit
anderen verändern oder verstärken – *Bergamottöl* ist eines
der anpassungsfähigsten, *Lavendelöl* eines der verstärkend-
sten Öle. *Bergamottöl* erfrischt normalerweise den Geist,

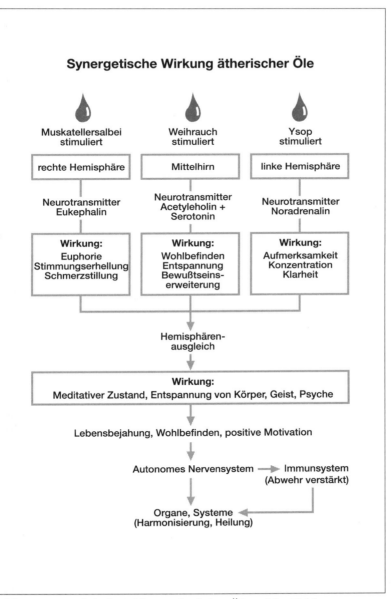

Abb. 15: Synergistische Wirkung ätherischer Öle auf das Gehirn

doch in Verbindung mit *Jasminöl* wirkt es erotisierend, mit *Tea-Tree-Öl* stark keimtötend. Ebenso wurde dies bei einer Verbindung von *Nelkenöl* und *Melissenöl* festgestellt. Das ätherische Öl ist für sich ja bereits eine synergistische Mischung von vielen Inhaltsstoffen, die allein keine der den Ölen zugeschriebenen Wirkungen hervorrufen könnte.

Mischtechnik

Das Mischen von Duftstoffen ist der schönste Bereich des Umgangs mit ätherischen Ölen. Hier stehen Ihnen unbegrenzte Möglichkeiten offen, völlig neue Düfte zu kreieren.

Grundsätzlich sollten keine Öle mit gegenteiligen Wirkungen zusammengefügt werden, es sei denn, Sie stellen eine Heilmischung her. Dabei kann es durchaus zu scheinbar widersprüchlichen Mischungen kommen, die aber in ihrer Gesamtheit eine stärkere Heilwirkung haben. Aber auch solche Mischungen sollten eine wohlriechende Duftkomposition ergeben. Wenn Sie beispielsweise ein Heilöl aus *Tea-Tree* und *Angelikawurzel* für die Massage oder das Aromabad herstellen, können Sie davon ausgehen, daß die Düfte anfänglich abgelehnt werden. Erst nach einigem Umgang mit ihnen flacht die Abneigung ab. Nach einer Weile und vor allem nach guten Resultaten werden selbst Düfte wie *Vetiver* und *Eichenmoos* akzeptiert oder als positiv bewertet. Hier ist es sinnvoll, die heilsamen, aber abgelehnten Düfte in »schöne« Düfte zu verpacken, wie bei einer Praline, in der billiger Schnaps, mit Zucker und Schokolade versüßt, genießbar gemacht wird.

Stellen Sie häufig oder große Mengen von Duftmischungen her, ist es wichtig, alle Mengen stets ordentlich aufzuschreiben. Auch wenn Sie als Therapeut Klienten Ölmischungen mitgeben, sind alle Komponenten zu notieren, damit Sie später wissen, was geholfen hat oder nicht, was zu einer Hautreizung oder Allergie führte und dergleichen. Um

Auf die Mischung kommt es an 289

bei der Arbeit mit mehreren Ölen Verwechslungen zu vermeiden, ist es am besten, auch die Verschlüsse der Flaschen mit einem kleinen, runden Etikett zu kennzeichnen. Nichts ist ärgerlicher, als den Verschluß für das Fläschchen mit *Minzöl* auf das mit *Rosenöl* zu schrauben und später kein reines Rosenöl mehr zu haben!

Beginnen Sie mit einer Klärung, welches Resultat Sie erzielen wollen, und suchen Sie die dementsprechend wirkenden Öle aus. Ergibt sich eine große Anzahl, können Sie die Öle zum Beispiel in blumige, holzige, fruchtige Öle sortieren und aus diesen jene wählen, die Ihnen vom Duft her zusagen. Das bedeutet nicht, daß völlig gegensätzliche Düfte nicht miteinander gemischt werden könnten. Gerade der klare Gegensatz kann zu einer interessanten Spannung im Gesamtduft führen.

Beachten Sie die verschiedenen Duftintensitäten, die häufig mit den Duftnoten einhergehen: Düfte von duftintensiven Ölen (von *Minze, Vetiver, Jasmin, Eisenkraut*) zählen meist zum Bereich der Fuß- oder Kopfnoten. Schwach duftende Öle (wie *Kamille, Bergamotte, Wacholder*) liefern meistens Herznoten. Je intensiver ein Öl duftet, desto weniger werden Sie davon nehmen. Im allgemeinen werden Sie Ihre Mischungen aus weniger intensiv duftenden Ölen zusammenstellen.

Kopfnoten sind Düfte, die als erste Düfte (Anduft) wahrgenommen werden und sich schnell verflüchtigen. Öle, deren Duft zu den Kopfnoten zählt, werden einen kleinen Teil der Menge bilden. Düfte der Herznoten verflüchtigen sich nicht so schnell und werden nach den Kopfnoten wahrgenommen; die entsprechenden Öle werden den größten Anteil an der Gesamtmenge haben. Herznoten verbinden Kopf- und Fußnote. Die Fußnote bildet das Fundament der Komposition. Sie gibt ihr Körper und Halt. Zu den Fußnoten gehören meist holzige, schwere, süße oder balsamische Düfte von Baumholz, Flechten, Moosen, Wurzeln, Samen oder Blüten. Öle, die so duften, werden den geringsten Anteil an der Mischung haben. Eine Einteilung der Düfte nach Duftnoten finden Sie nachfolgend.

Einige Öle können mehrere Bereiche abdecken, so zum Beispiel das *Rosenöl*, das insgesamt bereits eine Kombination von über vierhundert Inhaltsstoffen und ausgewogene Mischung darstellt. Die Öle von *Ylang-Ylang*, von *Jasmin*, *Sandelholz*, *Hyzinthe*, *Tuberose*, *Mimose* und *Cistrose* können durch ihre Menge sowohl eine Herz- als auch Fußnote hervorbringen.

Intensiv duftende Öle wie das von *Vetiver*, *Blauer Kamille*, *Melisse*, *Eisenkraut*, *Minze*, *Citronella*, *Lemongrass* und *Moschuskörnern*, ebenso von *Eichenmoos* müssen Sie vorsichtig dosieren, da deren Düfte eine Mischung sehr schnell dominieren können. Die erforderliche Menge an ausgleichenden anderen Düften dürfte dann zu groß werden.

Anpassungsfähige Düfte wie *Lavendel*, *Bergamotte*, *Sandelholz* und *Zeder* erlauben nicht nur anderen Düften, sich zu entfalten, sondern unterstützen sie sogar.

Beginnen Sie damit, je 1 Tropfen oder Milliliter von jedem für die Mischung vorgesehenen Öl in eine leere, saubere Flasche oder einen Mischbehälter zu geben. Beschränken Sie sich anfänglich auf drei bis fünf Düfte. Diese Anzahl können selbst Anfänger noch handhaben. Bedenken Sie, daß sich Ihr Raum schnell mit den Düften anreichern wird und Sie sie möglicherweise bald nicht mehr unterscheiden können. Verschütteln Sie die Öle gründlich, prüfen Sie den Duft am besten durch einen Tropfen der Mischung auf einem duftfreien Papierstreifen, mit dem Sie vor Ihrer Nase fächeln. Halten Sie regelmäßige Duftpausen ein, damit sich der Geruchssinn wieder erholt (Sie erinnern sich: Adaption!). Zum Schluß können Sie mit einem Tropfen eines Öls mit sehr gegensätzlichem oder verstärkendem Duft das Gesamtbild Ihrer Mischung abrunden oder kontrastieren. Ihre fer-

Auf die Mischung kommt es an 291

tige Öl- beziehungsweise Duftmischung sollte etwa 10 bis
14 Tage, bestenfalls einen Monat reifen. Das ist vor allem
bedeutsam, wenn Sie kommerziell große Mengen herstellen.
Der Duft wird sich verändern – daher der Rat, erst einmal
eine geringe Menge herzustellen.

Duftmischungen					
Beispiel	Ylang-Ylang	Linaloe-holz	Minze	Vetiver	Benzoe
Duftebene	Fuß	Herz	Kopf	Fuß	Fuß
Intensität	stark	schwach	stark	stark	mittel
Teil	Blüte	Blatt	Blatt	Wurzel	Harz
Menge Tropfen/ml	1	6	1	1	3

ÖLE:					
Duftebene					
Intensität					
Teil der Pflanze					
Menge in Tropfen/ml					

ÖLE:					
Duftebene					
Intensität					
Teil der Pflanze					
Menge in Tropfen/ml					

Der Autor veranstaltet Seminare und Vorträge zu
allen Themen dieses Buches, leitet Ausbildungen und
arbeitet als Berater im Bereich der Aromatologie,
Duftkonzeption und Raumbeduftung.
Für Informationen schreiben Sie an:

Erich Keller
Adling 29
D-85625 Glonn

SECHSTER TEIL
SYMPTOMREGISTER:
ÄTHERISCHE ÖLE HELFEN HEILEN

Zahlen (Mengenangaben) ohne weiteren Hinweis auf die Maßeinheit geben die Anzahl der *Tropfen* an.

Körper

Allgemein

Abszeß, äußerlich
– **kalter:** Bergamotte, Bohnenkraut, Kamille, Knoblauch, Lavendel, Oregano, Tea-Tree, Thymian.
Rezept für ein Hautöl:
50 Milliliter Haselnußöl, je 10 Thymian, Bohnenkraut, Oregano; mehrfach täglich auftragen.
– **warmer:** Zwiebel.
Anwendung: Kompresse.

Abwehrschwäche
Angelika, Ingwer, Rosmarin, Thymian, Tea-Tree, Salbei.
Anwendung: Inhalation, Bad, Massage.
Rezept für ein Bad: 3 Angelika, 2 Tea-Tree, 2 Thymian.

Aids, begleitende Therapie
Angelika, Knoblauch, Tea-Tree, Thymian, Zitrone, Zwiebel.
Anwendung: Bad, Massage.

Akne → Haut, S. 317 ff.

Alkoholvergiftung/Kater
Fenchel, Lavendel.
Anwendung: Bad, Einreibung, Einnahme (nur unter Kontrolle von Arzt oder Therapeut).
Rezept für die Einnahme (nur unter Kontrolle von Arzt oder Therapeut): 3 × 2 Tropfen Fenchel täglich.
Für ein Entgiftungsbad/ Muntermacher: 4 Wacholder, 2 Rosmarin, 2 Fenchel.

Allergie
Immortelle, Römische Kamille, Melisse, Vetiver.
Anwendung: Bad, Körperöl.

Alterserscheinungen
Knoblauch, Salbei, Thymian, Zitrone, Zwiebel.
Anwendung: Bad, Massage, auch Duftlampe.

Amenorrhöe

Angelika, Lavendel, Rosmarin.
Anwendung: Bad, Massage,
Kompresse.

Analfisteln

Galbanum, Karotte, Lavendel,
Zeder.
Anwendung: Einreibung, Sitzbad.

Anämie

Römische Kamille, Thymian,
Zitrone.
Anwendung: Bad, Massage,
Einnahme (nur unter Kontrolle von
Arzt oder Therapeut).

Angina (durch Streptokokken):

Bergamotte, Eukalyptus, Ingwer,
Thymian, Zitrone.
Anwendung: Gurgeln, Einreibung.
Rezept für die Einreibung (Brust/
Hals): 50 Milliliter Haselnußöl,
10 Eukalyptus, 10 Thymian.

Anspannung → Nervosität.

Aphthen

Bayölbaum, Bergamotte, Geranie,
Lavendel, Cajeput, Myrrhe,
Thymian.
Anwendung: Spülungen.
Rezept für die Spülung: je 1 Bayöl-
baum, Thymian, Lavendel;
mehrfach täglich mit warmem
Honigwasser vermischt.

Appetitmangel

Bergamotte, Eisenkraut, Estragon,
Ingwer, Kardamom, Knoblauch,
Koriander, Kümmel, Mandarine,

Myrrhe, Oregano, Pampelmuse,
Pfeffer, Salbei, Ysop, Zitrone.
Anwendung: Duftlampe, Bad,
Massage, Einnahme (nur unter
Kontrolle von Arzt oder
Therapeut).
Rezept für die Einnahme (nur unter
Kontrolle von Arzt oder
Therapeut): 2 Bergamotte mit
Honig, vor dem Essen.

Arteriosklerose

Knoblauch, Rosmarin, Wacholder,
Zitrone, Zwiebel, Zypresse.
Anwendung: Einreibung
(Körperöl), Massage, Bad.

Arthritis → Rheuma.

Arthrose

Fenchel, Ingwer, Majoran,
Wacholder, Zitrone.
Anwendung: Einreibung
(Körperöl), Massage, Bad.

Asthma

Anis, Benzoe, Eukalyptus,
Knoblauch, Lavendel, Litsea,
Majoran, Melisse, Minze, Myrte,
Oregano, Poleiminze, Rosmarin,
Salbei, Thymian, Ysop, Zitrone,
Zypresse.
Anwendung: Inhalation,
Einreibung, Bad.
Rezept für die Einreibung:
87 Milliliter Mandelöl, 6 Milliliter
Eucalyptus globulus, 3 Milliliter
Lavendel, je 2 Milliliter Majoran
und Basilikum.

Körperliche Beschwerden und ihre Behandlungsmöglichkeiten   295

Für die Inhalation: 3 Ysop,
3 Lavendel; oder 5 Lavendel,
1 Minze.
Für die Duftlampe: 4 Ysop,
4 Minze; oder 6 Ysop.

Atemwegserkrankung
Poleiminze.

Atemwegsinfektion
Bergamotte, Cajeput, Latschen-
kiefer, Myrte, Zirbelkiefer,
Zwiebel.
Anwendung: Inhalation,
Einreibung im Brustbereich.

Augen, müde und entzündet
Lavendel, Römische Kamille,
Muskatellersalbei, Rose.
Anwendung: Augenkompresse.
Rezept: Warme Kompresse mit
1 Rose oder Lavendel.

Augenlidentzündung
Geranie, Römische Kamille,
Zitrone.
Anwendung: Augenkompresse.

Augentrübung
Rosmarin.
Anwendung: Augenkompresse.

Ausfluß
Geranie, Minze, Patchouli, Rose,
Rosmarin, Sandelholz, Thuja,
Wacholder, Weihrauch, Zeder,
Zypresse.
Anwendung: Vaginalspülung,
Sitzbad, Aromabinde,
Aromatampon.

Bettnässen
Zypresse.
Anwendung: Bad, Sitzbad,
Kompresse im Blasenbereich.

Bindegewebsentzündung
Römische Kamille, Lavendel,
Rosmarin, Wacholder, Zitrone,
Zypresse.

Bindegewebsschwäche
Geranie, Immortelle, Lemongrass,
Minze, Myrte, Rose, Rosenholz,
Rosmarin, Wacholder, Weihrauch,
Zypresse.
Rezept für die Massage: 20 Orange,
5 Lemongras, 5 Zypresse (auf
50 Milliliter Mandelöl).

Bindehautentzündung
Geranie, Römische Kamille,
Lavendel, Rose.
Anwendung: Augenkompresse.

Blähungen
Anis, Bergamotte, Bohnenkraut,
Estragon, Fenchel, Ingwer,
Römische Kamille, Kardamom,
Knoblauch, Koriander,
Kreuzkümmel, Kümmel, Lavendel,
Majoran, Minze, Muskat,
Muskatellersalbei, Myrrhe, Nelke,
Orange, Oregano, Pfeffer,
Poleiminze, Rosmarin, Sandelholz,
Sassafras, Wacholder, Ysop, Zimt,
Zitrone.
Anwendung: Kompresse, Massage,
Einnahme (nur unter Kontrolle von
Arzt oder Therapeut).

Blasenentzündung (Zystitis)

Cajeput, Eukalyptus, Fichte, Kiefer, Knoblauch, Lavendel, Myrte, Pampelmuse, Petersilie, Sandelholz (reizlindernd), Thymian, Thuja, Wacholder (entgiftend), Zeder, Zimt.
Anwendung: Sitzbad, Kompresse, Einnahme (nur unter Kontrolle von Arzt oder Therapeut).
Rezept für das Sitzbad: Je 2 Wacholder, Sandelholz, Eukalyptus.
Kompresse: 4 Lavendel, 1 Oregano, 1 Nelke.
Einnahme (nur unter Kontrolle von Arzt oder Therapeut):
3x 20 Tropfen täglich von Mischung aus 94 Milliliter reinem Wasser, 5 Milliliter Alkohol, 10 Lavendel, 10 Oregano, 10 Nelke.
Einreibung aus 20 Milliliter Jojobaöl, 2 Wacholder, 2 Eukalyptus, 2 Sandelholz mehrfach täglich äußerlich auftragen.
Grundsätzlich: Keine Seife zum Waschen.
Bei Fieber/Rückenschmerz Arzt aufsuchen, da Nierenentzündung möglich.

Blasenkatarrh

Bergamotte, Eukalyptus, Römische Kamille, Knoblauch, Lavendel, Sandelholz, Wacholder, Zeder.
Anwendung: Wie Blasenentzündung.

Blasenschmerzen beim Urinieren

Wacholder, Zeder.
Anwendung: Wie Blasenentzündung.

Blutarmut

Angelika, Blaue Kamille, Thymian, Zitrone.
Anwendung: Bad, Einnahme (nur unter Kontrolle von Arzt oder Therapeut).

Blutdruck, geringer

Kampfer, Rosmarin, Salbei, Thymian, Ysop.
Anwendung: Bad, Massage, Einreibung.

Blutdruck, hoher

Knoblauch, Lavendel, Litsea, Majoran, Melisse, Muskatellersalbei, Neroli, Ylang-Ylang, Ysop, Zitrone.
Anwendung: Bad, Massage, Einreibung.
Rezept für ein Bad: 4 Ylang-Ylang, 2 Majoran.

Bluterguß

Petersilie, Salbei.
Anwendung: Kalte Kompresse.
Siehe auch → Haut, S. 317 ff.

Blutgefäßentzündung

Römische Kamille, Zypresse.

Blutgefäßverengungen

Geranie, Zitrone, Zypresse.
Anwendung: Bad, Massage, Kompresse.

Körperliche Beschwerden und ihre Behandlungsmöglichkeiten 297

Bluthusten

Zypresse.
Anwendung: Kompresse,
Einnahme (nur unter Kontrolle von
Arzt oder Therapeut).

Blutung, äußerlich

Eukalyptus, Geranie, Rose,
Zitrone.
Anwendung: Hautöl, pur
auftragen.

Blutung, innerlich

Geranie, Rose, Schafgarbe,
Weihrauch, Zimt, Zypresse.
Anwendung: Bad, Massage,
Einnahme (nur unter Kontrolle von
Arzt oder Therapeut).

Blutzuckerspiegel:

– **zu hoher**
Cajeput, Geranie, Wacholder,
Zwiebel.
– **zu niedriger**
Eukalyptus, Myrrhe, Rosmarin.
Anwendung: Bad, Massage,
Einnahme (nur unter Kontrolle
von Arzt oder Therapeut).

Brandwunden

→ Haut, S. 317 ff.

Brechreiz

Fenchel.
Anwendung: Einreibung im
Bauchbereich, Einnahme (nur unter
Kontrolle von Arzt oder
Therapeut).

Bronchitis

Basilikum, Benzoe, Eukalyptus,
Fichte, Immortelle, Kampfer,
Knoblauch, Lavendel, Minze,
Myrrhe, Myrte, Oregano,
Poleiminze, Rosmarin, Salbei,
Sandelholz, Thymian, Weihrauch,
Ysop, Zeder, Zimt, Zirbelkiefer,
Zitrone.
Anwendung: Einreibung im
Brustbereich, Inhalation.

Brustentzündung (weibliche Brust)

Weihrauch.
Anwendung: Kompresse, Hautöl.

Cellulite

Fenchel, Lavendel, Orange,
Oregano, Pampelmuse, Rosmarin,
Salbei, Wacholder, Zitrone,
Zypresse.
Anwendung: Bad, Massage,
Einreibung.
Rezepte für Massageöl: 50 Milliliter
Jojobaöl, 5 Zypresse,
10 Pampelmuse, 5 Rosmarin; oder
20 Zypresse, 20 Orange, 5 Salbei;
oder 10 Zypresse, 3 Geranie,
2 Salbei; oder 15 Zitrone,
10 Zypresse.
Für ein Bad: 6 Wacholder,
2 Orange, 2 Zypresse, 2 Zitrone.

Cholera

Eukalyptus, Kampfer, Pfeffer,
Pfefferminze.
Anwendung: Bad, Massage,
Einnahme (nur unter Kontrolle von
Arzt oder Therapeut).

Cholesterinspiegel, zu hoher

Knoblauch, Rosmarin.
Anwendung: Bad, Massage.

Cystitis → Blaseninfektion.

Darmfäulnis

Kardamom, Knoblauch, Koriander,
Majoran, Zimt, Zitrone, Zwiebel.
Anwendung: Kompresse,
Einreibung (Körperöl), Einnahme
(nur unter Kontrolle von Arzt oder
Therapeut).

Darmflora, geschädigte (durch Antibiotika)

Rose (Aquarom).
Anwendung: 3x 1 Eßlöffel
Aquarom täglich bis maximal
3 Wochen.

Darminfektion

Immortelle, Knoblauch, Myrte,
Tea-Tree, Thympian, Zwiebel.
Anwendung: Kompresse,
Einreibung (Körperöl), Einnahme
(nur wenn durch Arzt/Therapeut
kontrolliert).
– **Hefepilzinfektion** (durch
Candida albicans): Bergamotte,
Bohnenkraut, Knoblauch, Tea-
Tree.
Anwendung: Einnahme (nur wenn
durch Arzt/Therapeut kontrolliert).
Rezept für die Einnahme:
3× 3 Tropfen von einer Mischung
aus 10 Teilen Tea-Tree, 1 Teil
Bergamotte; maximal 3 Wochen.

Darmkolik

Anis, Benzoe, Bergamotte, Fenchel,
Kardamom, Lavendel, Minze,
Wacholder.
Anwendung: Kompresse,
Einreibung (Körperöl), Sitzbad.

Darmparasiten

Bergamotte, Bohnenkraut,
Estragon, Eukalyptus, Römische
Kamille, Knoblauch, Kümmel,
Melisse, Minze, Tea-Tree, Thymian,
Wacholder, Ysop, Zitrone, Zwiebel.

Diabetes

Eukalyptus, Geranie, Wacholder,
Zwiebel.
Anwendung: Einnahme (nur wenn
durch Arzt/Therapeut kontrolliert),
Bad.

Dickdarmentzündung

Bergamotte, Römische Kamille,
Knoblauch, Lavendel, Pfeffer,
Rosmarin.

Diphtherie

Bergamotte.
Anwendung: Bad, Massage,
Kompresse.

Drüsenfunktionsstörungen

Zwiebel.
Anwendung: Kompresse, Bad,
Einnahme (nur wenn durch Arzt/
Therapeut kontrolliert).

Durchblutung, mangelhafte

Rosmarin, Salbei, Schafgarbe,
Wacholder.

Körperliche Beschwerden und ihre Behandlungsmöglichkeiten 299

Anwendung: Bad, Massage, Körperöl, Kompresse.

Durchfall
Bohnenkraut, Eukalyptus, Geranie, Ingwer, Römische Kamille, Knoblauch, Kreuzkümmel, Lavendel, Melisse, Minze, Myrrhe, Nelke, Orange, Pfeffer, Rosmarin, Sandelholz, Wacholder, Zimt, Zitrone, Zwiebel, Zypresse.

Eierstockblutung
Geranie.

Eierstockentzündung
Schafgarbe, Thuja.

Eierstockerkrankung, allgemein
Schafgarbe, Zypresse.
Anwendung: Kompresse, Aromatampon, Sitzbad, Einreibung (Körperöl).

Eierstockzysten
Fenchel, Galbanum, Thuja, Ylang-Ylang, Zypresse.

Eisenmangel
Myrrhenstrauch.
Anwendung: Bad.

Ekzeme
Bergamotte, Cistrose, Geranie, Immortelle, Römische Kamille, Lavendel, Salbei, Wacholder, Ysop, Zeder.
Anwendung: Einreibung (Körperöl), Bad.
Rezept für die Einreibung:
50 Milliliter Aloe vera,

15 Lavendel, 10 Immortelle, 5 Zistrose. Mehrfach täglich einreiben.

Energiemangel
→ Schwächezustände.

Entzündungen, äußerlich
Lavendel, Römische Kamille, Minze, Muskatellersalbei, Myrrhe, Rose, Sandelholz.
Anwendung: In allen äußerlichen Anwendungen.

Epilepsie
Basilikum, Lavendel, Rosmarin.
(Kontraindiziert: Kampfer, Salbei, Thuja, Ysop.)
Anwendung: Bad, Massage, Inhalation.

Erbrechen
Anis, Basilikum, Römische Kamille, Kampfer, Kardamom, Lavendel, Melisse, Minze, Pfeffer, Poleiminze, Rose, Sandelholz, Zitrone.
Anwendung: Kompresse, Einreibung (Körperöl), im Bauchbereich, Einnahme (nur wenn durch Arzt/Therapeut kontrolliert).

Erektionsschwäche
Bohnenkraut, Rosmarin, Wacholder.
Anwendung: Sitzbad, Bad, Massage, Kompresse.

Erkältung
Anis, Basilikum, Benzoe, Cajeput,

Eisenkraut, Eukalyptus,
Immortelle, Ingwer, Römische
Kamille, Kampfer, Knoblauch,
Latschenkiefer, Lavendel,
Lemongrass, Majoran, Melisse,
Minze, Myrrhe, Niauli, Patchouli,
Poleiminze, Rosmarin, Salbei,
Thymian, Ysop, Zeder, Zimt,
Zirbelkiefer.
Anwendung: Inhalation,
Einreibung im Brustbereich,
Wickel.
Rezept für ein Bad: 3 Lavendel,
2 Rosmarin, 2 Thymian (regt sehr
an!).
Für die Duftlampe: 2 Minze,
2 Eukalyptus, 2 Rosmarin,
1 Zitrone; oder 1 Eukalyptus,
2 Salbei, 1 Latschenkiefer,
1 Rosmarin.

Erschöpfung:
– körperliche
Angelika, Bohnenkraut, Estragon,
Ingwer, Knoblauch, Lavendel,
Majoran, Muskatnuß, Nelke,
Petersilie, Rosmarin, Salbei,
Thymian, Wacholder, Ysop, Zimt.
Rezept für ein Fußbad:
5 Wacholder, 2 Lavendel,
2 Rosmarin.
– sexuelle
Bohnenkraut, Fichte, Ingwer,
Zimt.
Anwendung: Bad, Massage,
Einnahme (nur wenn durch Arzt/
Therapeut kontrolliert).

Feigwarzen
Niauli.

Anwendung: Sitzbad,
Aromatampon.

Fieber
Basilikum, Bergamotte,
Eukalyptus, Ingwer, Römische
Kamille, Kampfer, Melisse, Minze,
Pfeffer, Sassafras, Tea-Tree, Ysop,
Zitrone.
Anwendung: Wickel, Kompresse,
Einreibung.
Kalter Fußwickel: 2 Eukalyptus,
2 Zitrone.
Kalte Stirnkompresse: 2 Zitrone,
1 Lavendel.

Fisteln
Lavendel, Myrte.
Anwendung: Spülung, Kompresse.

Flöhe
Eukalyptus, Geranie, Lavendel,
Nelke, Rosmarin, Zitrone.
Anwendung: Haarwäsche, Haaröl,
Einreibung, Bad.

Frigidität
Jasmin, Myrrhe, Rose, Vetiver
(durchblutungsfördernd Unterleib).
Rezept für ein Bad:
5 Muskatellersalbei, 2 Jasmin,
1 Zimtbaum (Kassiaöl).

Fußnagelpilz, Fußpilz, Fußschweiß → Haut, S. 317 ff.

Gallenblasenentzündung
Fichte, Petersilie, Rose, Rosmarin.

Gallenkolik
Lavendel, Geranie.
Anwendung: Bad, Kompresse,

Körperliche Beschwerden und ihre Behandlungsmöglichkeiten 301

Einnahme (nur wenn durch Arzt/
Therapeut kontrolliert).

Gallensteine

Bergamotte, Eukalyptus, Geranie,
Kiefer, Lavendel, Minze, Petersilie,
Poleiminze, Rosmarin, Zwiebel.
Rezept für die Einnahme (nur unter
Kontrolle von Arzt oder
Therapeut): Je 1 Geranie, Lavendel,
Rosmarin, 3mal täglich einnehmen,
maximal 3 Wochen.

Gastralgie

Römische Kamille, Pfefferminze.

Gastritis

Römische Kamille, Poleiminze.

Gebärmutterblutung

Geranie, Schafgarbe, Zypresse.

Gebärmutterentzündung

Thuja.

Gebärmutterkrebs

→ Krebs.

Gebärmutterleiden

Jasmin, Melisse, Muskatellersalbei,
Myrrhe, Petersilie, Rose,
Schafgarbe, Weihrauch, Zypresse.

Gelbsucht

Geranie, Römische Kamille,
Rosmarin, Thymian, Zitrone,
Zypresse.

Geschlechtsorgan-
infektion

(Mann): Benzoe, Sandelholz,
Thuja, Zwiebel.

Geschwüre:

– **Haut-**
Benzoe, Bergamotte, Cistrose,
Eukalyptus, Geranie, Kampfer,
Knoblauch, Labdanum,
Lavendel, Muskatellersalbei,
Myrrhe, Myrte, Wacholder.
Anwendung: In allen äußerlichen
Anwendungen.
– **innere**
Geranie, Römische Kamille,
Veilchen.
Anwendung: Einnahme (nur
wenn durch Arzt/Therapeut
kontrolliert), möglichst
Aquarom.
– **Mund-**
Myrrhe, Poleiminze, Salbei,
Tea-Tree.
Anwendung: Spülung,
Mundwasser (1 Tropfen auf
1 Tasse Wasser).

Gicht

Benzoe, Cajeput, Fichte, Kampfer,
Knoblauch, Rosmarin, Sassafras,
Terpentin, Thymian, Wacholder,
Zitrone.
Anwendung: Bad, Einreibung,
Massage.

Gonorrhöe

Benzoe, Bergamotte, Eukalyptus,
Jasmin, Knoblauch, Lavendel,
Petersilie, Sandelholz, Wacholder,
Weihrauch, Zeder, Zitrone.
Anwendung: Sitzbad, Wickel,
Einnahme (nur unter
Kontrolle von Arzt
oder Therapeut).

Grippe

Basilikum, Eisenkraut, Eukalyptus, Fichte, Ingwer, Kiefer, Lavendel, Lemongrass, Minze, Myrte, Pfeffer, Rosmarin, Thymian, Ysop, Zimt, Zitrone, Zwiebel, Zypresse.
Anwendung: Wickel, Einreibung, Inhalation, Duftlampe, Bad.
Rezept für das Bad: 3 Lavendel, 2 Rosmarin, 2 Thymian (regt sehr an!).
Für die Duftlampe: 2 Minze, 2 Eukalyptus, 2 Rosmarin, 1 Zitrone; oder 1 Eukalyptus, 2 Salbei, 1 Latschenkiefer, 1 Rosmarin.
Für die Inhalation: 3 Kampfer, 1 Pfeffer, 1 Eukalyptus (bei starker Grippe).

Gürtelrose

Bergamotte, Eukalyptus, Geranie, Minze, Tea-Tree.
Anwendung: Bad, Einreibung (Körperöl), Wickel.

Halsentzündung

Bergamotte, Römische Kamille, Lavendel, Sandelholz, Tea-Tree, Thymian.
Rezept für die Inhalation: 3 Lavendel, 1 Thymian.
Für eine Gurgellösung: 200 Milliliter Wasser, 2 Lavendel, 1 Römische Kamille.

Halsschmerzen

Lavendel, Sandelholz, Tea-Tree.
Rezept für die Gurgellösung: 1 Tasse warmes Wasser, 1 Sandelholz, 2 Tea-Tree.

Hämorrhoiden

Myrrhe, Wacholder, Zypresse.
Anwendung: Einreibung (Körperöl), Sitzbad.
Rezept für das Sitzbad: 5 Zypresse, 3 Wacholder, 3 Weihrauch.

Harnfluß, zu starker

Wacholder.

Harnwegsinfektion

Benzoe, Bergamotte, Cajeput, Eukalyptus, Fenchel, Geranie, Lavendel, Myrte, Petersilie, Salbei, Thymian, Wacholder, Weihrauch, Zitrone, Zwiebel.
Anwendung: Bad, Sitzbad, Einnahme (nur unter Kontrolle von Arzt oder Therapeut), Kompresse.

Heiserkeit

Jasmin, Myrrhe, Thymian, Zitrone, Zypresse.
Anwendung: Inhalation, Halskompresse.

Hepatitis → Gelbsucht.

Herpes, Genitalbereich

Bergamotte, Eukalyptus, Niauli, Pampelmuse, Tea-Tree.
Anwendung: Vaginalzäpfchen, Aromatampon, Salbe (bis 10%ig), Sitzbad.
Rezept für das Sitzbad: 6 Bergamotte, 3 Eukalyptus oder Melisse.

Herpes, Lippen

Bergamotte, Eukalyptus, Kampfer, Melisse, Pampelmuse, Tea-Tree, Ysop.

Körperliche Beschwerden und ihre Behandlungsmöglichkeiten 303

Anwendung: Öl pur oder in Salbe regelmäßig bei Streß oder extremer Sonnenstrahlung auftragen.

Herzklopfen
Lavendel, Melisse, Neroli, Ylang-Ylang.

Herzkranzerkrankungen
Litsea, Kampfer.

Herzrhythmusstörungen
Kampfer, Minze, Neroli, Rose, Rosmarin.

Herzschmerzen
Rose.

Herzschwäche, akutes Herzversagen
Kampfer, Kreuzkümmel, Rosmarin.
Anwendung: Einreibung (auch pur im Notfall), Kompresse.

Heuschnupfen
Kontraindiziert ist Minze.

Hexenschuß
Ingwer.
Anwendung: Bad, Einreibung (Körperöl), Kompresse.

Hodenentzündung
Zypresse.

Husten
Anis, Benzoe, Eukalyptus, Fichte, Jasmin, Kardamom, Majoran, Minze, Myrrhe, Myrte, Niauli, Pfeffer, Poleiminze, Rosmarin, Sandelholz, Thymian, Veilchen, Wacholder, Weihrauch, Ysop, Zimt, Zirbelkiefer, Zypresse.
Anwendung: Inhalation, Einreibung (Körperöl), Wickel.

Hyperventilation
Ylang-Ylang.
Anwendung: Inhalation, Einreibung (Körperöl).

Impotenz
Basilikum, Bohnenkraut, Fichte, Minze, Muskatnuß, Rosmarin, Thymian, Wacholder, Zimt (wirken wärmend auf die männlichen Geschlechtsorgane).
Rezept für ein Sitzbad:
6 Wacholder, 1 Pfeffer, 1 Bohnenkraut.

Infektionen
Angelika, Fichte, Immortelle, Knoblauch, Myrte, Nelke, Niauli, Oregano, Tea-Tree, Thymian, Weihrauch, Zimt, Zitrone, Zwiebel.
Anwendung: In allen Anwendungen.
Siehe auch → Virusinfektion.

Insektenstiche
Bohnenkraut, Knoblauch, Lavendel, Melisse, Nelke, Poleiminze, Salbei, Sassafras, Tea-Tree, Zitrone, Zwiebel.
Anwendung: Öle pur oder in Körperöl auftragen.

Ischias
Terpentin.
Anwendung: Bad, Einreibung (Körperöl).

Juckreiz:
– **Anus/Geschlechtsorgane**
Römische Kamille, Lavendel,
Sandelholz, Zeder.
Anwendung: Alle äußerlichen
Behandlungen.
– **Haut/Kopfhaut** → Haut, S. 317 ff.

Katarrh
Cajeput, Lavendel, Myrrhe,
Poleiminze, Sandelholz,
Zirbelkiefer.
Anwendung: Duftlampe,
Inhalation, Kompresse, Einreibung
(Körperöl), Wickel.

Kater → Alkoholvergiftung.

Kehlkopfentzündung
Benzoe, Cajeput, Lavendel, Salbei,
Sandelholz, Wacholder, Weihrauch,
Zwiebel.
Anwendung: Inhalation,
Einreibung (Körperöl),
Gurgellösung.

Keuchhusten
Basilikum, Lavendel, Myrte,
Oregano, Poleiminze, Rosmarin,
Thymian, Ysop, Zypresse.
Anwendung: Duftlampe,
Inhalation, Kompresse, Einreibung
(Körperöl), Wickel.

Klimakteriumsbeschwerden:
– **Austrocknung/Verhärtung der Vagina**
Melisse, Muskatellersalbei, Salbei.
Anwendung: Sitzbad,
Aromatampon, Aromabinde.

– **Blutandrang im Unterbauch**
Rosmarin.
Anwendung: Kompresse, Bad.
– **Hitzewallung**
Salbei, Thymian, Zypresse.
Anwendung: Bad, Massage.
– **Schweißausbrüche**
Lavendel, Muskatellersalbei,
Salbei, Zypresse.
Meiden, da schweißtreibend:
Kampferbaum, Minze,
Poleiminze, Rosmarin, Sassafras.

Koliken
Anis, Benzoe, Bergamotte, Fenchel,
Römische Kamille, Kardamom,
Lavendel, Majoran, Melisse, Minze,
Muskatellersalbei, Pfeffer,
Sandelholz, Wacholder, Ysop, Zimt.
Anwendung: Kompresse,
Einreibung (Körperöl).
Rezept für eine heiße Kompresse:
2 Basilikum, 2 Rosmarin,
1 Fenchel.
Für ein Bad: 4 Muskatellersalbei,
2 Römische Kamille.

Kopfschmerzen
Cajeput, Jasmin, Römische
Kamille, Lavendel, Lemongrass,
Majoran, Melisse, Minze,
Patchouli, Rose, Rosenholz,
Rosmarin, Salbei, Zitrone.
Anwendung: Wickel, Einreibung,
Inhalation, Kompresse (kalt),
Duftlampe.
Rezept für die Duftlampe:
4 Melisse, 2 Minze, 2 Römische
Kamille.

Körperliche Beschwerden und ihre Behandlungsmöglichkeiten 305

Für die kalte Kompresse: 4 Minze,
2 Lavendel.

Krampfadern
Bergamotte, Knoblauch, Zitrone,
Zypresse.
Anwendung: Massage, Bad,
Körperöl.
Rezept für das Massageöl:
100 Milliliter Mandelöl,
20 Rosmarin, 20 Wacholder,
10 Zitrone, täglich anwenden, aber
nicht die Krampfader direkt
stimulieren.

Krämpfe
Römische Kamille, Lavendel,
Majoran, Muskatellersalbei,
Neroliöl, Zypresse.
Anwendung: Kompresse, Einreibung
(Körperöl), Einnahme (nur wenn
durch Arzt/Therapeut kontrolliert).

Krebs (begleitende Therapie):
– **Immunstärkung**
Estragon, Eukalyptus, Geranie,
Knoblauch, Nelke, Petersilie, Tea-
Tree, Thuja, Ysop, Zwiebel,
Zypresse.
– **Gebärmutterkrebs**
Bergamotte, Eukalyptus, Geranie.
– **Nebenwirkungen bei
Strahlentherapie reduzierend**
Eukalyptus, Nelke, Niauli, Tea-
Tree.

Kreislaufstörungen
Knoblauch, Thymian, Ysop,
Zypresse.
Anwendung: Bad, Massage,
Einreibung (Körperöl), Duftlampe.

Kropf
→ Schilddrüsenvergrößerung.

Lähmungserscheinungen
Lavendel, Minze, Rosmarin, Salbei.
Anwendung: Einreibung
(Körperöl), Kompresse.

Läuse/Filzläuse
Eukalyptus, Geranie, Lavendel,
Lemongras, Nelke, Oregano,
Rosmarin, Terpentin, Thymian,
Zimt, Zitrone.
Anwendung: Einreibung
(Körperöl), Bad.

Leberentzündung/-infektion
Karotte, Kiefer, Rosmarin, Salbei,
Thymian, Zitrone, Zypresse.

Leberschwäche, Trägheit
Rose (Rosenöl und Rosenwasser),
Rosmarin.

Leberstau
Immortelle, Zistrose.

Leberstörung
Römische Kamille, Rose,
Rosmarin, Salbei, Thymian,
Zitrone, Zypresse.

Lebervergiftung
Weihrauch.

Leberzirrhose
Wacholder, Rosmarin, Zitrone.
Anwendung: Kompresse,
Einreibung (Körperöl), Bad,
Einnahme (nur wenn durch Arzt/
Therapeut kontrolliert).

Leukorrhöe (Weißfluß)

Benzoe, Bergamotte, Eukalyptus, Lavendel, Majoran, Muskatellersalbei, Myrrhe, Poleiminze, Rose, Rosmarin, Salbei, Sandelholz, Tea-Tree, Thymian, Vetiver, Weihrauch, Ysop, Zitrone.
Anwendung: Vaginalspülung, Sitzbad, Aromabinde, Aromatampon.

Leukozystose

Bergamotte, Römische Kamille, Lavendel.
Anwendung: Einnahme (nur wenn durch Arzt/Therapeut kontrolliert).

Lungenentzündung/ -infektion

Fichte, Kampferbaum.

Lymphknotenentzündung

Lavendel, Salbei, Wacholder, Zwiebel.

Lymphstau

Benzoe, Cistrose, Ingwer, Kampfer, Karotte, Orange, Pfeffer, Salbei, Wacholder, Zitrone, Zypresse (regen den Lymphfluß an).
Anwendung: Lymphdrainage, Massage, Bad.
Rezept für ein Massageöl zur Anregung des Lymphflusses: 89 Milliliter Mandelöl, 3 Milliliter Zimtrinde, je 2 Milliliter Pfeffer, Geranie, Martins Bartgras, je 1 Milliliter Lorbeer und Thymian.

Mageninfektion

Immortelle.

Magenkatarrh

Geranie.

Magenkrämpfe

Basilikum, Cajeput, Ingwer, Römische Kamille, Koriander, Kreuzkümmel, Kümmel, Majoran, Melisse, Minze, Muskatellersalbei, Orange, Zimt.

Magenschleimhaut- entzündung

Geranie, Römische Kamille, Poleiminze, Zitrone.

Magenschmerzen

Bohnenkraut, Estragon, Fenchel, Fichte, Geranie, Römische Kamille, Kampfer, Lemongrass, Minze, Patchouli, Rosmarin, Ysop, Zimt.

Magenschwäche

Bohnenkraut, Eisenkraut, Geranie, Kardamom, Lemongrass, Mandarine, Oregano, Salbei, Zimt.

Magenübersäuerung

Minze, Zitrone.
Anwendung: Kompresse, Einreibung (Körperöl), Einnahme (nur wenn durch Arzt/Therapeut kontrolliert).

Magersucht

Bergamotte, Pampelmuse.
Anwendung: Duftlampe, Bad, Einnahme (nur unter Kontrolle von Arzt oder Therapeut).
Rezept für das Bad: 2 Bergamotte, 2 Pampelmuse, regelmäßig.

Körperliche Beschwerden und ihre Behandlungsmöglichkeiten 307

Für die Duftlampe: 3 Vetiver,
3 Sandelholz, 4 Pampelmuse.
Rezept für die Einnahme (nur unter
Kontrolle von Arzt oder
Therapeut): 2mal täglich
1 Bergamotte mit Honigwasser
oder Tee.

Mandelentzündung
Bergamotte, Thymian, Zimt.
Anwendung: Einreibung
(Körperöl), Gurgellösung.

Masern
Eukalyptus.
Anwendung: Bad, Einreibung
(Körperöl).

Menstruation:
– **mit starker Blutung**
Geranie, Rose, Weihrauch,
Zitrone, Zimt, Zypresse.
– **unregelmäßige**
Angelika, Melisse, Muskatellersalbei, Rose, Salbei.
Rezept für ein Sitzbad:
4 Muskatellersalbei, 3 Melisse,
2 Rose.

Menstruationskrämpfe
Benzoe, Bergamotte, Ingwer,
Jasmin, Römische Kamille, Karotte,
Kümmel, Lavendel, Majoran,
Melisse, Minze, Muskatellersalbei,
Rose, Salbei, Sassafras, Tea-Tree,
Ysop.
Rezept für heiße Kompresse
(krampflösend und
schmerzlindernd):
5 Muskatellersalbei, 3 Majoran,
1 Basilikum.

Menstruationsschmerzen
Cajeput, Römische Kamille,
Karotte, Lavendel, Majoran,
Melisse, Minze, Muskatellersalbei,
Rose, Salbei, Wacholder, Zypresse.

Migräne
Anis, Basilikum, Eukalyptus,
Immortelle, Römische Kamille,
Lavendel, Lemongrass, Majoran,
Melisse, Minze, Rosmarin, Zitrone,
Zwiebel.
Anwendung: Kompresse,
Einreibung, Fußbad.

Mittelohrentzündung
Eukalyptus, Lavendel, Tea-Tree.
Anwendung: Ohrentropfen,
Kompresse.
Rezept für Ohrentropfen:
10 Eukalyptus, 5 Lavendel mit
10 Milliliter Jojobaöl mischen und
davon 3 Tropfen mehrfach täglich in
das Ohr geben. Ohr mit Watte
verschließen. Oder: Öl auf
Wattebausch in Ohr geben.
Umgebung des Ohres mit
Ölmischung einreiben.

Mundentzündung
Bergamotte, Ysop.

Mundgeruch
Bergamotte, Kardamom, Minze,
Thymian.
Rezept für ein Mundwasser:
1 Minze, 1 Thymian, 1 Bergamotte
auf 1/2 Liter Wasser.

Mundgeschwür
Myrrhenstrauch, Poleiminze,
Salbei.

Mundschleimhaut-entzündung

Geranie, Myrrhe, Salbei, Tea-Tree, Zitrone.
Anwendung: Mundwasser, Gurgellösung.

Muskelkater

Lavendel, Mandarine, Pfeffer.
Rezept für ein Bad: 3 Rosmarin, 3 Majoran, 1 Lavendel.

Muskelschmerzen

Cajeput, Ingwer, Römische Kamille, Lavendel, Mandarine, Pfeffer, Rosmarin, Wacholder, Zitrone.
Anwendung: Bad, Einreibung, Kompresse, Massage.
Rezept für eine heiße Kompresse: 2 Römische Kamille, 2 Lavendel, 2 Muskatellersalbei; oder 6 Muskatellersalbei, 4 Orange, 1 Lavendel.
Für die Massage: 10 Wacholder, 8 Rosmarin, 2 Zitrone.
Bei Muskelschmerz durch starke körperliche Anstrengung: Hautöl – 2 Eßlöffel fettes Pflanzenöl, 5 Minze, 5 Ingwer, 5 Lavendel (lokale Anwendung); Aromabad – 6 Lavendel, 4 Eukalyptus, 4 Ingwer; heiße Kompresse – 2 Minze, 2 Lavendel, 1 Römische Kamille.

Muttermundentzündung

Geranie, Galbanum, Römische Kamille.
Anwendung: Sitzbad, Kompresse, Vaginalspülung, Aromatampon.

Nagelbettentzündung

→ Haut, S. 317 ff.

Nasenblutung

Weihrauch, Zitrone, Zypresse.
Anwendung: 1 Tropfen eines Öls in 1 Tasse kaltem Wasser gut verrühren, Wattebausch eintauchen und in die Nase drücken.

Nasennebenhöhlen-infektion

→ Sinusitis.

Nasenverengung

Basilikum, Eukalyptus, Lavendel, Orange.
Anwendung: Inhalation, Nasenöl.
Rezept für die Inhalation: Je 1 Teil Eukalyptus, Orange, Basilikum, Lavendel mischen. Möglichst oft davon 5 Tropfen in Dampfinhalation anwenden.
Zusätzlich 3mal täglich 2 bis 3 Teelöffel kalt inhalieren, 2 bis 4 Wochen.

Nebenhodenentzündung

Römische Kamille.

Nebennieren – Mangel an Kortikosteroiden

Patchouli.

Nebennieren – Überschuß an Kortikosteroiden

Geranie, Lavendel.

Nebennierenüberfunktion

(Adrenalinüberschuß)
Angelika, Myrte, Ylang-Ylang.

Körperliche Beschwerden und ihre Behandlungsmöglichkeiten **309**

Nebennierenunterfunktion
(Adrenalinmangel)
Oregano.

Nebenschilddrüsenüberfunktion
Lavendel, Pampelmuse.

Nebenschilddrüsenunterfunktion
Zypresse.

Nervenschmerzen
Eukalyptus, Geranie, Römische Kamille, Koriander, Minze, Rosmarin.

Nervenschock
Melisse, Minze.
Siehe auch → Schock.

Nervenschwäche
(aufgrund emotionaler Belastung, Aufregung und Verwirrung)
Basilikum, Römische Kamille, Lavendel, Melisse, Muskatnuß, Muskatellersalbei, Wacholder, Rosmarin, Zypresse.

Nervenzerrüttung
Zypresse.

Nervenzusammenbruch
Melisse.
Anwendung: Duftlampe, Massage, Bad, Inhalation.

Nervosität/Streß/Anspannung
Angelika, Basilikum, Benzoe, Bergamotte, Geranie, Jasmin, Römische Kamille, Kampfer, Karotte, Lavendel, Majoran, Mandarine, Melisse, Muskatellersalbei, Muskatnuß, Narzisse, Neroli, Patchouli (starke Dosierung), Rose, Rosenholz, Sandelholz, Tolubalsam, Veilchen, Vetiver, Wacholder, Ylang-Ylang, Zeder, Zypresse.
Rezept für ein Bad: 4 Geranie, 3 Basilikum, 1 Neroli; oder 2 Rose, 7 Lavendel, 2 Neroli; oder 4 Lavendel, 2 Bergamotte, 3 Neroli, 1 Basilikum, 1 Ylang-Ylang; oder 4 Zypresse, 2 Zeder; oder 2 Sandelholz, 5 Zeder, 1 Lavendel.
Für die Duftlampe: 3 Geranie, 2 Basilikum, 1 Lavendel; oder 1 Jasmin, 3 Orange, 3 Zitrone; oder 4 Muskatellersalbei, 4 Lavendel; oder 4 Muskatellersalbei, 2 Majoran, 2 Rose, 2 Ylang-Ylang.
Siehe auch → Hilfen für die Psyche, »Anspannung«.

Neuralgie
Cajeput, Geranie.
Anwendung: Einreibung.

Nierenentzündung
Eukalyptus, Römische Kamille, Weihrauch, Zeder.

Nierensteine

Fenchel, Geranie, Knoblauch,
Pfeffer, Wacholder.
Anwendung: Bad, Kompresse,
Einreibung (Körperöl), Einnahme
(nur wenn durch Arzt/Therapeut
kontrolliert).

Ödem

Geranie, Knoblauch, Rosmarin,
Zwiebel.
Anwendung: Einreibung
(Körperöl).

Ohnmacht

Ingwer, Minze.
Anwendung: Inhalation.

Ohren

Basilikum, Cajeput, Römische
Kamille, Lavendel, Myrte, Tea-Tree,
Ysop.

Östrogenmangel

Angelika, Anis, Birke, Cajeput,
Eukalyptus, Fenchel, Geranie,
Koriander, Kümmel, Orange,
Salbei, Vetiver, Ylang-Ylang,
Zypresse, auch Thymian (Anregung
der Nebennierentätigkeit).
Anwendung: Bad, Körperöl, Massage.

Östrogenüberschuß

Lemongras, Zitrone.

Parodontose

Orange, Tea-Tree.
Anwendung: Mundwasser,
regelmäßig 1 Tropfen auf
Zahnpasta.

Pfortaderverstopfung

Zypresse.

Pickel → Haut, S. 317 ff.

Polypen

Basilikum, Cajeput, Eukalyptus,
Poleiminze, Rosmarin.
Anwendung: Inhalation, Nasenöl.
Rezept für die Inhalation: Je
3 Eukalyptus, Rosmarin,
Poleiminze. Zusätzlich
Kaltinhaltion einiger Tropfen der
Mischung auf Taschentuch.
Außerdem 1 Tropfen der Mischung
mit Honig lutschen; 3mal täglich,
maximal 3 Wochen.

Prämenstruelles Syndrom

stimmungsaufhellend – Bergamotte,
Muskatellersalbei, Pampelmuse,
Rose; krampflösend – Jasmin,
Römische Kamille, Lavendel,
Muskatellersalbei, Schafgarbe;
wassertreibend – Salbei, Wacholder,
Ysop.
Anwendung: Sitzbad, Einreibung
Unterleib und Lendenbereich,
Massage, Kompresse.

Prellung/Quetschung

Fenchel, Kampfer, Lavendel,
Lemongras, Petersilie, Salbei, Ysop.
Anwendung: Kalte Kompresse.
Rezept für die kalte Kompresse:
4 Kampfer, 2 Lemongras,
2 Lavendel; oder 2 Lavendel,
2 Fenchel.

Prostataentzündung

Römische Kamille.
Anwendung: Sitzbad, Kompresse,
Einreibung (0,5 Prozent).

Körperliche Beschwerden und ihre Behandlungsmöglichkeiten 311

Prostataleiden, allgemein
Fichte, Jasmin, Zwiebel.

Prostatavergrößerung
Thuja, Wacholder.

Pruritus:
– **Haut**
Römische Kamille, Lavendel,
Minze, Sandelholz, Tea-Tree,
Zeder.
– **Scheide**
Bergamotte, Römische Kamille,
Lavendel, Tea-Tree.
Anwendung: Sitzbad,
Vaginalspülung, Aromabinde,
Aromatampon.
Siehe auch → Juckreiz.

Quetschung → Prellung.

Rachenentzündung
Cajeput, Eukalyptus, Geranie,
Lavendel, Muskatellersalbei.
Anwendung: Inhalation,
Gurgellösung.

Rekonvaleszenz
Angelika, Basilikum, Bergamotte,
Muskatellersalbei, Nelke,
Rosmarin, Sassafras, Thymian,
Ysop, Zitrone.
Anwendung: Bad, Massage,
Körperöl.

Rheuma
Citronella, Estragon, Eukalyptus
(*Eucalyptus citriodora*), Fichte,
Ingwer, Römische Kamille,
Kampfer, Knoblauch, Koriander,
Lavendel, Lemongrass, Majoran,
Muskatnuß, Oregano, Pfeffer,
Rosmarin, Sassafras, Thuja,
Thymian, Wacholder, Zitrone,
Zwiebel, Zypresse.
Anwendung: Bad, Massage,
Einreibung.
Rezept für das Bad: 6 Rosmarin,
3 Eukalyptus, 2 Kampferbaum.
Für die Massage: 10 Kampferbaum,
15 Rosmarin, 10 Eukalyptus; oder
10 Wacholder, 10 Rosmarin,
5 Lavendel, 5 Zitrone.

Rückenschmerzen
Lavendel, Majoran, Pfeffer,
Rosmarin.
Anwendung: Bad, Massage,
Einreibung, Einnahme (nur wenn
durch Arzt/Therapeut kontrolliert).

Scharlach
Eukalyptus.
Anwendung: Bad, Inhalation,
Einreibung (Körperöl).

Schilddrüsenüberfunktion
Lavendel, Pampelmuse.

Schilddrüsen-unterfunktion
Rosmarin, Zitrone.

Schilddrüsenvergrößerung (Struma)
Rosmarin, Zitrone.
Anwendung: Einreibung
(Körperöl), Kompresse, Einnahme
(nur wenn durch Arzt/Therapeut
kontrolliert).

Schlaflosigkeit

Basilikum, Bergamotte, Römische Kamille, Kampfer, Lavendel, Majoran, Melisse, Neroli, Orange, Rose, Sandelholz, Ylang-Ylang.
Anwendung: Duftlampe, Bad, Massage.
Rezept für die Duftlampe:
4 Römische Kamille, 2 Lavendel; oder 6 Majoran, 2 Rose.
Für das Bad: 4 Lavendel, 2 Majoran, 1 Muskatellersalbei; oder 4 Römische Kamille, 2 Lavendel, 1 Rose.

Schlaganfall

Salbei.
Anwendung: Inhalation, Bad, Massage.

Schleimbeutelentzündung

Römische Kamille.
Anwendung: Kalte Kompresse.

Schluckauf

Estragon, Kümmel.
Anwendung: Einreibung, Kompresse, Einnahme (nur wenn durch Arzt/Therapeut kontrolliert).

Schmerzen, allgemein

Bergamotte, Eukalyptus, Geranie, Ingwer, Kamille, Kampfer, Lavendel, Majoran, Minze, Muskatellersalbei, Nelke (besonders bei Zahnschmerzen), Rosmarin, Tea-Tree, Thymian.
Anwendung: Hautöl, Kompresse, pur auftragen nur bei Lavendel und Tea-Tree.
Rezept für Hautöl oder Salbe:

50 Milliliter fettes Pflanzenöl oder 50 Gramm gereinigtes Lanolin, 20 Gewürznelkenbaum, 20 Eukalyptus, 10 Tea-Tree.

Schnupfen

Eukalyptus, Fichte, Römische Kamille, Lavendel, Majoran, Myrrhe, Myrte, Rosmarin, Sandelholz, Pfeffer, Weihrauch, Ysop, Zeder.
Anwendung: Duftlampe, Inhalation, Einreibung (Körperöl), Wickel.

Schock

Kampfer, Melisse, Minze, Neroli.
Anwendung: Inhalation, Bad.
Rezept für die Inhalation:
4 Melisse, 1 Minze.
Für das Bad (bei Nervenschock):
4 Zypresse, 4 Zeder, 4 Vetiver.

Schwächezustände, körperliche

Angelika, Knoblauch, Rosmarin, Schafgarbe, Thymian, Zitrone, Zwiebel.
Anwendung: Bad, Massage, Einnahme (nur unter Kontrolle von Arzt oder Therapeut).
Rezept für die Einnahme (nur unter Kontrolle von Arzt oder Therapeut): 43 Milliliter Alkohol, je 1,5 Milliliter Rosmarin, Anis, Kümmel, Lorbeer, 2,5 Milliliter Wacholder; 2mal 2 Tropfen täglich, maximal 3 Wochen (nicht für Epileptiker und Schwangere!).
Oder (nur unter Kontrolle von Arzt oder Therapeut): Je 10 Ingwer,

Körperliche Beschwerden und ihre Behandlungsmöglichkeiten **313**

Bohnenkraut, Lavandin, Majoran;
2mal 2 Tropfen täglich.
Für eine Bodylotion: 91 Milliliter
Mandelöl, je 2 Milliliter
Niaulibaum, 2 Milliliter
Muskatnußbaum, 5 Milliliter
Oregano.
Für das Bad: 5 Zirbelkiefer,
3 Zitrone, 1 Angelika; oder
5 Zirbelkiefer, 3 Zitrone.

Schwangerschafts-störungen

Geranie, Lavendel, Minze.
Anwendung: Bad, Massage,
Kompresse.

Schwerhörigkeit

Bohnenkraut.
Anwendung und Rezept:
20 Tropfen in 0,2 Liter Wasser:
mehrfach täglich in das Ohr
träufeln. Oder 2 Bohnenkraut mit
1 Teelöffel fettem Johanniskrautöl
auf Wattebausch in das Ohr geben.

Schwindel

Anis, Minze, Patchouli.
Anwendung: Duftlampe,
Inhalation, Einnahme (nur wenn
durch Arzt/Therapeut kontrolliert).

Schwitzen (zu starkes)

Benzoe, Bergamotte, Fichte,
Lavendel, Muskatellersalbei,
Rosenholz, Zypresse.
Anwendung: Bad, Massage,
Einreibung (Körperöl).
Rezept für das Fußbad gegen
Schweißfüße: 3 Lavendel,
3 Muskatellersalbei, 1 Zypresse.

Sexuelles Desinteresse

Cistrose, Jasmin, Karotte,
Moschuskörner, Muskatellersalbei,
Narzisse, Niauli (weckt
Leidenschaft), Patchouli, Rose,
Sandelholz, Tagetes (dem
Körperduft ähnlich, schwül, sanft),
Tonkabohne, Tuberose, Vetiver
(sanft), Weihrauch (sanft), Ylang-
Ylang, Zimt.
Anwendung: Duftlampe, Bad,
Massage, Parfüm.
Rezept für die Duftlampe:
2 Moschuskörner,
4 Sandelholzbaum, 2 Ylang-Ylang;
oder 3 Jasmin, 3 Muskatellersalbei,
1 Moschuskörner.
Für ein Bad: 3 Jasmin, 1 Rose,
1 Ylang-Ylang.

Sinusitis

Cajeput, Eukalyptus, Fichte,
Knoblauch, Lavendel, Minze, Tea-
Tree, Thymian, Zitrone.
Anwendung: Inhalation.
Rezept für die Inhalation:
3 Eukalyptus, 2 Tea-Tree, 1 Minze;
oder 5 Tea-Tree, 3 Lavendel.

Sodbrennen

Kardamom, Koriander, Pfeffer,
Sandelholz.
Anwendung: Kompresse,
Einreibung im Bauchbereich,
Einnahme (nur wenn durch Arzt/
Therapeut kontrolliert).

Sonnenbrand

Immortelle, Römische Kamille,
Kampfer, Lavendel, Minze,
Myrrhe, Tea-Tree.

Anwendung: Bad, Körperöl,
Einreibung (mit Körperöl).

Sonnenstich
Lavendel, Melisse, Minze, Rose,
Zitrone.
Anwendung: Bad, kalte Kompresse.
Rezept für die kalte Kompresse:
3 Rose, 1 Melisse, 1 Lavendel.

Spasmen
Bergamotte, Römische Kamille,
Kardamom, Lavendel,
Muskatellersalbei, Poleiminze,
Rosmarin, Wacholder, Zypresse.
Anwendung: Kompresse, Bad,
Einreibung (Körperöl).

Spermatorrhöe
Benzoe, Weihrauch.
Anwendung: Sitzbad.

Sterilität → Unfruchtbarkeit.

Stimmverlust
Lavendel, Thymian, Zitrone,
Zypresse.
Anwendung: Duftlampe,
Inhalation, Einreibung (Körperöl)
im Halsbereich.

Stirnhöhleneiterung
Eukalyptus, Fichte, Lavendel,
Minze, Myrte, Tea-Tree, Thymian,
Zitrone.
Anwendung: Inhalation.

Stoffwechselstörung
Zwiebel.
Anwendung: Bad, Massage.

Strahlungsnebenwirkungen begrenzen
(bei Röntgenbehandlung):
Eukalyptus, Nelke, Niauli, Tea-Tree.
Anwendung: Bad, Massage.

Streß → Nervosität.

Struma
→ Schilddrüsenvergrößerung.

Syphilis
Petersilie, Zitrone.

Tripper → Gonorrhöe.

Tuberkulose
Bergamotte, Eukalyptus, Kampfer,
Minze, Myrrhe, Oregano,
Sandelholz, Thymian, Ysop.
Anwendung: Inhalation,
Einreibung (Körperöl).

Tumor
Cajeput, Bergamotte, Römische
Kamille, Zeder.
Anwendung: Bad, Massage,
Kompresse.

Typhus
Zitrone.
Anwendung: Bad, Einnahme (nur
wenn durch Arzt/Therapeut
kontrolliert).

Übelkeit
Basilikum, Kardamom, Lavendel,
Melisse, Minze, Pfeffer, Rose,
Sandelholz.
Anwendung: Kompresse,
Einreibung (Körperöl), Einnahme
(nur wenn durch Arzt/Therapeut
kontrolliert).

Körperliche Beschwerden und ihre Behandlungsmöglichkeiten   315

Überreiztheit
Lavendel, Myrrhe, Weihrauch,
Vetiver, Ylang-Ylang.
Anwendung: Bad, Massage,
Inhalation.

Unfruchtbarkeit
Eukalyptus, Muskatellersalbei.
Speziell für die Frau: Geranie,
Rose, Salbei. Speziell für den Mann:
Thymian, Wacholder.
Anwendung: Bad, Massage,
Kompressen.

Urogenitaltrakt-Infektion
Bergamotte, Lavendel, Myrrhe,
Myrte, Sandelholz, Tea-Tree, Thy-
mian, Wacholder, Zeder, Zwiebel.
Anwendung: Bad, Kompresse,
Einnahme (nur wenn durch Arzt/
Therapeut kontrolliert).

Vaginale Allergien
Kamille, Melisse, Vetiver.

Vaginale Infektion (Hefepilzbefall)
Bergamotte, Bohnenkraut,
Knoblauch, Lavendel, Minze,
Myrrhe, Rose, Schafgarbe, Tea-
Tree, Zwiebel.
Anwendung: Vaginalspülung,
Sitzbad, Aromatampon,
Aromabinde, Einnahme (nur unter
Kontrolle von Arzt/Therapeut).
Rezept für das Sitzbad: 2 Rose,
6 Schafgarbe; oder 2 Tea-Tree,
6 Schafgarbe; oder 3 Römische
Kamille, 3 Tea-Tree, 1 Rose.
Für die Einnahme: 3mal 2 Kapseln
täglich mit je 3 Tropfen von

Mischung aus 10 Teilen Tea-Tree,
1 Teil Bohnenkraut.
Rezept für den Tampon: 5 Tropfen
von Mischung aus 10 Milliliter
Jojobaöl, 60 Tropfen Tea-Tree,
10 Tropfen Bohnenkraut.

Vaginale Infektion (Vaginitis)
Römische Kamille, Rose,
Schafgarbe, Tea-Tree.
Anwendung: Vaginalspülung,
Sitzbad, Aromatampon,
Aromabinde, Einnahme (nur unter
Kontrolle von Arzt oder
Therapeut).

Vaginale Schwäche (allgemein)
Majoran.

Vegetative Dystonie
Estragon, Lemongras, Rosmarin.
Anwendung: Bad, Massage.

Venenschwäche
Zypresse.
Anwendung: Einreibung
(Körperöl), Bad.

Verbrennungen
→ Haut, S. 317 ff.

Verdauungsstörungen
Angelika, Anis, Basilikum,
Bergamotte, Bohnenkraut,
Estragon, Eukalyptus, Fenchel,
Ingwer, Kamille, Kardamom,
Knoblauch, Koriander, Kreuz-
kümmel, Kümmel, Lavendel,
Majoran, Mandarine, Melisse,
Minze, Muskatnuß, Muskateller-
salbei, Myrrhe, Nelke, Neroli,

Orange, Oregano, Rosmarin,
Sandelholz, Wacholder, Weihrauch,
Ysop, Zimt, Zitrone, Zwiebel.
Anwendung: Kompresse,
Einreibung (Körperöl), Einnahme
(nur wenn durch Arzt/Therapeut
kontrolliert).

Vergiftung (allgemein)
Angelika (Magen/Darm, Stärkung
der Körperabwehr), Birke
(Cholesterin-/Harnstoffabbau),
Immortelle, Knoblauch (Magen/
Darm), Lavendel, Pfeffer, Thymian,
Zitrone (allgemeine Entgiftung),
Fenchel, Lavendel (Alkohol).
Anwendung: Bad, Massage,
Kompresse, Einnahme (nur, wenn
durch Arzt/Therapeut kontrolliert).

Verstauchung
Kampfer, Lavendel, Lemongrass.
Anwendung: Kompresse,
Einreibung (Körperöl).

Verstopfung
Fenchel, Kümmel, Majoran,
Pfeffer, Rose, Salbei, Wacholder.
Anwendung: Kompresse,
Einreibung (Körperöl), Einnahme
(nur wenn durch Arzt/Therapeut
kontrolliert).

Virusinfektion
Bergamotte, Eukalyptus,
Knoblauch, Tea-Tree, Thymian.
Anwendung: Bad, Massage,
Inhalation, Einnahme (nur wenn
durch Arzt/Therapeut kontrolliert).

Weißfluß
→ Leukorrhöe.

Windpocken
Eukalyptus, Römische Kamille,
Minze, Schafgarbe.
Anwendung: Bad, Einreibung
(Körperöl).

Würmer
Bergamotte, Bohnenkraut, Cajeput,
Estragon, Eukalyptus, Römische
Kamille, Kümmel, Melisse, Minze,
Thymian, Wacholder, Ysop,
Zitrone, Zwiebel.
Anwendung: Einnahme (nur wenn
durch Arzt/Therapeut kontrolliert).

Wunden → Haut, S. 317 ff.

Zahnen
Römische Kamille.
Anwendung: Pur auftragen oder
Kompresse.

Zahnfleischbluten
Myrrhe, Salbei, Tea-Tree, Thymian,
Zitrone, Zypresse.

Zahnfleischentzündung
Nelke, Salbei, Tea-Tree, Thymian,
Zitrone.

Zahnschmerzen
Cajeput, Römische Kamille,
Muskatnuß, Nelke, Pfefferminze,
Poleiminze, Salbei.
Anwendung: Pur auftragen oder
Kompresse.

Zysten:
– allgemein
Thuja (Vorsicht toxisch).
– Bartholinische Zyste
Römische Kamille, Lavendel,
Minze, Thymian.
Anwendung: Sitzbad, Kompresse
mit Tonerde.

Körperliche Beschwerden und ihre Behandlungsmöglichkeiten 317

Haut

Anwendung generell: Aromabad, Hautöl, Körperöl
(= Einreibungen), Gesichtspackung, Maske, Gesichtsdampfbad.

Abschürfungen
Nelke.

Akne
Bergamotte, Galbanum,
Immortelle, Römische Kamille,
Kampfer, Karotte, Lavendel,
Niauli, Pfefferminze, Sandelholz,
Schafgarbe, Tea-Tree, Thymian,
Wacholder, Zeder, Zitrone.
Anwendung: Hautöl,
Reinigungsmilch, Kompressen,
Reinigungsmasken.
Rezept für ein Hautöl: 47 Milliliter
Haselnußöl, 50 Tropfen = etwa
2,5 Milliliter Pfefferminze oft
auftragen.
Für ein Gesichtsdampfbad:
2 Lavendel, 1 Zitrone,
1 Bergamotte; oder 5 Tea-Tree.

Aknewunden (heilend)
Neroli, Lavendel, Weizenkeimöl.

Aufgesprungene, rissige Haut
Benzoe, Blaue Kamille, Lavendel,
Rose, Schafgarbe, Sandelholz.

Ausschlag
Römische Kamille, Zitrone.

Blasen
Eukalyptus.
Anwendung: In einem Hautöl oder
pur auftragen.

Bluterguß, äußerlich
Fenchel, Lavendel, Petersilie,
Rosmarin, Ysop.
Anwendung: 1 Liter sehr kaltes
Wasser, 10 Ysop, 5 Lavendel; oder
50 Milliliter Mandelöl,
10 Rosmarin, 5 Ysop.
Kontraindiziert bei Epilepsie.

Brandwunden
→ Verbrennungen.

Dermatitis → Entzündungen.

Ekzeme:
– **blutende**
Wie trockene Ekzeme, außerdem
Myrrhe, Rose, Weihrauch.
– **feuchte**
Wacholder.
– **trockene**
Bergamotte, Geranie, Römische
Kamille, Lavendel, Melisse.

Empfindliche Haut
Geranie, Jasmin, Römische
Kamille, Karotte, Neroli, Rose.

Entzündungen
Cajeput, Cistrose, Geranie,
Immortelle, Jasmin, Blaue Kamille,
Karotte, Lavendel,
Muskatellersalbei, Neroli,
Pfefferminze, Sandelholz,
Schafgarbe, Weihrauch, Ysop,
Zeder, Zwiebel.

Rezept für ein Hautöl: 50 Milliliter Aloe vera oder Jojobaöl, 45 Tropfen ätherische Öle.
Für ein Gesichtsdampfbad: 2 Blaue Kamille oder Immortelle, 1 Rose.

Falten
Karotte, Neroli, Weihrauch.
Anwendung: Am besten mit warmer Kakaobutter oder Weizenkeimöl-Creme vermischt lokal auftragen.

Flechten
Cistrose, Geranie, Immortelle, Römische Kamille, Zitrone.
Rezept für die Einreibung:
50 Milliliter Aloe vera,
15 Römische Kamille,
10 Immortelle, 5 Zistrose;
mehrfach täglich.

Furunkel
Bergamotte, Römische Kamille, Lavendel, Muskatellersalbei, Niauli, Thymian, Zitrone, Zwiebel.
Anwendung: Kompresse, Heilsalbe, Bad.

Fußnagelpilz
Lavendel, Myrrhe, Tea-Tree.
Rezept: Nagelunterseite und Umgebung mit einer Mischung aus 50 Milliliter Alkohol, 40 Tea-Tree, 10 Myrrhenstrauch, 15 Lavendel bestreichen; 2 Wochen lang morgens und abends. Danach wie Fußpilz weiterbehandeln. (Dieser Pilz ist sehr schwer zu bekämpfen.)
Anwendung: Allgemein für Fußbäder und Einreibungen.

Fußpilz
Lavendel, Myrrhe, Tea-Tree.
Rezept für ein Hautöl: 50 Milliliter Mandelöl oder Jojobaöl,
15 Lavendel, 15 Tea-Tree; zweimal täglich einreiben.
Siehe auch → Hautpilz.

Fußschweiß
Fichte, Zypresse.
Rezept für ein Fußbad: 4 Zypresse, 2 Fichte.
Rezept für ein Hautöl: 50 Milliliter Jojobaöl, 20 Zypresse, 10 Fichte.

Hautalterung
Fenchel, Narde, Neroli, Myrrhe, Patchouli, Vetiver, Weihrauch, Ylang-Ylang.
Rezept für ein Gesichtsdampfbad: 2 Vetiver, 2 Neroli.

Hautpilz
Bergamotte, Citronella, Eukalyptus, Lavendel, Myrrhenstrauch, Tea-Tree.
Rezept für ein Hautöl: 50 Milliliter Jojobaöl, 25 Tea-Tree, 10 Lavendel.
Für ein Bad: 10 Tea-Tree, 5 Lavendel, 3 Eßlöffel guter Honig.

Hautreizung/ gereizte Haut
Römische Kamille, Lavendel, Rose.
Rezept für ein Gesichtsdampfbad: 3 Rose, 1 Römische Kamille.

Hornhaut
Nelke.
Rezept für ein Hautöl oder eine Salbe: 3 Prozent (= 50 Milliliter)

Körperliche Beschwerden und ihre Behandlungsmöglichkeiten   **319**

Basisöl oder Salbe, 45 Tropfen
ätherisches Öl.

Hühnerauge
Fenchel, Knoblauch, Lavendel.
Anwendung: Öl pur auftragen.

Juckreiz (Haut/Kopfhaut)
Benzoe, Römische Kamille,
Lavendel, Pfefferminze,
Sandelholz, Zeder, Zitrone.

Krätze
Bergamotte, Knoblauch, Lavendel,
Nelke, Minze, Rosmarin,
Terpentin, Thymian, Zimt.
Anwendung: Bad, Einreibung
(Körperöl).

Nagelbettentzündung
Immortelle, Weihrauch, Zwiebel.
Anwendung: Öl pur auftupfen.

Pickel
Lavendel, Tea-Tree, Zitrone.
– Reinigung: Niauli, Pfefferminze,
Rosmarin, Tea-Tree, Wacholder,
Zitrone.

Schuppenflechte
Bergamotte, Cajeput, Cistrose,
Immortelle, Karotte, Lavendel,
Neroli, Wacholder, Zeder.
Rezept für ein Hautöl: 50 Milliliter
Jojobaöl, 30 Karotte, 10 Cistrose.
Wenn die Behandlung mit regelmäßi-
ger Ultraviolettbestrahlung erfolgt
keine Karotte (phototoxisch), aber
40 Zistrose anwenden.

Schwangerschaftsstreifen:
– **abheilend**
Lavendel, Rose, Weihrauch.
Rezept für ein Hautöl: 50 Milliliter Calendulaöl, 50 Milliliter Jojobaöl, 10 Lavendel, 8 Weihrauch,
8 Myrrhe, 4 Rose.
– **vorbeugend**
Rose, Rosenholz, Linaloeholz.
Rezept für ein Hautöl:
50 Milliliter Weizenkeimöl,
50 Milliliter Mandelöl,
20 Rosenholz, 10 Rose.

Seborrhöe, ölige
Bergamotte, Geranie, Kampfer,
Pfefferminze, Lavendel, Thymian,
Zitrone.

Sommersprossen
Zitrone, Zwiebel.

Sonnenbrand
Immortelle, Römische Kamille,
Kampfer, Lavendel, Myrrhe,
Pfefferminze, Tea-Tree.
Rezept für ein Bad: 6 Lavendel,
2 Pfefferminze.
Für eine Lotion: 50 Milliliter
Mandelöl, 15 Lavendel,
5 Pfefferminze, 5 Römische
Kamille.

Verbrennungen
Eukalyptus, Geranie, Immortelle,
Kamille, Kampfer, Lavendel,
Myrte, Niauli.
Anwendung: Lavendel kann pur
aufgetragen werden. Ansonsten
Hautöl oder Salbe mit 3 Prozent
ätherischem Öl.

Warzen

Knoblauch, Lavendel, Minze, Nelke, Thuja, Zitrone, Zwiebel. Rezept: Je 1 Kampfer und Eukalyptus auftragen; täglich.

Wunden

Benzoe, Bergamotte, Bohnenkraut, Eukalyptus, Geranie, Kamille, Kampfer, Lavendel, Majoran, Muskatellersalbei, Myrrhe, Myrte, Patchouli, Rosmarin, Salbei, Tea-Tree, Thymian, Wacholder, Weihrauch, Ysop. Anwendung: Hautöl mit 3 Prozent ätherischem Öl.

Geist

Anwendungen generell: Duftlampe, Beduftungsgeräte, trockene Inhalation, Aromabad.

Alpträume

Anis, Bergamotte, Römische Kamille, Mandarine, Melisse, Orange, Rose, Ylang-Ylang.

Entscheidungsschwäche

→ Unklarheit.

Erinnerungsvermögen, nachlassendes

Eisenkraut, Rosmarin, Salbei, Wacholder.

Erschöpfung, mentale

Basilikum, Eisenkraut, Koriander, Lemongras, Minze, Rosmarin, Ysop, Zitrone.

Konzentrationsschwäche

Basilikum, Bergamotte, Eisenkraut, Eukalyptus, Fichte, Kardamom, Lemongras, Limette, Litsea, Majoran, Myrte, Nelke, Pampelmuse, Patchouli, Petitgrain, Pfefferminze, Rosenholz, Rosmarin, Salbei, Speiklavendel, Thymian, Ysop, Wacholder, Zirbelkiefer, Zypresse, Zitrone.

Kreativität/Phantasie, zuwenig

Bergamotte, Eisenkraut, Hyazinthe, Iris, Jasmin, Limette, Muskatellersalbei, Muskatnußbaum, Myrte, Tolubalsam, Tonkabohne, Zimt.

Träumerischer Geist

Styrax, Tolubalsam.

Traumlosigkeit

Muskatnußbaum, Ylang-Ylang.

Unklarheit/ Entscheidungsschwäche

Eukalyptus, Fichte, Lavendel, Melisse, Minze, Nelke, Wacholder, Ysop.

Verwirrung

Bergamotte, Eisenkraut, Ingwer, Lorbeer, Melisse, Minze, Rosmarin, Ysop, Zitrone.

Hilfen für die Psyche

Psyche

Anwendungen generell: Duftlampe, Aromabad, Aromamassage, Körperöl, trockene Inhalation, Naturparfüm.

Aggression
Angelika, Sandelholz, Vanille, Ylang-Ylang, Zeder.

Angst
Angelika, Benzoe, Bergamotte, Geranie, Jasmin, Römische Kamille, Lavendel, Majoran, Mandarine, Melisse, Muskatellersalbei, Narzisse, Neroli, Orange, Pampelmuse, Patchouli, Rose, Sandelholz, Weihrauch, Ylang-Ylang, Ysop, Zypresse.
Rezept für ein Bad: 4 Melisse, 4 Basilikum; oder 4 Muskatellersalbei, 2 Pampelmuse; oder 4 Lavendel, 2 Jasmin, 4 Ylang-Ylang.
Für die Duftlampe: 1 Iris, 2 Muskatellersalbei, 2 Rose; oder 4 Melisse, 4 Basilikum, 1 Lemongrass; oder 4 Muskatellersalbei, 2 Bergamotte, 1 Orange.

Ängstlichkeit
Geranie, Muskatellersalbei, Orange, Pampelmuse.

Anspannung
Benzoe, Bergamotte, Cistrose, Eichenmoos, Fenchel, Honig-Absolue, Jasmin, Mimose, Muskatellersalbei, Myrrhe, Narde, Neroli, Rose, Rosenholz,
Sandelholz, Schafgarbe, Styrax, Tolubalsam, Vetiver, Ylang-Ylang, Zeder. Siehe auch → Körper, »Nervosität«, Seite 309.

Antriebsschwäche →
Lethargie.

Ärger
Angelika, Benzoe, Eisenkraut, Galbanum, Geranie, Römische Kamille, Lavendel, Myrrhe, Myrte, Neroli, Rosenholz, Sandelholz, Ylang-Ylang.

Aufregung, starke
Angelika, Basilikum, Eichenmoos, Fenchel, Honig-Absolue, Lavendel, Mandarine, Myrte, Narde, Styrax, Ylang-Ylang.

Beunruhigung (unspezifische)
Benzoe, Bergamotte, Geranie, Jasmin, Römische Kamille, Majoran, Mandarine, Melisse, Mimose, Muskatellersalbei, Myrrhe, Myrte, Neroli, Orange, Patchouli, Rose, Rosenholz, Styrax, Veilchen, Vetiver, Weihrauch, Ylang-Ylang, Zeder, Zypresse.

Depression
Basilikum, Benzoe, Bergamotte, Iris, Jasmin, Blaue Kamille,

Lavendel, Melisse,
Muskatellersalbei, Neroli,
Pampelmuse, Rose, Weihrauch,
Ylang-Ylang.
Rezept für ein Bad: 4 Melisse,
4 Basilikum; oder
4 Muskatellersalbei, 2 Pampelmuse;
oder 4 Lavendel, 2 Jasmin,
4 Ylang-Ylang.
Für die Duftlampe: 4 Melisse,
4 Basilikum, 1 Lemongrass; oder
4 Muskatellersalbei, 2 Bergamotte,
1 Orange.

Disharmonie

Benzoe, Bergamotte, Eukalyptus
(*Eucalyptus citriodora*), Geranie,
Römische Kamille, Lavendel,
Majoran, Mandarine, Melisse,
Myrte, Orange, Petitgrain,
Rosenholz, Sandelholz, Weihrauch,
Zeder, Zirbelkiefer.

Durchsetzungsvermögen, mangelndes

Angelika, Rosmarin, Zirbelkiefer,
Zitrone.

Engegefühl

Blaue Kamille, Lavendel,
Muskatellersalbei, Weihrauch.

Enttäuschung

Myrte, Petitgrain, Rose, Zypresse.

Entwurzelung

Angelika, Eichenmoos, Immortelle,
Patchouli, Sandelholz, Vetiver,
Weihrauch, Zeder, Zypresse.

Exaltiertheit

(zu stark nach außen gehend):
Cistrose, Immortelle, Zypresse.

Frigidität

→ Körper, allgemein, S. 293 ff.

Gefühlskälte

Cistrose, Fenchel, Geranie, Jasmin,
Narzisse, Mimose, Patchouli, Rose,
Tolubalsam, Tonkabohne.
Vanille, Ylang-Ylang.

Gefühlsschwankungen

Bergamotte, Geranie, Römische
Kamille, Lavendel, Melisse,
Orange, Rose, Rosenholzbaum,
Weihrauch, Ysop, Zypresse.

Gelassenheit, mangelnde

Myrte.

Hysterie

Myrte, Neroli, Ylang-Ylang.

Impotenz

→ Körper, allgemein, S. 293 ff.

Introvertiertheit

(Scheu, Kontaktunfähigkeit,
Berührungsängste):
Bergamotte, Eisenkraut, Jasmin,
Muskatellersalbei, Pampelmuse,
Neroli, Rose, Zimt.
Siehe auch → Scheu.

Isolationsgefühl

Sandelholz.

Krisen, überbrückend

Muskatellersalbei, alle
stabilisierenden Öle.

Hilfen für die Psyche

Labilität, psychische
Myrte, Zypresse.

Lethargie
Eisenkraut, Eukalyptus,
Kardamom, Lemongrass, Limette,
Melisse, Muskatellersalbei,
Pampelmuse, Rosmarin, Wacholder.

Melancholie
Basilikum, Bergamotte, Geranie,
Lavendel, Melisse, Pampelmuse.

Mutlosigkeit
Angelika, Myrte, Pampelmuse,
Rose, Wacholder, Zedernholz.
Siehe auch →
Durchsetzungsvermögen,
Selbstvertrauen.

Negatives Denken
Kiefer.

Panik
Jasmin.

Platzangst
Galbanum.

Reizbarkeit
Benzoe, Fenchel, Galbanum,
Römische Kamille, Lavendel,
Narzisse, Orange, Rosenholz,
Styrax, Tolubalsam, Vanille.

Scheu
Jasmin, Muskatellersalbei,
Patchouli, Ylang-Ylang
Siehe auch → Introvertiertheit.

Schock
Neroli, Rose.

Schuldgefühle
Kiefer.

Schwellenangst
Immortelle.

Selbstvertrauen, zuwenig
Bergamotte, Jasmin, Kiefer,
Melisse, Narzisse, Pampelmuse,
Rosmarin, Sandelholz, Ylang-
Ylang, Zeder.

Sexuelles Desinteresse →
Körper, allgemein, S. 293 ff.

Suchtentzug
Jasmin, Muskatellersalbei, Myrte,
Rose, Ylang-Ylang.

Todesangst/-erlebnis
Myrte.

Trauer
Bergamotte, Melisse,
Muskatellersalbei, Orange,
Pampelmuse, Petitgrain, Rose,
Zypresse.

Trauma, emotionales
Rose, Rosenholz, Weihrauch.

Ungeduld
Geranie, Myrte, Rose.

Unsicherheit
Angelika, Myrrhe, Sandelholz,
Schafgarbe, Vetiver, Weihrauch,
Ylang-Ylang, Zeder, Zypresse.

Unzufriedenheit
Kamille.

324   *Symptomregister: Ätherische Öle helfen heilen*

Verbissenheit
Orange.

Verhärtung
Cistrose, Galbanum, Honig-
Absolue, Iris, Jasmin, Römische
Kamille, Lavendel, Mimose,
Muskatellersalbei, Narzisse, Rose.

Verletzbarkeit (Schutz)
Geranie, Iris, Myrte, Neroli, Rose.

Verschlossenheit
Bergamotte, Honig-Absolue,
Jasmin, Melisse, Muskatellersalbei,
Myrte, Pampelmuse, Rose,
Tolubalsam, Ylang-Ylang.

Verzweiflung
Angelika (stärkend), Bergamotte,
Jasmin, Muskatellersalbei, Neroli,
Orange.

Wut
Benzoe, Römische Kamille,
Lavendel, Majoran, Melisse,
Myrrhe, Neroli, Rose, Vanille,
Weihrauch, Ylang-Ylang.

Zorn → Wut.

Zweifel
Ylang-Ylang.

Raumklima und Raumluft

Anwendungen generell: Duftlampe, Beduftungsgeräte, Raumspray

Wirkung auf Raumluft

Desinfizierend
Eukalyptus, Lemongrass, Nelke, Niauli, Rosmarin, Tea-Tree, Thymian, Zimt, Zitrone.

Erfrischend
Bergamotte, Cajeput, Birke, Eukalyptus, Kampfer, Kiefer, Lemongrass, Limette, Litsea, Minze, Tanne, Zitrone.

Geruchsneutralisierend
Birke, Cajeput, Lavendel, Lemongrass, Minze, Ysop, Zirbelkiefer, Zimtbaum, Zitrone.

Insektenabweisend/-feindlich
Eukalyptus, Geranie, Lemongrass, Minze, Nelke, Zeder, Zypresse.

Schwingung

Harmonisierend
Myrte.

Neutralisierend
Salbei, Wacholder, Weihrauch.

Empfindung

Enge/Dunkelheit
Angelika, Eichenmoos, Karotte, Narde, Patchouli, Vetiver.

Frische
Basilikum, Bergamotte, Birke, Bohnenkraut, Citronella, Eisenkraut, Eukalyptus, Fichte, Kiefer, Lemongrass, Limette, Melisse, Minze, Pampelmuse, Tanne, Zitrone, Zypresse.

Kühle
Bergamotte-Minze, Birke, Cajeput, Eukalyptus, Kampfer, Kiefer, Minze, Tanne.

Wärme
Benzoe, Davana, Myrrhe, Nelke, Orange, Pfeffer, Sandelholz, Tolubalsam, Tonkabohne, Vanille, Weihrauch, Zimt.

Weite/Helle
Bergamotte, Birke, Eisenkraut, Fichte, Kiefer, Lavendel, Litsea, Melisse, Minze, Pampelmuse, Tanne.

Wirkung auf Allgemeinzustand

Ausgleichend
Davana, Geranie, Lavendel, Orange, Petitgrain, Sandelholz, Tagetes, Zeder.

Belebend
Eisenkraut, Eukalyptus, Ingwer, Kampfer, Kardamom, Kiefer, Koriander, Lorbeer, Minze, Nelke, Salbei, Tanne, Thymian, Wacholder, Ysop, Zimt.

Beruhigend
Basilikum, Benzoe, Bergamotte, Geranie, Römische Kamille, Lavendel, Linaloeholz, Majoran, Melisse, Myrrhe, Neroli, Orange, Patchouli, Rose, Sandelholz, Weihrauch, Ylang-Ylang, Zeder.

Stimmungsaufhellend
Bergamotte, Jasmin, Muskatellersalbei, Neroli, Pampelmuse, Rose, Ylang-Ylang.

Rezepte für die Duftlampe

Harmonisierung
3 Rose, 6 Lavendel.

Klarheit (Geist):
4 Ho-Blätter, 4 Bergamotte; oder 6 Melisse, 4 Bergamotte; oder 6 Zitrone, 2 Lemongrass, 2 Lavendel.

Konzentration
2 Zitrone, 1 Bergamotte, 4 Minze; oder 4 Lemongrass, 2 Minze, 2 Basilikum; oder 6 Minze, 2 Rosmarin.

Küchendünste
6 Zitrone, 4 Orange.

Meditation
6 Weihrauch, 1 Bergamotte, 1 Sandelholz.

Wachmacher
6 Bergamotte, 2 Neroli, 2 Eisenkraut.

Stimmungsaufhellung
5 Pampelmuse, 2 Ylang-Ylang, 2 Bergamotte.

Zentrierung
4 Vetiver, 2 Sandelholz, 2 Zypresse.

Notrufnummern

Vergiftungsberatungsstellen:

Deutschland
München 089 / 41 40 22 11
Hamburg 040 / 63 85 33 45

Schweiz
Zürich 01 / 2 51 66 66

Österreich
Wien 01 / 43 43 43

ANHANG

Duftebenen

Fußnote (Basisnote)	Herznote (Mittelnote)	Kopfnote
Angelikawurzel	Anis	Bay
Benzoe	Basilikum	Bergamotte
Cassia	Bohnenkraut	Birke
Cistrose	Davana	Blutorange
Eichenmoos	Elemi	Cajeput
Galbanum	Fenchel	Citronella
Guajakholz	Geranie	Eisenkraut
Honig	Immortelle	Fichte
Hyazinthe	Kamille	Fichtennadel
Iris	Kardamom	Ingwer
Jasmin	Koriander	Kampfer
Johanniskraut	Kümmel	Kiefer
Kalmus	Labdanum	Lärche
Karottensamen	Lavandin	Latschenkiefer
Moschuskörner	Lavendel	Lemongrass
Myrrhe	Linaloeholz	Limette
Narde	Majoran	Litsea
Narzisse	Melisse	Lorbeer
Patchouli	Muskatellersalbei	Mandarine
Rose	Muskatnuß	Minze
Sandelholz	Myrte	Myrte
Styrax	Nelke	Niauli
Tolu	Neroli	Orange
Tonka	Opoponax	Pampelmuse
Tuberose	Oregano	Pfeffer
Vanille	Palmarosa	Rosmarin
Vetiver		

Fußnote (Basisnote)	Herznote (Mittelnote)	Kopfnote
Weihrauch	Petitgrain	Salbei
Ylang-Ylang	Rosenholz	Tea-Tree
Zeder	Schafgarbe	Thuja
Zimt	Tagetes	Thymian
	Veilchen	Zirbelkiefer
	Wacholder	Zitrone
	Ysop	
	Zypresse	

Duftarten

Die folgende Klassifizierung gebräuchlicher Düfte hilft, unter einer breiten Auswahl von Ölen auszuwählen, die einen gemeinsamen Effekt oder eine gemeinsame Duftkomponente haben und daher gut miteinander gemischt werden können.

anregend-erfrischend

		entspannend
Citronella	Wacholder	Basilikum
Eisenkraut	Ysop	Bergamotte
Eukalyptus	Zimt	Fenchel
Fichte	Zitrone	Geranie
Ingwer		Jasmin
Kampfer		Kamille
Kardamom	*harmonisierend*	Lavendel
Kiefer	Cistrose	Majoran
Koriander	Davana	Melisse
Lemongrass	Fenchel	Muskatellersalbei
Litsea	Geranie	Myrrhe
Lorbeer	Lavendel	Neroli
Melisse	Linaloeholz	Orange
Minze	Narde	Patchouli
Nelke	Neroli	Rose
Salbei	Orange	Rosenholz
Tanne	Rosenholz	Sandelholz
Thymian	Sandelholz	Weihrauch

Duftarten 329

Ylang-Ylang
Zeder

euphorisierend

Jasmin
Muskatellersalbei
Orange
Pampelmuse
Ylang-Ylang

wärmevermittelnd

Benzoe
Fenchel
Myrrhe
Nelke
Orange
Patchouli
Pfeffer
Sandelholz
Vanille
Weihrauch
Zimt

kältevermittelnd

Birke
Cajeput
Eukalyptus
Fichte
Kampfer
Minze
Niauli
Tanne

narkotisch

Anis
Hyazinthe
Jasmin
Muskat

Muskatellersalbei
Tuberose
Ylang-Ylang

frisch

Basilikum
Bergamotte
Birke
Bohnenkraut
Citronella
Eisenkraut
Eukalyptus
Fichte
Kiefer
Lemongrass
Limette
Litsea
Mairose
Melisse
Minze
Pampelmuse
Tanne
Zitrone
Zypresse

blumig

Bergamotte
Citronella
Geranie
Hyazinthe
Jasmin
Lavendel
Linaloeholz
Narzisse
Neroli
Petitgrain
Rose
Rosenholz
Tuberose

Veilchen
Ylang-Ylang

heuartig

Muskatellersalbei
Tabak
Tonka

honigartig

Honig
Immortelle
Jasmin
Tuberose

hyazinthenartig

Hyazinthe
Narzisse
Styrax
Tolu

irisartig

Iris
Mimose
Veilchen

jasminartig

Jasmin
Ylang-Ylang

körperduftähnlich

Geranie
Karotte
Moschuskörner
Myrrhe
Styrax
Weihrauch
Zypresse

kräuterartig

Anis
Bohnenkraut
Estragon
Hyazinthe
Kamille
Majoran
Oregano
Patchouli
Salbei
Thymian
Veilchen
Wacholder

moosartig

Muskat
Nelke
Sandelholz
Vetiver
Ysop
Zeder

moos-/erd-/laubartig

Eichenmoos
Labdanum
Muskatellersalbei
Patchouli
Vetiver

moschusartig

Angelika
Karotte
Moschuskörner
Styrax

orangenartig

Blutorange
Mandarine
Neroli

Orange
Tuberose

pfeffrig/schimmelig

Patchouli
Pfeffer

rauchig

Birkenteer
Eichenmoos
Weihrauch

rosenartig

Citronella
Eukalyptus
(von *Eucalyptus citriodora*)
Geranie
Linaloeholz
Rose
Rosenholz

süß

Anis
Basilikum
Benzoe
Bergamotte
Blutorange
Cassia
Citronella
Davana
Eisenkraut
Honig
Immortelle
Jasmin
Kamille, Blau
Lavendel
Mandarine

Myrrhe
Neroli
Orange
Sandelholz
Tuberose
Vanille
Ylang-Ylang
Ysop
Zimt

süß und schwer

Benzoe
Davana
Jasmin
Neroli
Patchouli
Rose
Styrax
Vanille
Ylang-Ylang

vanilleartig

Benzoe
Vanille

gewürzartig

Kardamom
Koriander
Muskat
Nelke
Pfeffer
Zimt

holzartig, waldig

Birke
Fichte
Tanne
Zeder
Zypresse

Duftintensität und Duftdauer

Diese Übersicht hilft Ihnen bei der Bestimmung der Mengen von Ölen, die Sie für Duftmischungen nehmen. Je intensiver ein Öl, desto weniger Tropfen werden Sie benötigen, um dessen Duft wahrzunehmen. Grundsätzlich sind intensive Düfte in hoher Dosierung Basisdüfte beziehungsweise Fußnoten, die als Fond einer Duftmischung genommen werden.

Die Intensität ist mit der Duftdauer eng gekoppelt: Die leichten Düfte verfliegen rasch, die starken Düfte sind langanhaltend. Sie können davon ausgehen, daß sich ein leichter Duft nach 2 bis 3 Stunden, ein mittelstarker Duft nach 4 bis 8 Stunden und ein starker Duft nach 2 bis 3 Tagen (in ungelüftetem Raum) nicht mehr wahrnehmen läßt. Manche der starken Düfte können noch nach Wochen in Kleidungsstücken, auf Duftfliesen oder anderen Gegenständen wahrgenommen werden. Sofern der Duft intensiv, aber kurzlebig ist, wird dies in der Tabelle angegeben.

schwach/kurz	*mittel/mittel*	*stark/lang*
Bergamotte	Angelika	Amyris
Birke	Anis	Basilikum
Bohnenkraut	Elemi	Benzoe
Cajeput	Fenchel	Cananga
Dill	Galbanum	Cistrose
Estragon	Geranie	Citronella (kurz)
Eukalyptus	Guajakholz	Davana
Fichte	Johanniskraut	Eichenmoos
Ingwer	Kakao	Eisenkraut
Kampfer	Kamille, Römische	Honig
Kardamom	Karotte	Hyazinthe
Kiefer	Kümmel	Iris
Kümmel	Labdanum	Jasmin
Limette	Lavendel	Kamille, Blaue (kurz)
Linaloeholz	Muskat	Knoblauch
Lorbeer	Muskatellersalbei	Koriander (kurz)
Majoran	Myrte	Lemongrass (kurz)
Mandarine	Neroli	Litsea (kurz)
Niauli	Opoponax	Melisse
Orange	Rosenholz	Mimose
Oregano	Rosmarin	Minze (kurz)
Palmarosa	Salbei	Moschuskörner

schwach/kurz	mittel/mittel	stark/lang
Pampelmuse	Schafgarbe	Myrrhe
Petersilie	Tagetes	Narde
Petitgrain	Tolubalsam	Narzisse
Pfeffer	Veilchen	Patschuli
Tanne	Wacholder	Rose
Tea-Tree	Ysop	Sandelholz
Thuja	Zirbelkiefer	Styrax
Zitrone		Thymian (kurz)
Zypresse		Tonka
		Tuberose
		Vanille
		Vetiver
		Weihrauch
		Ylang-Ylang
		Zeder
		Zimt

Zuordnung der Düfte zu den Hemisphären des Gehirns

Linke Gehirnhälfte	Mittelhirn	Rechte Gehirnhälfte
Angelika	Basilikum	Benzoe
Bergamotte	Cassia	Eukalyptus
Bohnenkraut	Elemi	Fenchel
Cistrose	Galbanum	Hyazinthe
Citronella	Honig	Jasmin
Eichenmoos	Iriswurzel	Kamille
Eisenkraut	Labdanum	Karotte
Fichte	Lärche	Lavandin
Immortelle	Mandarine	Lavendel
Ingwer	Muskatellersalbei	Minze
Kampfer	Muskatnuß	Orange
Kardamom	Myrrhe	Oregano
Kiefer	Narde	Palmarosa
Koriander	Opoponax	Pampelmuse
Kümmel	Neroli	Patchouli
Lemongrass	Sandelholz	Rose

Linke Gehirnhälfte	Mittelhirn	Rechte Gehirnhälfte
Linaloeholz	Styrax	Rosenholz
Lorbeer	Tuberose	Salbei
Nelke	Vanille	Tonka
Rosmarin	Veilchen	Vetiver
Schafgarbe	Weihrauch	Ylang-Ylang
Tanne		Zeder
Tea-Tree		Zimt
Thymian		
Wacholder		
Zypresse		
Zitrone		

Zuordnung der Öle zu den Elementen

Die Basis für die Zuordnung der Pflanzen und ihrer ätherischen Öle bilden Hinweise in der Pflanzenheilkunde und durch therapeutische Arbeit erkannte Wirkungen der Öle auf Körper, Geist oder Psyche. Dabei kann es zu verschiedenen Einschätzungen eines Öls kommen, das etwa auf den Körper stimulierend/reizend (= Feuer) und auf den Geist erweiternd, erfrischend (= Luft) wirkt – siehe Eisenkraut und Rosmarin. Einige stark duftende Öle wirken ungestreckt und pur erdend, zentrierend (Erde) und stark gestreckt sensibilisierend (Wasser). Solche Doppelzuordnungen sind beim jeweiligen Öl in Klammern angegeben, ebenso der besondere Wirkungsbereich.
(Die Namen sind hier nicht mit dem Zusatz »-Öl« versehen, sondern entsprechen denen im vierten Teil, Abschnitt »Ätherische Öle« – siehe dort –, so können Sie weitere Informationen zu dem jeweiligen Öl leicht auffinden.)

Erde	Wasser	Luft	Feuer
Amyris	Anis	Bergamotte	Ingwer (mental)
Angelika	Benzoe	Cajeput	Bohnenkraut
Basilikum	Cananga	Citronella	Cassia
Cistrose (pur)	Cistrose	Douglasie	Eisenkraut
Eichenmoos	(gestreckt)	Eisenkraut	(physisch)
Elemi	Davana	(mental)	Estragon
Galbanum	Fenchel	Eukalyptus	Ingwer (physisch)
Guajakholz	Geranie	(mental)	Kampfer
Immortelle	Honig-Absolue	Fichte	(physisch)

Erde	Wasser	Luft	Feuer
Iris (pur)	Hyazinthe	Kampfer	Kardamom
Karotte	Iris (stark	(mental)	Kiefer (physisch)
Labdanum	gestreckt)	Kiefer (mental)	Koriander
Moschuskörner	Jasmin	Lavendel	Kreuzkümmel
Muskatnuß	Kamille	Lemongrass	Kümmel
(psychisch)	Linaloeholz	(mental)	Melisse (physisch)
Myrrhe	Majoran	Limette	Myrrhe (physisch)
(psychisch)	Mandarine	Litsea (mental)	Nelke (physisch)
Narde	Martins Bartgras	Lorbeer	Oregano
Opoponax	Mimose	(mental)	(physisch)
Oregano	Narzisse	Melisse (mental)	Pfeffer
(psychisch)	Orange	Minze	Rosmarin
Patchouli	(physisch)	Muskateller-	(physisch)
Petersilie	Pomeranze	salbei	Thymian
Pomeranze	Rose	Myrte	Wacholder
Sandelholz	Rosenholz	Nelke (mental)	Weihrauch
Tolubalsam	Schafgarbe	Niauli	(physisch)
Tonkabohne	Tagetes	Orange (mental)	Zimt
Vetiver	Tuberose	Pampelmuse	
(psychisch)	Vanille	Rosmarin	
Weihrauch	Veilchen	(mental)	
(psychisch)	Vetiver	Salbei	
Zeder	(physisch)	Tanne	
Zypresse	Ylang-Ylang	Tea-Tree	
		Wacholder	
		(mental)	
		Weihrauch	
		(mental)	
		Ysop	
		Zitrone	

Zuordnung der Öle zu Yin und Yang

Die Doppelzuordnung bei Vetiveröl erfolgte, da es körperlich eine Yin- und psychisch eine Yang-Wirkung hat (besonders bei Frauen). Gewürznelkenöl wirkt beim jeweiligen Geschlecht oder Zustand entsprechend verstärkend. (Für die Namen gilt das bei der Zuordnung zu den Elementen Gesagte.)

Yang		Yin	
Amyris	Myrrhe	Birke	Rosenholz
Angelika	Myrte	Bohnenkraut	Salbei
Anis	Narde pur	Cananga	Schafgarbe
Basilikum	Nelke (bei Yang-	Cistrose	Tuberose
Benzoe	Typ)	(gestreckt)	Vanille
Bergamotte	Opoponax	Davana	Veilchen
Bohnenkraut	Oregano	Elemi	Vetiver (Körper)
Cajeput	Pampelmuse	Eukalyptus	Ylang-Ylang
Cistrose pur	Patchouli	Fenchel	. Ysop
Eichenmoos	Petersilie	Fichte	Zeder
Eisenkraut	Pfeffer	Geranie	Zypresse
Estragon	Rosmarin	Hyazinthe	
Galbanum	Sandelholz	(gestreckt)	
Guajakholz	Styrax	Jasmin gestreckt	*Ausgleichend*
Hyazinthe pur	Tagetes	Kamille	Iris
Ingwer	Tea-Tree	Kiefern	Lavendel
Jasmin pur	Thymian	Latschenkiefer	Melisse
Johanniskraut	Tolubalsam	Limette	Narde
Kardamom	Tonkabohne	Linaloeholz	(gestreckt)
Koriander	Vetiver (Psyche)	Mandarine	Neroli
Karotte	Wacholder	Martins Bartgras	
Kümmel	Weihrauch	Muskatellersal-	
Lemongrass	Zimt	bei	
Linaloeholz	Zitrone	Narzisse	
Lorbeer		Nelke (bei Yin-	
Majoran		Typ)	
Mandarine		Niauli	
Mimose		Orange	
Minze		Petitgrain	
Moschuskörner		Rose	
Muskatnuß			

Zuordnung der Öle zu den Chakras

(Für die Namen gilt das bei der »Zuordnung der ätherischen Öle zu den Elementen« Erwähnte.)

Erstes Chakra	zweites Chakra	drittes Chakra	viertes Chakra
Angelika	Bohnenkraut	Estragon	Cistrose
Eichenmoos	Kardamom	Koriander	Geranie (Rosen-
Immortelle	Moschuskörner	Myrrhe	geranie)
Narde	Patchouli	Oregano	Hyazinthe
Patchouli	Pfeffer	Rosmarin	Iris
Sandelholz	Sandelholz	Salbei	Mimose
Vetiver	Vetiver	Thymian	Narzisse
Zimt	Ylang-Ylang	Zimtbaum	Neroli
		Zitrone	Rose
			Rosenholz
			Tuberose

fünftes Chakra	sechstes Chakra	siebtes Chakra	
Anis	Eukalyptus	Kampfer	
Bergamotte	Kamille, Blaue	Lavendel	
Citronella	Lorbeer	Minze	
Eisenkraut	Melisse	Myrrhe	
Fenchel	Minze	Narde	
Geranie	Muskatellersalbei	Sandelholz	
Jasmin	Myrte	Styrax	
Lemongrass	Schafgarbe	Weihrauch	
Limette	Wacholder	Ysop	
Pampelmuse			

Farbzuordnung ätherischer Öle

(Öle mit breitem Spektrum erscheinen bei mehreren Farben – Für die Namen gilt das bei der Zuordnung der Öle zu den Elementen Erwähnte.)

Blau	Grün	Gelb	Rot	Braun
Iris	Basilikum	Limette	Blutorange	Opoponax
Kamille,	Bohnenkraut	Mimose	Cassia	Patchouli
Blaue	Douglasie	Pampelmuse	Geranie	Sandelholz
Kiefer	Estragon	Vanille	(*Pelargo-*	Vetiver
Latschen-	Galbanum	Zitrone	*nium odo-*	Zeder
kiefer	Kamille,		*ratissi-*	
Muskateller-	Wilde	*Gelbgrün*	*mum*)	*Braunrot*
salbe	Koriander		Ingwer	
Myrte	Kümmel	Bergamotte	Rose	Amyris
Tanne	Majoran	Fenchel	Tuberose	Cassia
Ysop	Muskatnuß	Kamille,	Ylang-Ylang	Moschus-
Zirbelkiefer	Niauli	Römische	Zimt	körner
	Oregano	Lemongrass		Sandelholz
Blaugrün	Rosmarin	Limette	*Rosa*	Styrax
	Salbei	Litsea		Tolubalsam
Fichte	Tea-Tree	Pampelmuse	Geranie	Tonkabohne
Schafgarbe	Wacholder	Petitgrain	(*Pelargo-*	Zimt
	Zypresse		*nium gra-*	
Blauviolett		*Orange*	*veolens*)	*Schwarz*
	Grünbraun	Bergamotte	Linaloeholz	Eichenmoos
Lavendel		Mandarine	Martins Bart-	Patchouli
Veilchen	Angelika	Orange	gras	Vetiver
	Immortelle		Rose	
	Johannnis-	*Orangerot*	Rosenholz	
	kraut			
	Narde	Cassia	*Rotbraun*	
	Weihrauch	Cistrose		
		Davana	Benzoe	
	Grünrot	Neroli	Cananga	
		Tagetes	Elemi	
	Citronella	Zimt	Kardamom	
	Eisenkraut		Myrrhe	
	Melisse		Sandelholz	
			Ylang-Ylang	

Einschränkungen
und mögliche Nebenwirkungen

Die folgenden Einschränkungen und Nebenwirkungen gelten nur (!) für eine langfristige, hochdosierte äußerliche Anwendung oder hochdosierte einmalige beziehungsweise geringe kurartige Einnahme der ätherischen Öle. Bei Einschränkung bitte bei der Beschreibung des Öls nachlesen und auf ein anderes Öl ausweichen.

Angelika	HP		Litsea	H
Anis	Sch		Mandarine	HP
Basilikum	SchE		Melisse	SchH
Bay	PSch		Muskatnußbaum	Sch
Bergamotte	P		Myrrhe	Sch
Birke (*Betula lenta*)	⊠HKi		Nelke (Blätter)	Sch
Bohnenkraut	H		Nelken (Blüte)	SchH
Cajeput	H		Niaulibaum	H
Cassia	SchH		Opoponax	P
Cistrose	Sch		Orange	HP
Citronella	H		Oregano	SchH
Eisenkraut	SchHP		Petersilie	SchHP
Estragon	Sch		Petitgrainöl	P
Eukalyptus	H		Pfeffer	H
Fenchel	ESch		Pfefferminze	H
Ingwer	H		Poleiminze	⊠SchH
Juniperus virginiana	SchE		Rosmarin	Sch♥
(siehe Zeder)			Salbei	Sch♥EH
Kalmus	⊠H		Sassafras	⊠Sch
Kampfer	⊠SchHE		Schafgarbe	P
(weiß)	(SchHE)		Schopflavendel	Sch
Kardamom	H		Tagetes	H
Karotte	P		Thuja	⊠E
Koriander	HSch		Thymian	SchH♥
Krauseminze	H		Ysop	⊠Sch♥E
Kümmel	H		Zimtbaum	SchH
Lemongrass	H		Zitrone	HP
Limette (gepreßt)	P		Zypresse	E

H = hautirritierend/-reizend, P = phototoxisch bei starker UV-Strahlung, Sch = kontraindiziert bei Schwangerschaft, E = kontraindiziert bei Epilepsie, ♥ = kontraindiziert bei Bluthochdruck, ⊠ = Verbot für allgemeine Verbraucher/Laien

ERGÄNZENDE LITERATUR

Bücher

FISCHER-RIZZI, SUSANNE: Aroma-massage. Hugendubel, München 1993.
GÜMBEL, DIETRICH: Gesunde Haut mit Heilkräuter-Essenzen. Haug Verlag, 3. Aufl., Heidelberg 1989.
H&R Buch Parfüm. Lexikon der Duftbausteine. Glöss Verlag, Hamburg 1991.
H&R Duftatlas Damen-Noten, Herren-Noten. Glöss Verlag, Hamburg 1991.
JELLINEK, PAUL: Die psychologischen Grundlagen der Parfümerie. Hüthig Verlag, 3. verb. u. erw. Aufl., Heidelberg 1992.
KELLER, ERICH: Das Handbuch der ätherischen Öle. Goldmann Verlag, München 1990.
KELLER, ERICH: Essenzen der Schönheit. Goldmann Verlag, München 1990.
KELLER, ERICH: Duft und Gemüt. Fischer Druck, Münsingen 1991.
Keller, Erich: Erlebnis Aromatherapie. Goldmann Verlag (TB-Ausgabe von *Duft und Gemüt*), München 1993.

KELLER, ERICH: Astrodüfte. Goldmann Verlag, München 1995.
KELLER, ERICH: Aromatherapie-Karten. Urania Verlag, Neuhausen 1994.
KETTENRING, MARIA: Die Aromaküche. Joy Verlag, Sulzberg 1994.
LIDELL, LUCINDA u. a.: Massage. Mosaik Verlag, München 1985.
MERTZ, BERND A.: Das Handbuch der Astromedizin. Gesundheit im Horoskop. Ariston Verlag, Genf/München 1991.
NISSIM, RINA: Naturheilkunde in der Gynäkologie. Orlanda Frauenverlag, 7. Aufl., Berlin 1992.
OHLOFF, GÜNTHER: Riechstoffe und Geruchssinn. Springer Verlag, Berlin u.a. 1990.
TISSERAND, ROBERT: Aroma-Therapie. Bauer Verlag, 5. Aufl., Freiburg 1989.
TOLLER, STEVE VAN/GEORGE DODD: Perfumery. The Psychology and Biology of Fragrance. Chapman & Hall, London.
VALNET, JEAN: Aromatherapie. Heyne Verlag, München 1986.

Zeitschriften

Forum (Forum Essentia, Panoramastraße 17, D-85665 Moosach).

International Journal of Aromatherapy (Aromatherapy Publications, P.O. Box 746, Hove, E. Sussex, BN3 3XA, England).

Beide Zeitschriften erscheinen vierteljährlich.